DE LA MATIÈRE À L'ACTION

ARISTOTE

ET LE PROBLÈME DU VIVANT

DANS LA MÊME COLLECTION

H. CHERNISS : *L'Énigme de l'ancienne Académie*, suivie en Appendice de E. N. TIGERSTEDT : *Le Système caché*. Introduction et traduction de L. Boulakia, Avant-propos de L. Brisson, 232 p., 1993.

J.-Y. CHATEAU, *Philosophie et religion. Platon,* Euthyphron, traduction et commentaire, 320 p., 2005.

– (dirigé par) : *La Vérité pratique. Aristote,* Éthique à Nicomaque, *livre VI*, 376 p., 1997.

M. DIXSAUT, *Le Naturel philosophe. Essai sur les Dialogues de Platon*, 424 p., 1985, 2e éd. 1994, 1998, 3e éd. corrigée, 2001.

– (dirigé par) : *Contre Platon I. Le Platonisme dévoilé*, 464 p., 1993.

– (dirigé par) : *Contre Platon II. Renverser le platonisme*, 322 p., 1995.

– (dirigé par) : *La Fêlure du plaisir. Études sur le* Philèbe *de Platon* (avec la collaboration de F. Teisserenc) :

– *1. Commentaires*, 1999.

– *2. Contextes*, 1999.

– (dirigé par) : *La Connaissance de soi. Études sur le* Traité 49 *de Plotin,* (avec la collaboration de P.-M. Morel et K. Tordo-Rombaut), 320 p., 2002.

– (dirigé par) : *Études sur la* République *de Platon* :

– *1. De la justice. Éducation, psychologie et politique,* (avec la collaboration de A. Larivée), 360 p., 2005.

– *2. De la science, du bien et des mythes*, (avec la collaboration de F. Teisserenc), 336 p., 2005.

La Folie humaine et ses remèdes. Platon, Charmide *ou* De la modération, traduction, commentaire et notes de M.-F. HAZEBROUCQ, 360 p., 1997.

A. GIGANDET : *Fama deum. Lucrèce et les raisons du mythe*, 448 p., 1997.

V. GOLDSCHMIDT : *Platonisme et pensée contemporaine*, 272 p., 1990.

H. JOLY : *Le Renversement platonicien. Logos, epistèmè, polis*, 408 p., 3e éd., 1994.

NIETZSCHE, RITSCHL, ROHDE, WILAMOWITZ, WAGNER : *Querelle autour de* La Naissance de la tragédie. Introduction et traduction de M. Cohen-Halimi, M. Marcuzzi, H. Poitevin, 304 p., 1995.

Ontologie et dialogue. Hommage à Pierre Aubenque, textes réunis par N. L. CORDERO, 324 p., 2000.

A. PIGLER : *Plotin, une métaphysique de l'amour. L'amour comme structure du monde intelligible*, 304 p., 2002.

Platon 1990-1995 : bibliographie, par L. BRISSON (avec la collaboration de F. Plin), 416 p., 1999.

Platon 1995-2000 : bibliographie, par L. BRISSON (avec la collaboration de B. Castelnérac), 384 p., 2004.

La Rhétorique *d'Aristote. Traditions et commentaires de l'Antiquité au XVIIe siècle,* textes réunis par G. DAHAN, I. ROSIER-CATACH, 360 p., 1997.

P. RODRIGO : *Aristote. Une philosophie pratique. Praxis, politique et bohneur,* 162 p., 2006.

S. ROSEN : *Le* Politique *de Platon. Tisser la cité*, préface de l'auteur à la traduction française, traduction d'É. Helmer, 256 p., 2004.

S. ROUX : *La Recherche du principe chez Platon, Aristote et Plotin*, 380 p., 2004.

Leo Strauss : art d'écrire, politique, philosophie – texte de 1941 et études, dirigé par L. JAFFRO, B. FRYDMAN, E. CATTIN, A. PETIT, 320 p., 2001.

D.P. TAORMINA : *Jamblique, critique de Plotin et de Porphyre. Quatre études*, 192 p., 1999.

K. THEIN : *Le Lien intraitable. Enquête sur le temps dans la* République *et le* Timée *de Platon*, 352 p., 2001.

THÉMISTIUS : *Paraphrase de la* Métaphysique *d'Aristote (livre lambda)*, traduit de l'hébreu et de l'arabe. Introduction, notes et *indices* par Rémi BRAGUE, 176 p., 1999.

La Vérité pratique. Aristote, Éthique à Nicomaque, *livre VI*, textes réunis par J.-Y. CHATEAU, 376 p., 1997.

C. VIANO : *La Matière des choses. Le livre IV des* météorologiques *d'Aristote et son interprétation par Olympiodore*, 400 p., 2006.

A.G. WERSINGER : *Platon et la dysharmonie. Recherches sur la forme musicale*, 336 p., 2001.

DU MÊME AUTEUR

Démocrite et la recherche des causes, Paris, Klincksieck, 1996.

Atome et Nécessité. Démocrite, Épicure, Lucrèce, Paris, P.U.F, 2000.

Aristote, Petits traités d'histoire naturelle (Parva naturalia), traduction originale, introduction, notes, bibliographie et index, Paris, GF-Flammarion, 2000.

Aristote. Une philosophie de l'activité, Paris, GF-Flammarion, 2003.

Ouvrages collectifs

Platon et l'objet de la science, Bordeaux, P.U.B., 1996.

Aristote et la notion de nature. Enjeux épistémologiques et pratiques, Bordeaux, P.U.B., 1997.

La Connaissance de soi. Sur le Traité 49 de Plotin, en collaboration avec M. Dixsaut (dir.) et K. Tordo-Rombaut, Paris, Vrin, 2002.

Democritus : Science, the Arts and the Care of the Soul, en collaboration avec A. Brancacci, Boston-Leiden, Brill, 2007.

Est classique le livre qu'une nation ou un groupe de nations ou les siècles ont décidé de lire comme si tout dans ses pages était délibéré, fatal, profond comme le cosmos et susceptible d'interprétation sans fin.

N'est pas classique (je le répète) un livre qui nécessairement possède tel ou tel mérite, mais un livre que les générations humaines, pressées par des raisons différentes, lisent avec une ferveur préalable et une mystérieuse loyauté.

Jorge Luis Borges

La citation de Borges est extraite de
Enquêtes, trad. Paul et Sylvia Benichou, coll. Folio / Essais,
Gallimard, Paris, 1967, p. 251-252

ISBN 978-2-7116-1929-0

www.vrin.fr

TRADITION DE LA PENSÉE CLASSIQUE

Directeur : Monique DIXSAUT

DE LA MATIÈRE À L'ACTION

ARISTOTE ET LE PROBLÈME DU VIVANT

par

Pierre-Marie MOREL

PARIS

LIBRAIRIE PHILOSOPHIQUE J. VRIN

6, Place de la Sorbonne, V[e]

—

2007

À la mémoire de mon père, Jacques Morel

Plusieurs amis et collègues ont bien voulu donner de leur temps pour relire ou discuter telle ou telle partie de ce travail. Leurs remarques, toutes justifiées, m'ont permis d'éviter un certain nombre d'inexactitudes ou maladresses. Celles qui demeurent sont de mon seul fait. Je tiens à remercier tout particulièrement Rémi Brague, Myles Burnyeat, André Charrak, Philippe Hoffmann, Annick Jaulin, David Lefebvre, Carlos Lévy Carlo Natali, Pierre Pellegrin.

J'exprime également ma gratitude à Richard King, qui m'a permis de publier, dans le chapitre « La sensation et l'unité des facultés », une version modifiée de mon article « Common to Soul and Body in Aristotle's *Parva naturalia* », dans R. King (ed.), *Common to Body and Soul. Philosophical Approaches to Explaining Living Behaviour in Greco-Roman Antiquity*, Walter de Gruyter, Berlin-New York, 2006, p. 121-139 ; ainsi qu'à la revue *Philosophie*, qui m'a autorisé à publier, dans la troisième partie (« De la vie à l'action »), une version modifiée de l'article « Action humaine et action naturelle chez Aristote », *Philosophie* 73, 2002, p. 36-57.

ABRÉVIATIONS

DA :	*De l'âme*
DC :	*Du ciel*
EE :	*Éthique à Eudème*
EN :	*Éthique à Nicomaque*
GA :	*De la génération des animaux*
GC :	*De la génération et de la corruption*
HA :	*Histoire des animaux*
IA :	*De la marche des animaux*
MA :	*Du mouvement des animaux*
Magn. Mor. :	*Grande morale (Magna Moralia)*
Mét. :	*Métaphysique*
Météor. :	*Météorologiques*
PA :	*Des parties des animaux*
Phys. :	*Physique*
PN :	*Petits traités d'histoire naturelle (Parva naturalia)*
	De Sens. : *De la sensation et des sensibles*
	De Mem. : *De la mémoire et de la réminiscence*
	De Som. : *Du sommeil et de la veille*
	De Ins. : *Des rêves*
	De Div. : *De la divination dans le sommeil*
	De Long. : *De la longévité et de la vie brève*
	De Juv. : *De la jeunesse et de la vieillesse*
	De Resp. : *De la respiration*
	De Vit. : *De la vie et de la mort*
Pol. :	*Politique*
Rhét. :	*Rhétorique*
Sec. an. :	*Seconds analytiques*
Top. :	*Topiques*
DK :	H. Diels – W. Kranz, *Die Fragmente der Vorsokratiker*, rééd. Berlin, 1952.

INTRODUCTION

Du statut équivoque de la matière organique

La philosophie naturelle d'Aristote a pour objet fondamental la nature *(phusis)*, comprise comme principe interne de mouvement et de repos [1]. Elle est donc, par extension, une science du changement et des êtres naturels qui se meuvent ou sont mus, en tant que tels. Les êtres qui produisent des changements par eux-mêmes sont les êtres naturels les plus accomplis, parce qu'ils ont en eux-mêmes un principe actif de mouvement, par opposition aux êtres naturels inanimés, dont le principe de changement réside dans la seule capacité de subir un mouvement [2]. Parmi les vivants [3], les animaux – du moins la plupart d'entre eux – ont une capacité particulière par rapport aux végétaux : non seulement celle de sentir, qui les distingue génériquement de ces derniers, mais encore la faculté de se mouvoir par eux-mêmes selon le lieu [4]. Cette faculté leur est essentielle, car ils ne réalisent le mode de vie qui leur est propre qu'en se déplaçant dans leur milieu pour se nourrir, fuir devant le danger, s'accoupler ou s'occuper de leur progéniture. Ainsi les animaux, sans être plus « naturels » que les autres êtres naturels, manifestent de manière exemplaire ce qui fait l'originalité et la radicalité de la conception aristotélicienne de la *phusis* : un principe immanent de devenir et d'accomplissement. L'animal se

1. La nature est principe interne de mouvement et de repos, pour ce dont elle est la nature à titre premier, par essence et non par accident : *Phys.*, II, 1, 192b21-23.

2. Voir *Phys.*, VIII, 4, 255b29-31.

3. Entendons les vivants du monde sublunaire. On ne traitera ici des vivants supralunaires et immortels que de manière très indirecte. De fait, bien qu'Aristote admette aussi l'existence d'une vie céleste, il ne lui attribue pas les mêmes propriétés qu'à la vie des êtres périssables. Voir en ce sens A. Falcon, *Aristotle and the Science of Nature. Unity without Uniformity*, Cambridge, Cambridge University Press, 2005, p. 89-97.

4. *Phys.*, VIII, 2, 252b22-23; 253a14-15; 4, 254b14-18; 28; 32; 255a6-7; *DA*, III, 9, 432a17.

signale donc, dans la nature, par deux traits distinctifs : par la complexité de son unité organique[1] et par son automotricité. Le vivant en général constitue en tout cas le type de substance *(ousia)* le plus clairement identifiable, non seulement parce qu'un être vivant nous apparaît comme un individu déterminé, mais encore parce qu'il jouit d'une autonomie, au moins relative et provisoire, dans l'accomplissement de ses propres changements, qu'il s'agisse des mouvements végétatifs de croissance et de nutrition, de la perception ou du déplacement.

Toutefois, bien que la *mobilité* soit essentielle au vivant, son unité s'explique d'abord par l'unité de la matière *(hulè)* et de la forme *(eidos – morphè)*, unité dite « hylé-morphique ». Ce couple est d'ailleurs nettement hiérarchisé : ce qui définit d'abord le vivant, et ce qui le caractérise substantiellement, c'est son âme en tant que forme et fin. De fait, lorsque Aristote rend compte de l'unité du vivant, au début du livre II du *DA*, il commence par le concevoir comme un composé de matière et de forme, c'est-à-dire comme une substance dont la matière corporelle est organisée et animée par une forme comprise comme âme de ce corps[2]. L'âme est dite en effet « forme » du composé, non pas au sens où elle en serait la configuration externe ou la morphologie, mais au sens où elle est sa *vie* même. Or il ne s'agit pas simplement d'une force vitale, analogue à l'inertie mécanique qui meut les automates, mais d'une vitalité *constitutive* : le programme ou la règle de son développement progressif et de sa reproduction, ainsi que du genre de vie que, grâce à cette règle, le vivant est apte à mener. L'âme fait donc de tel vivant ce qu'il est, ce qui le détermine essentiellement, à la fois dans ses attributs spécifiques (ceux de l'homme, du lapin, du pommier), et dans son existence individuelle (celle de tel homme, de tel lapin, de tel pommier). La question des *mouvements* dont cette âme est le principe est seconde par rapport à la définition de l'âme comme forme[3] et, ainsi, par

1. D'après *DC*, II, 12, 292b1-10, l'activité de l'animal se distingue de celle des plantes et de celle des astres : les plantes, ainsi que les astres, n'ont qu'une seule « action » (πρᾶξις), alors que l'animal en a plusieurs et que l'homme est, de tous les animaux, celui qui en a le plus grand nombre. Comme nous allons le voir, l'idée d'« action » est au cœur même de la conception aristotélicienne du vivant.

2. Voir *DA*, II, 1, 412a3-28 ; *PA*, I, 1, 640a10-642b4.

3. Voir en ce sens M. Frede, « The Definition of Sensible Substances in *Met.* Z », dans *Biologie, logique et métaphysique chez Aristote…*, D. Devereux et P. Pellegrin (éd.), Paris, Éditions du CNRS, 1990, p. 113-129, pour qui le mouvement n'entre pas dans la définition de l'âme en tant que forme, tout au moins selon le sens standard de l'idée de définition (voir notamment p. 121). C'est un corollaire de sa thèse principale, selon laquelle Aristote soutient clairement, dans *Mét.* Z, qu'il n'y a pas de place pour une référence à la matière dans la définition – au sens strict – d'une substance.

rapport à la perspective hylémorphiste[1]. Tout nous porte donc à croire, du moins en première approche, que la mobilité de l'animal – mobilité interne, s'agissant des processus organiques; externe, s'agissant du mouvement local – ne qualifie pas l'unité substantielle de l'individu vivant.

La thèse de l'unité hylémorphique, telle qu'elle est exposée dans le *DA*, est pourtant loin d'être absolument claire et univoque : comment l'unité de la matière et de la forme se réalise-t-elle et quels sont les rôles respectifs qu'il faut leur attribuer ? On ne prétend pas ici traiter la question dans toute son ampleur[2]. Elle engage, en effet, non seulement la définition du vivant que le *DA* entend formuler, mais encore le problème de l'unité substantielle et celui de l'individuation tels qu'ils se posent, notamment, dans les livres dits « centraux » de la *Métaphysique*[3]. Je vais pour ma part centrer l'analyse sur les traités de psycho-physiologie, les *Parva naturalia* et le *De motu*. Il ne s'agira pas pour autant d'une simple étude de cas, qui reviendrait à dire, à partir de ces traités, ce que l'on pourrait établir à partir d'autres textes tout aussi bien. Ces traités ont en effet pour particularité, en examinant les propriétés dynamiques de la matière organique, d'apporter à la doctrine du *DA* son nécessaire complément théorique. Ce sont eux qui permettent de concevoir comment l'individu vivant conserve son unité substantielle au travers de ses multiples activités.

Pour prendre la mesure des difficultés qu'ils sont censés résoudre, commençons par nous interroger sur le *type d'unité* que forment ensemble l'âme et le corps. Le principe de cette unité est clairement affirmé : le composé de matière et de forme est une unité substantielle et non pas l'addition de deux entités ontologiquement distinctes, qui ne seraient alors que les éléments d'un mélange par juxtaposition. Aussi l'unité de l'âme et du corps est-elle une donnée de fait et non pas un *demonstrandum* pour le physicien qui s'occupe des vivants[4]. Nous n'avons pas à nous demander si

1. De fait, ce n'est qu'en 412b17, après la définition de l'âme, que le mouvement est mentionné, lorsque Aristote précise que le corps du vivant est un corps naturel qui « possède un principe de mouvement et de repos en lui-même ».

2. La littérature critique sur la question de l'unité hylémorphique est considérable. Le volume désormais classique de M. Nussbaum et A. Rorty (ed.), *Essays on Aristotle's De Anima*, Oxford, Oxford University Press, 1992, demeure à ce jour l'instrument de travail le plus complet pour s'orienter dans le débat.

3. Problèmes pour lesquels on se reportera par exemple à M.L. Gill, *Aristotle on Substance. The Paradox of Unity*, Princeton, Princeton University Press, 1989; T. Scaltsas, D. Charles and M.L. Gill (ed.), *Unity, Identity and Explanation in Aristotle's* Metaphysics, Oxford, Oxford University Press, 1994; A. Jaulin, *Eidos et Ousia. De l'unité théorique de la* Métaphysique *d'Aristote*, Paris, Klincksieck, 1999.

4. L'étude de l'âme relève des compétences du physicien tel qu'Aristote le définit, c'est-à-dire le philosophe de la nature qui examine corrélativement la matière et la forme dans les composés (*DA*, I, 1, 403a28).

l'âme et le corps sont une seule chose, pas plus qu'on ne pose cette question à propos de la figure et de la cire dans laquelle elle s'est effectivement imprimée[1]. Si l'on accepte de prendre au sérieux cette surprenante mesure d'économie théorique, il faut admettre que l'unité de l'âme et du corps est radicale. Autrement dit : elle ne résulte pas d'une addition ou d'une construction, et elle n'est pas assimilable à la survenue de propriétés fonctionnelles dans un réseau de déterminations physico-chimiques. L'activité du vivant doit en effet s'expliquer par l'unité et la cohérence interne des propriétés qui sont celles du composé pris comme tel. Il est donc réducteur d'opposer les propriétés fonctionnelles aux propriétés proprement « physiques » ou de premier ordre, comme tendrait à le faire une lecture étroitement « fonctionnaliste » d'Aristote : les facultés du vivant sont, tout à la fois, des fonctions psychiques et la réalisation de potentialités physiologiques[2]. Plus encore, Aristote n'entend même pas s'interroger directement sur l'unité de l'âme et du corps, puisqu'il se défend d'y voir un *problème* : de même que la figure et la cire sont une seule et même chose dans leur réalisation commune, le corps vivant est d'emblée informé et l'âme d'emblée incorporée. Ce qui fait en revanche question, c'est de savoir comment l'âme incorporée réalise l'unité de ses diverses facultés ou fonctions. Dès lors, si le corps est matière du vivant, ce n'est pas seulement en tant qu'il possède des propriétés élémentaires, mais encore, et en premier lieu, en tant qu'il dispose de puissances organisées et animées, c'est-à-dire réalisées dans des parties et caractérisées par des propriétés tout à la fois physiologiques et fonctionnelles. Ainsi l'âme est la « réalisation première » d'un corps naturel déjà organisé ou pourvu d'organes, c'est-

1. *DA*, II, 1, 412b6-9.

2. Ainsi, selon *GA*, I, 1, 715a9-11, « la matière, pour les animaux, c'est leurs parties », aux trois niveaux que définissent respectivement les parties anhoméomères, les parties homéomères et les éléments, chaque niveau valant comme matière du niveau immédiatement supérieur. Or les parties sont toutes définies par leurs fonctions et relativement aux facultés de l'âme. C'est pourquoi il conviendrait de se représenter l'hylémorphisme comme ce que j'appellerai un « gradualisme », plutôt que de distinguer et d'associer – en termes « fonctionnalistes » – des états mentaux et des états physiologiques. Voir les arguments de M.L. Gill, « Material Necessity and *Meteorology* IV 12 », dans *Aristotelische Biologie...*, W. Kullmann und S. Föllinger (ed.), « Philosophie der Antike », Band 6, Stuttgart, 1997, p. 145-161, qui insiste à juste titre sur la hiérarchie des niveaux de détermination matérielle à l'intérieur de l'unité que forme le composé vivant. G.E.R. Lloyd, *Aristotelian Explorations*, Cambridge, Cambridge University Press, 1996, rappelle par ailleurs que la physique aristotélicienne ne satisfait pas au principe fonctionnaliste selon lequel une fonction peut se réaliser dans une autre matière que celle dans laquelle elle se réalise actuellement. Dans le cas des êtres vivants, il n'y a pas d'alternative à la matière qu'ils possèdent (p. 39).

à-dire déjà animé au sens où il est disposé à vivre[1]. L'âme est toujours en effet l'âme de *ce* corps dont elle est l'âme.

Pourtant, bien que l'âme soit incontestablement le principe de la vie, on ne peut rendre compte de la causalité vitale par les seules prérogatives de l'âme, en tant que forme du vivant. La matière de ce dernier, en effet, n'est pas absolument neutre : elle dispose d'un certain nombre de puissances, à des degrés variables de détermination, de sorte qu'elle participe positivement à la mise en ordre que constitue l'information. Elle n'est donc pas un substrat indifférent. Ainsi, l'art du charpentier ne descend pas dans les flûtes, contrairement à l'opinion de ceux – notamment les tenants pythagoriciens de la transmigration des âmes – qui croient que « n'importe quelle âme pénètre au hasard dans n'importe quel corps »[2]. De même que la flûte est l'instrument approprié à l'art du musicien, et non à celui du charpentier, toute matière n'est pas apte à recevoir n'importe quelle forme. En tout cas, nous devons pouvoir distinguer entre la matière d'un artefact, comme le lit ou la statue, et la matière d'un animal ou d'une plante, conformément au principe fondamental selon lequel la matière est relative à la forme – et donc au type de forme – qui l'organise. Faut-il faire un pas de plus et supposer que la matière corporelle est dotée de propriétés *vitales*, que la composition hylémorphique ne ferait qu'actualiser ? La critique récente a renouvelé les termes de ce problème et elle a ainsi invité les lecteurs d'Aristote à s'interroger plus précisément sur les propriétés matérielles en tant que telles, c'est-à-dire sur le versant physiologique de la doctrine de l'âme[3].

1. En ce sens, comme on le sait, la définition, ou esquisse de définition, de l'âme comme entéléchie première d'un corps organisé (*DA*, II, 1, 412b5-6) est formellement défectueuse, puisqu'elle semble placer le *definiendum* dans le *definiens*. L'une des solutions envisageables consiste à comprendre par l'adjectif ὀργανικός « instrumental », plutôt qu'« organisé ». Voir en ce sens R. Brague, *Aristote et la question du monde. Essai sur le contexte cosmologique et anthropologique de l'ontologie*, Paris, PUF, 1988, p. 334 et, plus récemment, S. Menn, « Aristotle's Definition of the Soul and the Programme of the *De Anima* », *Oxford Studies in Ancient Philosophy* 22, 2002, p. 83-139, et A. Bos, *The Soul and its instrumental Body. A Reinterpretation of Aristotle's Philosophy of Living Nature*, Leiden-Boston, Brill, 2003. La formule d'Aristote est elliptique et elle autorise sans doute une telle traduction. De fait, Aristote indique clairement que l'âme est la fin dont le corps est l'instrument (*DA*, II, 1, 413a1 ; 4, 415b19). Néanmoins le caractère circulaire de cette pseudo-définition, paradoxe souligné par de nombreux commentateurs, présente cet avantage qu'il exprime très bien la radicalité et l'aspect originel de l'unité hylémorphique.

2. *DA*, I, 3, 407b21-23.

3. Parmi les travaux récents sur ce point, on se référera en particulier à G. Freudenthal, *Aristotle's Theory of Material Substance. Heat and Pneuma, Form and Soul*, Oxford, Oxford University Press, 1995, qui propose d'expliquer la formation et la persistance des individus vivants par la « chaleur vitale » immanente et non pas – ou pas seulement – par la forme. Dans cette optique, le souffle connaturel *(pneuma sumphuton)* serait le véritable « opérateur

Ainsi, Aristote distingue *réellement* – et non pas seulement conceptuellement – la matière et la forme à l'intérieur du composé[1]. L'unité substantielle du vivant n'annule pas la distinction de l'âme et du corps, pas plus que, d'une manière générale, l'unité de la substance composée n'annule la distinction de la matière et de la forme. L'une des solutions proposées par Aristote pour sortir de cette difficulté consiste à comprendre cette distinction comme une distinction modale, entre l'âme comme réalisation ou « entéléchie » première des puissances qui caractérisent le corps comme tel et le corps comme ensemble de ces puissances[2]. Il n'en demeure pas moins qu'Aristote distingue âme et corps, non seulement par des différences de modalité, mais aussi par leurs propriétés respectives : l'âme est incorporelle et elle est immobile, sinon par accident, et elle est l'âme d'un corps qui est lui-même mû. La distinction modale « âme/entéléchie – corps/puissance » ne suffit donc pas. Il va de soi, en outre, que toutes les propriétés du corps vivant ne peuvent être attribuées à l'âme et ne sont pas *à la fois* des propriétés du corps et de l'âme. C'est le cas des propriétés élémentaires, le chaud, le froid, le sec, l'humide, la dureté, la

physiologique » (p. 136), le substrat – et non pas seulement l'instrument – de cette « substance » que constituerait la chaleur vitale. Plus récemment, R. King, *Aristotle on Life and Death*, London, Duckworth, 2001, a montré que la chaleur vitale jouait un rôle décisif dans la préservation de l'organisme, mais qu'elle n'était pas pour autant elle-même responsable de la présence de la vie. Il défend la thèse selon laquelle la théorie de la nutrition – et par là l'âme nutritive – répond au problème de la cohésion du composé et de sa préservation en définissant et en garantissant le cycle de vie du vivant. A. Bos, *op. cit.*, a soutenu pour sa part que le *pneuma* était le premier instrument corporel et le véhicule de l'âme et, en même temps, un corps distinct du corps visible. Il serait en ce sens, à la différence de ce dernier, un « soul-body ». Ce corps spécial, supposé rigoureusement identique à la *quinta essentia* qui constitue la matière astrale, expliquerait l'animation. Pour les arguments que j'oppose à cette interprétation, voir ci-dessous, p. 42, n. 1.

1. Cette situation est bien décrite par S. Menn, art. cit., qui estime qu'elle suppose une forme irréductible de dualisme, sans laquelle Aristote devrait concéder que l'âme elle-même est mue lorsque le composé est affecté. Disons, en tout cas, que si Aristote n'est pas « dualiste », au sens où il distinguerait substantiellement âme et corps, il maintient la thèse d'une certaine forme, problématique, de « dualité ».

2. Voir en ce sens, non seulement *DA*, II, 1, 412b6-9, mais aussi *Mét.*, H, 6, 1045b17-20 : « la matière prochaine et la forme sont une seule et même chose, l'une en puissance et l'autre en acte, de sorte que rechercher la cause de l'unité, c'est comme rechercher pourquoi ce qui est un est un. » M.L. Gill, *Aristotle on Substance. The Paradox of Unity*, Princeton, Princeton University Press, 1989, a particulièrement insisté sur le fait que l'unité est irréductible, au moins dans sa dimension « verticale », car la matière est matière de *telle* forme, dans *tel* composé réalisé et séparé, par opposition au continuum « horizontal » de la matière fondamentale. Cette unité « paradoxale » a pour corollaire la « résistance » résiduelle de la matière à l'information, résistance qui explique la corruption et la destruction. Voir sur ce point la discussion menée par R. King, *op. cit.*, p. 6-9, qui souligne pour sa part le rôle de la forme – de l'âme, dans le vivant – dans la destruction du composé, parce qu'elle définit un « cycle de vie », et assigne ainsi des limites temporelles à la vie dont elle est le principe.

mollesse. L'information psychique ne transforme pas les propriétés élémentaires en propriétés intrinsèquement « vitales ». La matière constituée par les quatre éléments ne s'organise pas elle-même et la vie ne résulte assurément pas, pour Aristote, d'une combinaison matérielle spontanée. Nous sommes donc renvoyés, de manière circulaire, au modèle de la composition et à l'antériorité radicale de l'unité hylémorphique par rapport aux propriétés assignables à la matière du vivant. Nous devons assurément pouvoir convoquer, pour étudier les êtres animés, les propriétés générales de la matière [1], mais dès lors qu'il s'agit de rendre compte des propriétés du vivant comme tel, nous ne pouvons plus les considérer sous le même aspect [2]. La position d'Aristote est sur ce point équivoque.

Il faudra donc préciser à *quel type de dualité* appartient ce couple si particulier – un couple substantiellement unifié ! – que forment l'âme et le corps. Aristote offre d'ailleurs plusieurs points de vue sur cette relation à deux termes. Nous avons déjà eu l'occasion de rappeler l'opposition de la matière et de la forme et celle de la fin et de l'instrument. Il envisage cependant une troisième manière d'opposer et de relier l'âme au corps, en concevant l'âme comme le moteur et le corps comme le mû. Or cette troisième opposition, qui peut passer pour marginale ou secondaire à la lecture du livre II du *DA* [3], va s'avérer cruciale pour la question de l'unité du vivant. Ce livre veut précisément montrer que le problème de la relation

1. D. Furley, « The Mechanics of *Meteorologica* IV. A Prolegomenon to Biology », dans *Zweifelhaftes im Corpus Aristotelicum*…, P. Moraux und J. Wiesner (ed.), Berlin-New York, de Gruyter, 1983, p. 73-93, a clairement montré que la physique élémentaire du livre IV des *Météorologiques* – et en particulier l'analyse des effets produits par le chaud et le froid sur la constitution des corps homéomères – constituait un préalable nécessaire aux traités biologiques.

2. Voir M.L. Gill, « Material Necessity and *Meteorology* IV 12 », dans *Aristotelische Biologie*…, 1997, p. 145-161, qui montre que l'explication matérielle, ou explication par la nécessité, relève de plein droit de l'explication biologique, où prédomine pourtant l'explication finale. Cela ne veut pas dire, ainsi qu'elle le précise, que l'explication par la nécessité soit intégralement réductible à l'explication téléologique, mais que la connaissance du vivant impose de recourir à ces deux types d'analyses. Ainsi, la matière du vivant doit être considérée sous deux points de vue : celui de ses propriétés « dispositionnelles » – dureté, mollesse, sécheresse, humidité – et celui de ses propriétés « fonctionnelles », propriétés qui permettent aux niveaux supérieurs d'organisation d'atteindre leurs fins. Sur les différents aspects de la nécessité dans l'organisation du vivant, voir ci-dessous, p. 62-69.

3. Au livre I, comme on le sait, l'examen et la critique des doctrines antérieures conduit à admettre que l'âme est principe de mouvements et que, comme telle, elle meut le corps. Toutefois les indications d'Aristote sont à ce sujet d'une médiocre précision. Le contexte dialectique du livre I fait que celui-ci aboutit à des conclusions essentiellement négatives : l'âme n'est pas elle-même mue ; elle ne meut pas comme les corps meuvent, parce qu'elle est incorporelle.

« moteur – mû », et corrélativement celui de la relation « agent – patient », sont au cœur de la psychologie d'Aristote.

Pour le comprendre, partons cette fois de la *Physique*. Comme je l'ai rappelé, l'animal se distingue des autres vivants en ce qu'il est, non seulement *un*, mais encore automoteur. Or ce statut est problématique et Aristote lui-même l'a clairement dit, en particulier aux chapitres 2 et 6 du livre VIII de la *Physique*[1]. Le problème se pose pour au moins cinq raisons, que j'exposerai ici de manière schématique, avant d'y revenir dans la suite de l'analyse.

Premièrement, la vie de l'animal dépend directement des conditions matérielles environnantes et des mouvements des vivants qui l'entourent; il ne peut donc être qu'un automoteur dépendant, par rapport à son milieu. Deuxièmement, il ne peut exercer sa faculté sensitive sans que la sensation soit actualisée grâce à la présence du sensible en acte, c'est-à-dire sans la présence d'un corrélat externe de son activité. On est donc embarrassé lorsqu'il s'agit de désigner le véritable moteur de la perception sensible : l'âme ou le senti ? Troisièmement, et corrélativement, l'animal ne peut se mouvoir intentionnellement sans identifier et se représenter, hors de lui, un bien apparent qui constituera le moteur de son comportement; il est en ce sens dépendant de l'objet de ses représentations. Quatrièmement, il ne provoque pas intentionnellement tous les mouvements qui se produisent en lui, qu'il s'agisse de mouvements réguliers, comme la respiration, ou de mouvements soudains, comme l'accélération de son rythme cardiaque devant un objet de crainte. Cinquièmement, et plus fondamentalement, l'animal ne vit que dans une alternance incessante d'agir et de pâtir, et il ne peut produire son propre mouvement qu'à la condition d'être également mû. Or cela pose un problème crucial, non seulement pour l'explication du mouvement, mais aussi pour la compréhension du type d'unité propre à l'animal : comment et jusqu'à quel point l'animal est-il le principe de ses propres mouvements ? Aristote formule lui-même la question :

> Il est impossible que ce qui se meut soi-même se meuve soi-même intégralement; car il serait transporté et il transporterait, en totalité, selon le même transport, étant formellement *un* et insécable. Ou alors, il serait altéré et il altèrerait, de sorte qu'il enseignerait et recevrait

1. Sur cette difficulté bien connue, voir M.L. Gill and J.G. Lennox (ed.), *Self-Motion from Aristotle to Newton*, Princeton, Princeton University Press, 1994; S. Berryman, « Aristotle on *Pneuma* and Animal Self-Motion », *Oxford Studies in Ancient Philosophy* 23, 2002, p. 85-97. Sur ce dossier et sur la place qu'y occupent le *MA*, mais aussi les *PN*, voir P.-M. Morel, « Les *Parva naturalia* d'Aristote et le mouvement animal », *Revue de Philosophie ancienne* 20, 2002, p. 61-88.

> l'enseignement simultanément, et soignerait et serait soigné selon les mêmes soins[1].

L'animal est en principe indivisible et *un* « formellement » – c'est-à-dire, si je comprends bien ce passage, « substantiellement ». Pourtant, en tant qu'automoteur, il est à la fois moteur et mû. Aristote montre ici que ces deux propriétés ne se confondent pas : aucun moteur ne peut être également mû sous le même aspect et simultanément. On doit donc distinguer, dans l'animal lui-même, le moteur et le mû : « il y a donc d'une part ce qui meut et d'autre part ce qui est mû, dans ce qui se meut soi-même. »[2] Le problème devient dès lors le suivant : en quel sens l'animal peut-il constituer une substance *une*, tout en étant d'un côté un moteur, et de l'autre un mû ? L'unité du vivant est à la fois incontestable, comme unité radicale de la matière et de la forme, et problématique, comme unité paradoxale de l'agent et du patient[3].

Disons-le dès maintenant, cette nouvelle difficulté, paradoxalement, apportera un éclairage positif sur l'unité du vivant. Le problème de l'automotricité invite en effet à admettre, à l'intérieur de ce dernier, une dualité irréductible, qui ne contredirait pas son unité. Il conduit à accepter cette idée que le vivant est *un* et en même temps double, non seulement sur le plan hylémorphique, mais aussi sur le plan dynamique : l'unité de l'âme et

1. *Phys.*, VIII, 5, 257b2-6.

2. 257b12-13.

3. En un sens, les premiers moteurs immobiles et impassibles n'agissent pas, parce que seul le moteur mû est en contact réciproque avec le patient, de sorte que « mouvoir a plus d'extension qu'agir » (*GC*, I, 6, 323a20). En un autre, nous pouvons parler de l'agent et du patient comme du moteur et du mû, lorsque l'agent et le patient n'ont pas la même matière. Ainsi la médecine *agit* sur le malade et constitue de ce fait un premier agent impassible. La fin (la santé par exemple) n'est pas active, sinon par métaphore (*GC*, I, 7, 324a29-b15). On peut donc se demander comment un même individu substantiel – en l'occurrence tout composé d'âme et de corps – peut être, pour lui-même, moteur et mû. Toutefois, l'âme n'est pas seulement fin, mais aussi principe efficient ou première origine du mouvement du corps (voir *DA*, II, 4, 415b21-22). Ainsi, dans le *DA*, abordant le cas de l'âme et du corps, Aristote semble assouplir l'opposition entre mouvoir et agir : « du fait de la communauté <de l'âme et du corps> l'un agit d'une certaine manière et l'autre pâtit, l'un est mû et l'autre meut » (διὰ γὰρ τὴν κοινωνίαν τὸ μὲν ποιεῖ τι τὸ δὲ πάσχει καὶ τὸ μὲν κινεῖται τὸ δὲ κινεῖ, *DA*, I, 3, 407b17-19). La distinction de *GC*, I, 6, 323a20 entre mouvoir et agir n'est donc pas parfaitement claire, ni applicable en toutes circonstances. Voir la note *ad loc.* de M. Rashed, *Aristote. De la génération et de la corruption*, texte établi et traduit, Paris, Les Belles Lettres, 2005, p. 131. En tout état de cause, si le corps vivant est mû par un principe interne de changement, seule l'âme – incorporée – peut être l'agent – agent en toute rigueur impassible – de cette passion. Plus exactement, nous pouvons dire que le composé vivant, ou l'organisme, est pour lui-même agent et patient, changeant et changé, sous les aspects respectifs de l'âme et du corps. Voir en ce sens S. Waterlow, *Nature, Change, and Agency in Aristotle's* Physics, Oxford, Oxford University Press, 1982, p. 213 *sq.*

du corps recouvre, sans l'annuler, la dualité du moteur et du mû et, ainsi, de l'agent et du patient. C'est particulièrement net dans le cas, très majoritaire, des animaux capables de changer de lieu par eux-mêmes. Pour comprendre son unité, et pour que l'on puisse dire que c'est un même animal qui est à la fois moteur et mû, il faut identifier un point où s'articulent mouvement reçu et mouvement donné. Aristote répond à cette exigence en désignant un principe interne capable d'être à la fois mû et moteur. Dans le cas de mouvements consécutifs à une représentation (la vue d'une proie ou d'un danger, l'idée du bien à accomplir), ce principe est le désir. Si, pour Aristote, le désir est à l'origine des mouvements animaux, c'est en effet parce qu'il est à la fois récepteur et moteur. Sur le plan matériel, l'organe concerné est le cœur ou son équivalent chez les animaux qui n'en possèdent pas[1]. Or, en réalisant l'unité des différents mouvements qui affectent l'organisme, le cœur ne se contente pas de répercuter la force du mouvement reçu : il unifie et harmonise mouvements donnés et mouvements reçus. Il permet ainsi la corrélation des puissances de pâtir et des puissances d'agir qui sont celles du composé vivant. Le propos du *MA* sera précisément de résoudre la difficulté en exposant la doctrine du désir comme principe mouvant-mû[2] et celle du vivant comme agent organique.

Ainsi, le modèle de la composition – en d'autres termes : la relation hylémorphique – appelle nécessairement un autre modèle : le modèle dynamique. La relation « forme – matière » trouve son complément naturel dans la relation « moteur – mû ». Ce dernier fait le lien entre les conditions matérielles de la vie et son accomplissement ultime comme activité ou action[3].

Il faut, dès maintenant, donner deux précisions. La première concerne le rapport entre les deux représentations du composé vivant – hylémorphique et dynamique –, et la seconde le concept de mouvement. Mon propos, premièrement, n'est pas de « dépasser » le point de vue hylémorphique, car il constitue le cadre même dans lequel l'analyse doit être menée. L'âme est à la fois cause finale, formelle et efficiente du composé qu'elle forme avec le corps[4], de sorte qu'il serait tout à fait artificiel de vouloir traiter de la causalité efficiente que l'âme exerce sur le corps, et par son intermédiaire, indépendamment de son statut formel. La relation « matière – forme », dans le vivant, est d'emblée dynamique. Il s'agit bien plutôt d'analyser les développements implicites de l'hylémorphisme. Le point de vue dynamique nous place dans la perspective qui est celle du *MA*, perspective qui ne peut faire abstraction de son contexte théorique immédiat et avéré, celui

1. Voir ci-dessous, p. 35-51.
2. *MA*, 6, 701a1 ; 10, 703a5.
3. Sur ce dernier point, voir ci-dessous, p. 151-176.
4. Voir *DA*, II, 4, 415b8-28.

des traités de psycho-physiologie : non seulement le *DA* mais aussi, plus étroitement encore, les *PN*. Il est vrai que le *MA* – tout comme les *PN* – est particulièrement silencieux sur la question hylémorphique et il semble, au plus, tenir pour acquis ce qui, dans le *DA*, a déjà été dit sur ce point. L'animal est envisagé d'emblée comme un composé, sans que ni le principe de l'unité de la matière et de la forme, ni les modalités de cette unité soient jamais directement interrogés. Très curieusement, le *MA* et les *PN* privilégient le point de vue physiologique, que le *DA* ne fait le plus souvent que sous-entendre, mais ils ne disent rien d'explicite sur le rapport « matière – forme ». Deux types de raisons peuvent expliquer ce silence. On peut se contenter d'invoquer la complémentarité, manifeste, entre ces traités et le *DA* : alors qu'ils analysent les manifestations concrètes de la vie, le *DA* en définit les grands principes. On peut aussi se demander si le *MA* et les *PN*, par la manière qui leur est propre d'envisager l'unité du vivant, n'apportent pas une contribution nécessaire à l'hylémorphisme. Ils ouvrent en effet une perspective que le *DA* se contente d'esquisser : celle des mouvements internes de l'organisme. Il est par exemple significatif qu'Aristote, dans les *PN*, définisse en ces termes l'objet de son étude du sommeil : « il faut encore dire après cela par quels types de mouvements et d'actions internes aux corps se produisent la veille et le sommeil chez les animaux[1]. » Comme nous le verrons, cette manière de s'exprimer est aisément généralisable à l'ensemble des opuscules concernés, le *MA* y compris. Ils mettent en effet l'accent sur le principe moteur, sur la relation entre le moteur et le mû et sur les relais cinétiques que constituent les moteurs mus, à l'intérieur même de l'organisme. C'est donc le corps animé, et comme tel *en mouvement*, qu'ils déclarent examiner, et non pas la relation hylémorphique en tant que telle.

On pourrait par ailleurs se demander comment intégrer les aspects mécanistes de la perspective dynamique à la téléologie impliquée par la relation hylémorphique. Étant donné que le premier moteur propre au vivant n'est autre que son âme, c'est-à-dire la forme et la fin, on ne peut se satisfaire d'une explication purement mécaniste. Il ne s'agit donc aucunement de *jouer* la causalité motrice contre la causalité finale, ou de substituer au couple « forme – matière » le couple « moteur – mû », mais de montrer que la doctrine hylémorphiste du *DA* trouve son nécessaire complément dans la perspective à la fois dynamique et organique du *MA* et des *PN*. Ainsi, dans la relation « moteur – mû », l'âme et le corps sont à la fois deux choses et une seule : deux choses, au sens où ils sont les deux termes de cette relation ; une seule, dans la mesure où il s'agit d'une seule et même substance qui peut être, pour elle-même et dans un même acte, agent

1. *De Som.*, 2, 455b28-31.

et patient. La perspective dynamique élargit cependant l'idée que nous pouvons nous faire de la téléologie organique : si l'explication des mouvements du corps est nécessaire à la définition du vivant, c'est parce que l'unité organique ne résulte pas seulement de l'*organisation morphologique* des parties, mais aussi de l'*organisation dynamique* des mouvements internes et des fonctions. Inversement, le fait que certains mouvements soient purement mécaniques, et en eux-mêmes dépourvus de justification finale, ne pose pas problème, tant que l'animal parvient à les intégrer dans l'économie générale de ses mouvements internes. Nous le verrons plus loin à propos du rôle central du cœur et à propos de la formation des rêves.

En second lieu, le concept de mouvement *(kinèsis)* souffre souvent chez Aristote d'une certaine imprécision, ce qui oblige à en spécifier la signification en fonction du contexte immédiat. J'entends pour l'instant *kinèsis* en son sens le plus ouvert. L'étude du corps en mouvement concerne en effet le mouvement au sens large et canonique de « réalisation de ce qui est en puissance en tant quel »[1] et, corrélativement, le mouvement comme processus en général, en comprenant ainsi les processus inachevés comme les processus intrinsèquement et immédiatement accomplis – plus proprement : les actes compris comme actions (*praxeis*)[2]. Elle concerne également le mouvement comme équivalent de *metabolè*, incluant ainsi les quatre types de changements envisagés par Aristote : selon le lieu ; par augmentation ou diminution ; par altération ; par génération ou corruption[3]. Enfin, elle s'applique aux mouvements internes ou organiques et aux mouvements externes, c'est-à-dire accomplis par l'organisme considéré comme un tout.

La communauté de l'âme et du corps

Le lien entre les *PN* et le *DA* est manifeste. On trouve, dans les *PN*, une douzaine de références au *DA*, et cela dès la première ligne du *De Sens*. On discute parfois l'authenticité des *cross-references*, des renvois internes que l'on trouve dans le *corpus* aristotélicien. Il est vrai que ces indications ont

1. *Phys.*, III, 1, 201a10.

2. *Mét.*, Θ, 6, 1048b18-36.

3. Ce dernier cas est évidemment spécifique, dans la mesure où la génération n'est pas interne à l'organisme ni propre à un unique agent. On ne s'engendre pas soi-même. Les *PN* et le *MA* n'envisagent pas – ou très allusivement, en *MA*, 5 – la question de l'origine de la vitalité et de la génération. Ils concentrent l'analyse sur la préservation – comme M. Rashed, « La préservation (σωτηρία), objet des *Parva naturalia* et ruse de la nature », *Revue de Philosophie ancienne* 20, 2002, p. 35-59, l'a montré à propos des *PN* – de la vitalité et des mouvements particuliers du vivant accompli.

pu être ajoutées après coup, par des éditeurs soucieux de renforcer la cohérence et la continuité de l'ensemble. Toutefois, dans le cas qui nous occupe, elles sont pertinentes et confirmées par les annonces implicites des *PN* que l'on trouve dans le *DA* lui-même. Ainsi, au chapitre 8 du livre II, Aristote renvoie par deux fois à des études plus approfondies sur la respiration [1]. Il annonce en III, 9 des explications ultérieures [2] sur l'inspiration et l'expiration, le sommeil et la veille. Enfin, il réserve une place centrale à une analyse encore à venir de la fonction motrice du cœur, dans un passage où ce dernier est comparé, très concrètement, à un pivot ou au gond (γιγγλυμός) d'une porte. Dans le *MA*, le cœur est en effet comparé au point fixe d'une articulation – comme le coude pour le bras –, parce qu'il est le moteur immobile et le point fixe qui permet le mouvement de l'ensemble des parties du corps. Ce passage, essentiel pour comprendre le projet d'Aristote en psychologie [3], est le suivant :

> En ce qui concerne l'instrument grâce auquel le désir met en mouvement, c'est en fait quelque chose de corporel. C'est pourquoi il faut l'étudier parmi les fonctions communes au corps et à l'âme. Mais, pour nous en tenir maintenant à l'essentiel, disons que le moteur qui fait office d'instrument se situe à l'endroit où coïncident commencement et fin, comme le pivot. Là, en effet, le convexe et le concave sont respectivement fin et commencement (c'est pourquoi l'un demeure au repos tandis que l'autre se meut), et bien qu'ils soient autres en définition, ils sont inséparables du point de vue des grandeurs concrètes. Tout, en effet, se meut par poussée et traction. C'est pourquoi il faut, comme dans une roue, un point qui demeure fixe et où commence le mouvement [4].

L'instrument (ou « l'organe » : *organon*) du désir est donc le cœur mais aussi le souffle vital ou connaturel, le *pneuma sumphuton*, qui a pour propriété de se contracter et de se dilater, permettant ainsi la poussée et la traction, les deux formes élémentaires du mouvement animal [5]. Il constitue en quelque sorte l'interface entre le mouvement reçu – par exemple l'apparition d'un objet de désir – et le mouvement impulsé – comme l'élan vers ce qui nous attire. Il est donc à la fois principe et fin. D'où l'image du

1. 420b21 et 421a6.
2. 432b11-12.
3. Ce terme, on le sait, ne vaut que par sa commodité : d'une part les traités aristotéliciens qui en relèvent ne séparent pas l'étude de la *psuchè* de celle du composé d'âme et de corps dont l'âme est la forme et le principe ; d'autre part, la psychologie aristotélicienne englobe non seulement les facultés mentales proprement humaines, mais également les principes de l'éthologie animale et les propriétés psycho-physiques de l'ensemble des vivants.
4. *DA*, III, 10, 433b19-27.
5. Voir *MA*, 8-10.

concave et du convexe, qui sont contraires par leur définition, mais qui coïncident en fait, si l'on considère leur réalisation effective dans un corps donné (par exemple le nez camus, à la fois concave et convexe). L'intention de ce texte est de montrer que l'animal se meut grâce à la faculté désirante, une fois qu'elle a été orientée par une représentation (sensation, image ou notion)[1]. Le cœur est le premier moteur – organique – de ce que le désir commande de faire.

Toutefois, l'expression « parmi les fonctions communes au corps et à l'âme » (ἐν τοῖς κοινοῖς σώματος καὶ ψυχῆς ἔργοις), est emblématique du projet général des *PN* : elle apparaît sous une forme très voisine dès les premières lignes du premier traité[2], dans un passage que l'on s'accorde généralement à tenir pour une sorte de préambule à l'ensemble des opuscules. La formule désigne alors manifestement l'objet propre des *PN*. Le sens même de l'idée « commun à l'âme et au corps » est loin d'être manifeste, et nous devrons y revenir[3]. Néanmoins, elle donne à penser que les *PN* portent sur tous les états, ou toutes les affections, qui concernent à la fois l'âme et le corps en tant que tels. Autant dire que l'accent doit être mis sur les aspects physiologiques des affections de l'âme incorporée. D'autre part, les *PN* traitent à plusieurs reprises du cœur, considéré par Aristote comme le triple principe du mouvement, de la vie et de la sensation. C'est donc probablement à ces derniers, autant qu'au *MA*, que renvoie notre passage. Les textes cités suggèrent que le rapport entre les *PN* et le *DA* est double : il est à la fois de complémentarité et d'affinité doctrinale. Il revient au *DA* de dégager les grands principes de la psychologie; aux *PN* d'en examiner plus attentivement les manifestations particulières et les aspects physiologiques. Le *DA* n'est pas dépourvu d'investigations ayant trait à la physiologie – l'étude de la morphologie organique, de son fonctionnement et de ses conditions matérielles –, mais il paraît assez clair que ce n'est pas son propos central, alors que les *PN* se placent nettement dans la perspective physiologique. La suite de ce livre en donnera de multiples confirmations.

Cette complémentarité implique une différence de ton, qui peut expliquer une bonne part des divergences apparentes que certains commentateurs ont voulu déceler entre le *DA* et les *PN*. Ainsi D. Ross estimait que les *PN* appartenaient à une période encore dualiste de la psychologie d'Aristote et qu'ils étaient implicitement tributaires d'une « two-substance

1. Sur cette question, voir ci-dessous, p. 118-136.

2. *De Sens.*, 1, 436a7-8. L'unité même des *PN* est par ailleurs toute relative. J'y reviendrai.

3. Voir ci-dessous, p. 71-89.

view » incompatible avec l'hylémorphisme du livre II du *DA*[1]. Cependant, si l'on admet que la physiologie fait partie de la psychologie, on peut considérer que les *PN* sont globalement compatibles avec la thèse selon laquelle âme et corps constituent un composé « forme – matière », c'est-à-dire un tout réellement unifié. Dès les années soixante, plusieurs commentateurs – comme I. Block[2], P. Siwek[3], Ch. Kahn[4] – ont soutenu de manière convaincante que les *PN* pouvaient tout aussi bien avoir été rédigés à une période où la doctrine d'Aristote en matière de psychologie était définitivement fixée. La plupart des chercheurs qui travaillent actuellement sur ces textes partagent cet avis[5]. Enfin le fait que les *PN* ne formulent pas expressément la thèse hylémorphiste ne signifie évidemment pas qu'ils n'y souscrivent pas.

Le *MA* pose pour sa part des problèmes particuliers. Ce traité prétend répondre en quelques pages particulièrement denses à cette question centrale de la philosophie naturelle : quelle est la cause « commune », c'est-à-dire générale, du mouvement animal[6] ? D'autre part, il forme une synthèse dont le style est sans équivalent dans le reste du *corpus* aristotélicien. Il examine en effet successivement les conditions mécaniques des mouvements animaux, leur situation cosmologique et le rapport lointain qu'ils entretiennent avec le premier moteur immobile, les conditions proprement psychiques et les fins du comportement animal en général et des actions humaines en particulier, et enfin les mouvements involontaires et non volontaires. On ne peut donc le classer, tout au moins à première vue, dans aucune des grandes catégories épistémologiques d'Aristote : c'est un opuscule de psychologie et de zoologie, qui a pour particularité d'emprunter beaucoup à d'autres domaines de la philosophie naturelle, mais aussi d'aborder des questions essentielles de philosophie pratique,

1. D. Ross, *Aristotle. Parva naturalia*, Text with Introduction and Commentary, Oxford, Oxford University Press, 1955, p. 16.

2. I. Block, « The Order of Aristotle's Psychological Writings », *American Journal of Philology* 82, 1961, p. 50-77.

3. P. Siwek, *Parva naturalia Graece et Latine*, Edidit, versione auxit, notis illustravit, « Philosophica Lateranensis » 5, Roma, 1963.

4. Ch. Kahn, « Sensation and Consciousness in Aristotle's Psychology », *Archiv für Geschichte der Philosophie* 48, 1966, p. 43-81.

5. Par exemple Ph. Van der Eijk, *Aristoteles. Über Traüme. Über Weissagung im Schlaf*, übersetzt und erlaütert, dans E. Grumach und H. Flashar (ed.), *Aristoteles Werke in Deutscher Übersetzung*, Band 14, Teil III, Berlin, Akademie-Verlag, 1994 ; R. King, *op. cit.* Je renvoie également aux arguments développés dans l'introduction de P.-M. Morel, *Aristote. Petits traités d'histoire naturelle (Parva naturalia)*, trad. fr., intr. et notes, Paris, GF-Flammarion, 2000 et à P.-M. Morel, « Aristote. *Parva naturalia*. Tradition grecque », *Dictionnaire des Philosophes Antiques*, sous la direction de R. Goulet, Paris, Supplément, Éditions du CNRS, 2003, p. 366-374.

6. 1, 698a4-7.

comme le raisonnement pratique ou la nature du mouvement volontaire. Ce mélange des genres suffirait – et cela a parfois suffi – à faire douter de sa rigueur argumentative au point de rejeter son authenticité. Nous verrons plus loin quels types de difficultés se présentent à ce propos. De fait, ni les traités éthiques ni ceux qui relèvent de la philosophie naturelle ne justifient explicitement que l'on puisse produire des explications communes et invoquer des principes communs à ces deux domaines. On pourrait donc être tenté de restreindre la portée du *MA* à son objet le plus apparent : l'explication générale, valable pour toutes les espèces animales, du mouvement local. Ainsi caractérisé, le traité n'aurait qu'une fonction marginale par rapport à la doctrine globale du Stagirite. Nous verrons toutefois à quel point une telle interprétation serait réductrice.

Il y aurait sans doute matière à s'interroger sur les raisons profondes du relatif désintérêt que les spécialistes d'Aristote ont longtemps manifesté pour le *MA*, à quelques exceptions près. Le XXe siècle n'en a laissé qu'une seule traduction française[1]. Des deux commentaires modernes, seul celui de Martha Nussbaum propose une lecture systématique[2]. C'est d'ailleurs à ce dernier que revient le mérite d'avoir rendu à l'opuscule une place significative dans la perception d'ensemble de la philosophie d'Aristote. Le caractère interdisciplinaire du *MA*, son obscurité parfois désespérante, son insistance sur les aspects physiologiques de la vie animale et, par transition, de la conduite humaine, ne sont sans doute pas étrangers à la relative négligence des contemporains. Certains éprouvent peut-être une certaine perplexité devant la physiologie du comportement que le *MA* met en scène, et qui semble occulter la spécificité de l'action humaine. En réalité, notre traité, parce qu'il est avant tout un ouvrage de philosophie

1. P. Louis, *Aristote. Marche des animaux ; Traité du mouvement des animaux ; Index des traités biologiques*, texte établi et traduit, Paris, Les Belles Lettres, 1973.

2. L'autre commentaire est celui de J. Kollesch, *Aristoteles, Über die Bewegung der Lebewesen. Über die Fortbewegung der Lebewesen*, übersetzt und erläutert dans E. Grumach und H. Flashar (ed.), *Aristoteles Werke in Deutscher Übersetzung*, Band 17, Teil II/III, Berlin, Akademie-Verlag, 1985. La traduction annotée de A. Preus, *Science and Philosophy in Aristotle's Biological Works*, Hildesheim-New York, Olms, 1975, moins détaillée que le commentaire de M. Nussbaum, *Aristotle's De Motu Animalium*, Text with Translation, Commentary, and Interpretive Essays by M.C. Nussbaum, Princeton, Princeton University Press, 1978, 2e éd. 1985, apporte toutefois un éclairage particulièrement précieux sur un certain nombre de difficultés et sur la postérité antique du traité. A. Preus reconnaît sa dette, en de nombreux endroits, à l'égard de la première édition du commentaire de M. Nussbaum. Mon travail partage la même dette, même si, pour ma part, je propose de lire le traité à la lumière de son contexte doctrinal immédiat, à savoir l'enquête sur les fonctions et propriétés communes à l'âme et au corps. Depuis, le *MA* a été de nouveau marginalisé. Le colloque sur le *MA* qui s'est tenu à Lille, en octobre 2001, organisé par A. Laks et M. Rashed, *Aristote et le mouvement des animaux. Dix études sur le* De motu animalium, Villeneuve d'Ascq, Presses du Septentrion, 2004, est une exception.

naturelle, n'a pas pour vocation de se substituer aux traités de philosophie pratique [1]. Dans le cadre même de la philosophie naturelle, on verra que son rapport avec l'astronomie, dont il est pourtant question, n'est pas essentiel à l'argumentation. Inversement, certains l'ont compris comme un texte essentiellement préoccupé par les mécanismes physiologiques, occultant ainsi ses implications pratiques [2].

Une autre lecture est possible, qui s'efforcerait de tenir le milieu entre deux excès : ne pas réduire le *MA* à un texte de pure physiologie, sans pour autant lui attribuer une responsabilité théorique excessive en le concevant, par exemple, comme une étrange monade doctrinale qui exprimerait à sa manière l'ensemble que forment la philosophie naturelle et la philosophie pratique d'Aristote [3]. Le *MA* pose une question précise : celle, pour le dire en un mot, de l'autonomie animale, si l'on entend par là une capacité – au moins relative et variable selon les situations et selon les espèces – d'autodétermination au changement. Il s'agit en effet, non pas simplement de répertorier les mouvements animaux, enquête dont le traité *De la marche des animaux (De Incessu animalium)* fixe le cadre, mais d'en donner la « cause » [4]. Or, parce que l'animal a pour principe interne une âme, la cause de son mouvement doit être une faculté de son âme. Le *DA* l'indique clairement : l'âme est non seulement le principe formel et final de l'animal, mais aussi son premier principe moteur [5]. Le *MA* le confirme explicitement à deux reprises [6]. La question centrale du *MA* est donc celle que posent les chapitres 9 à 11 du livre III du *DA* : comment l'âme meut-elle le corps et quel est le principe, ou le point de départ (ἀρχή), du

1. C'est pourquoi je considère (voir ci-dessous, p. 152-175) que les implications pratiques du *MA*, bien qu'elles soient incontestables, sont indirectes, parce que le traité se situe à un niveau générique – celui de l'activité animale –, dont l'action humaine n'est, en un sens, qu'une spécification. Pour une caractérisation clairement physiologique du traité, et de ce fait dans une optique différente de celle qui avait été adoptée dans M. Nussbaum, *op. cit.*, voir M.C. Nussbaum and H. Putnam, « Changing Aristotle's Mind », dans *Essays on Aristotle's De Anima*, M.C. Nussbaum and A.O. Rorty (ed.), Oxford, Oxford University Press, 1992, p. 27-56.

2. Voir F. Nuyens, *L'Évolution de la psychologie d'Aristote*, trad. fr., Louvain, Institut Supérieur de Philosophie, 1973. I. Düring, *Aristoteles. Darstellung und Interpretation seines Denkens*, Heidelberg, Winter, 1966, sans souscrire à l'interprétation d'inspiration « évolutionniste » ou « génétique » que F. Nuyens avait déjà développée – la première édition de son livre date de 1948 –, et bien qu'il attribue une fonction essentielle à l'argumentation du *MA*, en donne toutefois une image assez réductrice, en faisant de la doctrine du *pneuma* son objet principal.

3. M. Nussbaum, *op. cit.*, ne résiste pas toujours, loin s'en faut, à cette tentation. C'est ce qui fait aussi l'intérêt de ses analyses.

4. 1, 698a4 ; 11, 704b2.

5. Voir notamment *DA*, II, 4, 415b10 ; 21-28.

6. 9, 703a2 ; 10, 703a29.

mouvement animal[1] ? La doctrine du *MA* appartient donc, de manière nécessaire, à la psychologie. C'est un traité de philosophie naturelle[2] et c'est dans ce cadre qu'il trouve sa signification.

Arrêtons-nous plus précisément sur la connexion du *MA*, du *DA* et des *PN*. Comme nous avons commencé de le voir, ce n'est pas l'âme qui se « meut » à proprement parler, mais le composé. L'âme est assurément le premier moteur immanent du vivant, mais les divers mouvements qui le concernent dépendent aussi de propriétés matérielles : de l'aptitude du corps à être mû, et plus généralement de facteurs organiques et physiologiques. Les facultés de désir et de représentation, qui sont les conditions du mouvement local, dépendent elles-mêmes de facteurs physiologiques : la chaleur interne, la capacité physiologique de recevoir et de former des représentations, l'impact des émotions – comme la crainte ou le désir sexuel – sur la manière qu'a l'animal d'envisager un mouvement ou de réagir spontanément. Inversement, il est essentiel à un être vivant de conserver son unité au cours des mouvements qui l'affectent ou qu'il ordonne. En termes aristotéliciens, ni le changement de lieu, ni l'altération, ni l'augmentation ou la diminution ne sont des changements de l'*ousia* en tant que telle. C'est un sujet substantiel *un* qui provoque ou subit les mouvements qui se produisent en lui. On ne peut donc pas expliquer le mouvement local, le déplacement dans l'espace de l'animal en son entier, sans expliquer également les mouvements internes qui le préparent. Par « mouvements internes », j'entends les différents mouvements de l'organisme, comme les changements thermiques, la digestion, la réception et la transmission des affections sensorielles, ou encore les mouvements du souffle et du sang, qui commandent le mouvement des membres et la réaction comportementale. De même, on ne peut pas expliquer ces mouvements internes sans expliquer également comment l'organisme vivant fonde et conserve son unité. C'est ici, précisément, que le *MA* entre en scène. Le *DA*, on l'a vu, passe ce point pratiquement sous silence et se contente d'en remettre l'explication à plus tard[3]. Avec le *MA*, vient le moment de l'explication générale du mouvement animal et, du même coup, celle des processus internes qui le rendent possible.

Pour comprendre, cependant, l'articulation du *MA* et du *DA*, il faut faire intervenir un troisième terme : les *PN*. En premier lieu, un certain nombre d'arguments matériels attestent la parenté des *PN* et du *MA*. Dans la grande majorité des manuscrits, le *MA* vient à la suite du cinquième traité des *PN*, le traité *De Div.*, et celui-ci l'annonce par la formule : « il faut traiter du

1. Voir notamment *DA*, III, 9, 432a18-22 ; *MA*, 6, 700b10-11.

2. Voir ci-dessous, p. 93-100.

3. *DA*, III, 10, 433b19-22.

mouvement qui est commun aux animaux »[1]. Le projet du *MA* est en effet défini, dès ses premières lignes, par une expression très voisine :

> Concernant le mouvement des animaux, lesquels ranger sous chaque genre, en quoi ces mouvements diffèrent et quelles sont les causes des particularités de chacun d'eux, tout cela on l'a examiné dans d'autres ouvrages. Mais il faut maintenant examiner, *d'une manière générale, la cause commune de la motricité pour tout mouvement quel qu'il soit* (ὅλως δὲ περὶ τῆς κοινῆς αἰτίας τοῦ κινεῖσθαι κίνησιν ὁποιανοῦν). Certains animaux en effet se meuvent en volant, d'autres par la nage, d'autres par la marche, d'autres en vertu d'autres moyens du même type[2].

La fin du traité fait, de plus, clairement allusion aux cinq premiers traités des *PN* :

> Nous avons donc traité des causes relatives aux parties de chaque animal, de l'âme, ainsi que de la sensation, du sommeil, de la mémoire, du mouvement en général. Il reste à parler de la génération[3].

Les références internes chez Aristote, on l'a rappelé, ne sont pas toutes fiables ni significatives sur le plan chronologique, car elles peuvent avoir été insérées dans le texte après coup. Il est néanmoins assez troublant de constater que le *MA* paraît venir à point nommé pour faire transition entre d'une part les *PA* – comme le suggère l'expression « causes relatives aux parties de chaque animal » –, le *DA* – « de l'âme » –, et les cinq premiers traités des *PN* – « ainsi que de la sensation, du sommeil, de la mémoire » –, et d'autre part le *GA* – « il reste à parler de la génération » – [4]. Le prologue de *GA*[5] apporte une confirmation partielle de ce plan. Aristote annonce qu'après avoir examiné les parties des animaux, soit en général, soit par genres, du point de vue de la cause formelle et finale, puis du point

1. Περὶ δὲ κινήσεως τῆς κοινῆς τῶν ζῴων λεκτέον : 2, 464b18*a*. La phrase est conservée par P. Siwek, *op. cit.* M. Rashed, « Agrégat de parties ou *vinculum substantiale* ? Sur une hésitation conceptuelle et textuelle du *corpus* aristotélicien » dans *Aristote et le mouvement des animaux*, *op. cit.*, p. 185-202, confirme qu'aucun manuscrit byzantin indépendant ne livre les *PN* sans le *MA*. Son analyse, bien qu'elle ne prétende pas établir l'authenticité de la phrase de transition, montre que le *MA* a dû prendre place à la suite des cinq premiers *PN*, à un moment donné de l'organisation, par Aristote lui-même, du *corpus* biologique.

2. *MA*, 1, 698a1-7. Je souligne l'expression qui fait écho à *De Ins.*, 464b18*a*.

3. Περὶ μὲν οὖν τῶν μορίων ἑκάστου τῶν ζῴων, καὶ περὶ ψυχῆς, ἔτι δὲ περὶ αἰσθήσεως καὶ ὕπνου καὶ μνήμης καὶ τῆς κοινῆς κινήσεως, εἰρήκαμεν τὰς αἰτίας· λοιπὸν δὲ περὶ γενέσεως εἰπεῖν, *MA*, 11, 704a2-b3.

4. Il va de soi que cette typologie des traités biologiques ne peut être qu'approximative, dans la mesure où l'on ne saurait expliquer le fonctionnement des parties sans les comprendre comme parties d'un corps animé, c'est-à-dire sans *présupposer*, au sens conceptuel et non pas temporel du terme, la connaissance de l'âme.

5. *GA*, I, 1, 715a1-18.

de vue de la cause matérielle [1], il reste à examiner les parties qui servent à la reproduction et à la causalité motrice, ce qui selon lui revient en un sens au même. L'étude de la génération entretient en effet un rapport direct avec celle du mouvement, dans la mesure où la semence transmet, avec la forme, le principe de vie et donc de mouvement.

Ainsi, on doit envisager sérieusement la possibilité que le *MA* soit en fait une partie des *PN* [2]. A. Preus [3] rappelle d'ailleurs que Michel d'Éphèse – le seul commentateur antique du *MA* [4] – intègre *IA* et *MA* à son commentaire des *PN*. L'ordre de ce dernier, non respecté dans l'édition des *Commentaria* par l'Académie de Berlin, est originairement le suivant : *De Mem., De Som., De Ins., De Div., MA, De Long., De Juv., De Vit., De Resp., IA.* Michel commence son commentaire du *MA* en précisant que ce dernier doit normalement venir après le *De Mem.*, puisque celui-ci traite de la *phantasia* et que celle-ci est nécessaire pour que l'*orexis* et la *hormè* mettent l'animal en mouvement [5]. À propos du sommeil comme exemple de mouvement non volontaire en *MA*, 11, 703b8, il renvoie à « l'ouvrage précédent, dans lequel il <*i.e.* Aristote> a expliqué comment venait le sommeil » [6]. Cette référence concerne manifestement l'ensemble que constituent les trois traités *De Som.*, *De Ins.*, *De Div.*, puisque le *MA* est annoncé à la fin de ce dernier [7]. Michel renvoie également à la fin du *De Juv.*, à propos des mouvements du cœur [8]. Même si nous ne pouvons pas identifier purement et simplement la lecture tardive de Michel d'Éphèse aux intentions propres d'Aristote, il est néanmoins très significatif que

1. Là encore, il ne s'agit pas tant de distinguer des *traités* que des *points de vue* sur le vivant : nous pouvons traiter des parties du point de vue de l'organisation et de la fonction, mais cela n'exclut en rien la causalité matérielle, puisque, comme le dit ce même texte du *GA*, « la matière des animaux, c'est leurs parties » (715a9). Ainsi, les *PA* ou l'*HA* – voir sur ce point les précisions de P. Pellegrin, *La Classification des animaux chez Aristote. Statut de la biologie et unité de l'aristotélisme*, Paris, Les Belles Lettres, 1982, p. 174 – traitent tout autant de la causalité finale que de la matière du vivant.

2. Voir déjà M. Nussbaum, *op. cit.*, p. 108.

3. A. Preus, *op. cit.*, p. 22.

4. Michael Ephesius, *In libros De Partibus Animalium, De Animalium Motione, De Animalium Incessu Commentaria*, ed. M. Hayduck, *CAG*, XXII-2, Berlin, 1904. Notons qu'Alexandre d'Aphrodise connaît manifestement le *MA*. Il suit de près les arguments des chapitres 7-10 dans le passage de son propre traité *De l'âme* consacré à l'impulsion (voir 76.18-77.19 et 80.7-15). Dans le même traité (voir 97.26-27), il se réfère explicitement au traité aristotélicien en faveur de la doctrine cardio-centriste.

5. 103.1-14.

6. 129.4.

7. Le préambule du *De Som.* donne le programme complet des trois traités (453b11-24), ce qui laisse penser qu'ils formaient un ensemble aux yeux d'Aristote lui-même.

8. 129.26. Là encore, le titre donné par Michel englobe probablement plusieurs opuscules, en l'occurrence les trois derniers. Selon A. Preus, *op. cit.*, p. 99, il faut se reporter à *De Vit.*, 4, 479b17-480a16.

notre unique commentaire antique du *MA* le rapproche aussi étroitement des *PN*.

La tradition médiévale de traduction et d'interprétation du *MA* ne fait que confirmer cette impression [1]. Parmi les événements les plus marquants, retenons qu'Albert le Grand avait fait une reconstruction conjecturale d'un *De Motibus Animalium* perdu, qu'il tenait pour une partie des *PN*. Par la suite, au cours de ses voyages à la recherche des traités perdus d'Aristote, Albert découvre une traduction anonyme du traité, intitulée *De Motu Animalium* – perdue depuis, elle aussi –, dont il donne une paraphrase [2]. C'est l'une des deux traductions médiévales du traité avec celle de Guillaume de Mœrbeke (c. 1260) [3]. Cette dernière est d'ailleurs fréquemment insérée dans la traduction de l'ensemble des *PN*. De même, Pierre d'Auvergne, qui enseigne à l'Université de Paris autour de 1270, est l'auteur d'un commentaire très lu d'une partie des *PN*, dans lequel il place le *MA* [4]. Signalons également que Thomas d'Aquin, dans son *De Motu Cordis* [5], où il s'emploie à montrer que le mouvement du cœur est un mouvement naturel et qu'il est le premier mouvement de l'animal, cite constamment le *De motu* aristotélicien, dont il s'inspire directement. Il en fait ainsi une lecture résolument physiologique. Enfin, A. Preus signale que la traduction de Leonicus, professeur de grec à Padoue à partir de 1497,

1. Pour un panorama d'ensemble de cette tradition, voir P. De Leemans, « Medieval latin commentaries on Aristotle's *De Motu animalium*. A contribution to the *corpus commentariorum medii aevi in Aristotelem latinorum* », *Recherches de Théologie et de Philosophie Médiévales* 67-2, 2000, p. 272-360. Sur la tradition médiévale des *PN*, voir G. Federici Vescovini, « La tradizione dei *Parva naturalia* nell'insegnamento universitario medievale (secoli XIII e XIV) », dans *Parva naturalia. Saperi medievali, natura e vita*, C. Crisciani, R. Lambertini e R. Martorelli Vico (a cura di), Pisa-Roma, 2004, p. 125-141. Pour la tradition arabe, voir plus particulièrement C. Di Martino, « Parva naturalia. Tradition arabe », *Dictionnaire des Philosophes Antiques*, sous la direction de R. Goulet, Paris, Éditions du CNRS, Supplément, 2003, p. 375-378. Le *MA*, pour sa part, semble mal connu des Arabes : Averroès ne dispose que d'un résumé de Nicolas de Damas.

2. Voir l'étude très précise de P. De Leemans, « The Discovery and Use of Aristotle's *De Motu Animalium* by Albert the Great », dans *Geistesleben im 13. Jahrhundert* (Miscellanea Mediaevalia Band 27), J.A. Aertsen und A. Speer (ed.), Berlin-New York, 2000, p. 170-188.

3. Pour cette dernière traduction, en attendant l'édition annoncée de Pieter De Leemans, voir L. Torraca, *Aristotele. De Motu animalium*, Libreria Scientifica Editrice, Napoli, « Collana di studi Greci », XXX, 1958.

4. L'ensemble se compose ainsi : *De Som.*, *De Long.*, *De Juv.*, *De Resp.*, *De Vit.*, *MA*. Il complète le commentaire de Thomas d'Aquin, qui portait sur les seuls *De Sens.* et *De Mem.* Sur le commentaire de Pierre d'Auvergne, voir P. De Leemans, « Peter of Auvergne on Aristotle's *De motu animalium* and the ms. Oxford, Merton College, 275 », *Archives d'Histoire Doctrinale et Littéraire du Moyen Age* 71, 2004, p. 129-202.

5. *Sancti Thomae Aquinatis Opera omnia iussu Leoni XIII. P.M.* edita, Romae, 1882-... ; 43.

rassemble, en s'inspirant du commentaire de Michel d'Éphèse, le *MA* et certains *PN*. Ce ne sont là que quelques exemples de cette conviction, ancienne et durable, que les *PN* comprennent le *MA*, et, corrélativement, que ce dernier traite essentiellement de questions physiologiques.

D'autre part, le préambule programmatique du *De Sens.* fait une référence au désir *(orexis)*[1], référence qui ne trouve pas de correspondant dans les traités classés parmi les « *Parva naturalia* » tels que nous les connaissons aujourd'hui. Nous pouvons donc imaginer, avec M. Nussbaum[2], que cette mention annonce le *MA*, dans lequel le désir occupe une fonction centrale, puisque son statut de mouvant-mû explique, en conjonction avec la représentation, le mouvement animal. L'hypothèse est intéressante, mais difficile à confirmer, étant donné le caractère approximatif de ce programme. Ainsi, le plaisir et la peine, cités en 436a10, ne correspondent à aucun des opuscules qui composent les *PN*, où ils ne sont évoqués que de manière très marginale. Or ils ne jouent pas un rôle théorique central dans le *MA*. L'allusion au désir pourrait tout aussi bien renvoyer à *DA*, III, 10. En ce qui concerne les *PN* eux-mêmes, et si nous prenons à la lettre les indications terminales du *MA*, la situation est par ailleurs assez complexe : que faire, en effet, de la fin des *PN* (*De Long.*, *De Juv.*, *De Resp.*, *De Vit.*), si le *MA* doit prendre place avant eux ? Les dernières lignes du traité n'en font pas mention. Enfin, le prologue – ou les deux prologues successifs – du *De Long.* (1, 464b19-465a2) ne font pas mention du *MA*.

Sans doute ne devons-nous pas exiger des *PN* qu'ils aient, ou qu'ils aient eu vocation à avoir, une véritable unité éditoriale. Ils n'ont pas une unité rédactionnelle qui en ferait une suite de chapitres d'un seul et même traité. Le titre que nous leur donnons aujourd'hui est d'ailleurs très tardif, puisqu'il paraît dater du XIIIe siècle. Néanmoins, ils sont très probablement liés par une unité de projet[3]. Nous pouvons donc fort bien concevoir que l'ordre des traités est relativement secondaire, dès lors qu'ils relèvent d'un même programme de recherches. Il est par ailleurs certain que les opérations « communes à l'âme et au corps » sont directement liées à la manière dont l'âme meut l'animal. L'âme n'est pas elle-même mue par le mouvement qu'elle imprime au corps, et le principe organique de cette fonction motrice est le cœur, comme l'indique assez clairement le passage déjà mentionné du *DA*[4], qui concerne à la fois le *MA* et les *PN*, et dans

1. 436a9.

2. M. Nussbaum, *op. cit.*, p. 9.

3. Voir sur ce point l'introduction de P.-M. Morel, *Petits traités d'histoire naturelle*…, 2000 et P.-M. Morel, art. cit. Sur la tradition manuscrite et la constitution progressive des actuels *PN*, voir M. Rashed, art. cit.

4. *DA*, III, 10, 433b19-22.

lequel le cœur est considéré comme un pivot[1]. La suite du passage[2] rappelle en outre que « tout se meut par poussée et traction », ce qui suppose un point fixe, analogue à l'axe dans un cercle. Or le *MA* explique précisément que « les fonctions du mouvement sont la poussée et la traction », ce qui nécessite la présence d'un souffle interne dans la région cardiaque, puis dans l'ensemble de l'organisme[3]. Les *PN* sont également très attentifs aux fonctions du cœur, qu'ils conçoivent comme le triple principe du mouvement, de la vie et de la sensation. Il est en tout cas très probable que le *MA* ait fait partie d'un projet psycho-physiologique commun à tous les opuscules de philosophie naturelle et que ceux-ci ne sont pas seulement liés entre eux par une proximité éditoriale passée, mais aussi par leur propos[4].

En d'autres termes, l'étude du *MA* dans le contexte des traités de psychologie nous apprend la chose suivante. Expliquer le mouvement animal, ce n'est pas seulement rendre compte du mouvement local par le rôle moteur du désir : c'est aussi montrer que celui-ci n'accomplit ses fonctions que sous un certain nombre de conditions physiologiques[5] propres à l'organisme en tant que tel. Le mouvement local, dans la mesure où il dépend des mouvements internes, révèle donc par retour que l'unité du vivant suppose l'unification de ses mouvements organiques. L'unité du vivant n'est donc pas seulement une unité morphologique, garantie par la cohésion des parties, mais encore une unité dynamique, qui résulte de la cohérence des mouvements. La philosophie du vivant, à ce titre, conduit à une réévaluation de la philosophie de l'action parce qu'elle en explique les conditions matérielles.

1. L'allusion est signalée en notes par R. Bodéüs, *Aristote. De l'âme*, trad. fr., présentation et notes, Paris, GF-Flammarion, 1993, p. 248. W. Jaeger, « Das Pneuma im Lykeion », *Hermes* 48, 1913, p. 40-41, avait déjà établi une liste des passages du *DA* qui justifient l'enquête menée dans le *MA* et il avait clairement montré que ce dernier se rattache plus étroitement encore à la physiologie des *PN* (p. 37).

2. 433b22-27.

3. *MA*, 10, 703a19-22. La poussée *(ôsis)* et la traction *(helxis)* sont ainsi « les principes du mouvement local », *IA*, 2, 704b23-24. Voir aussi *Phys.*, VII, 2, 243b12.

4. M. Nussbaum, *op. cit.*, p. 12, et J. Kollesch, *op. cit.*, p. 31, retiennent l'hypothèse d'une datation tardive et homogène pour *MA*, *PN* et *GA*. Voir sur ce point l'utile synthèse de R. King, *op. cit.*, p. 36 n. 21.

5. Et non pas, à l'inverse, de conditions purement « physico-chimiques ».

PREMIÈRE PARTIE

LE PROBLÈME DE L'UNITÉ DU VIVANT

CHAPITRE PREMIER

LE CŒUR ET L'UNITÉ ORGANIQUE

L'animal est un tout ou une certaine unité. Celle-ci s'entend d'abord comme l'unité *de fait* de la matière et de la forme. Comme nous l'avons vu, dès lors que le composé existe en acte, il est *un*, si bien que nous n'avons pas à rechercher, en principe[1], la cause de cette unité. Cela ne dispense pas Aristote de s'interroger sur ses modalités concrètes, c'est-à-dire sur la manière dont le composé réalisé s'organise, vit, agit comme un tout. La philosophie du vivant apporte de ce point de vue une contribution majeure à la doctrine abstraite de l'information, en expliquant l'unité organique des différentes parties et fonctions du composé[2]. L'organisme est donc par lui-même un objet d'étude légitime pour le physicien. Nous allons voir qu'il est, plus encore, le véritable cadre opératoire de l'étude du vivant. Il l'est, non seulement parce que c'est à son niveau que la causalité

1. Il faut préciser « en principe », sans quoi un bon nombre de textes perdraient leur raison d'être, en particulier *Mét.*, Z, 17, qui établit que la forme est la cause première de l'unité de la substance composée. Il n'en demeure pas moins que, considérant le composé réalisé, nous n'avons pas à nous demander pourquoi il est un, car il n'y aurait aucun sens à demander pourquoi telle chose *une* est une.

2. Ainsi, en *Mét.*, Z, 10, Aristote s'interroge sur le rapport d'antériorité ou de postériorité entre les parties du corps et la substance, et il note que certaines parties sont simultanées avec la substance, comme « le cœur ou le cerveau » (1035b25-27). L'hésitation entre cœur et cerveau est manifestement dialectique, seul le cœur pouvant jouer le rôle de principe organique premier, comme nous allons le voir. Même si le cerveau est nécessaire au refroidissement de la chaleur produite par le cœur, et ainsi, à la préservation du cœur lui-même, c'est ce dernier qui se forme en premier dans l'embryon. Ce passage montre en tout cas qu'il est nécessaire d'analyser l'unité organique pour comprendre l'unité substantielle du composé.

finale se manifeste le plus clairement dans la nature[1], mais encore par sa capacité à intégrer les processus qui ne relèvent pas, ou pas directement, de la causalité finale. Il l'est enfin parce que c'est en lui et par lui que se réalise, dans le vivant, la relation du moteur et du mû.

La consistance conceptuelle de l'idée d'organisme est du reste avérée : Aristote caractérise souvent l'unité du vivant en des termes spécifiques. Il emploie alors *sustasis*[2], *sustèma*[3] ou encore *phusis*[4], suggérant ainsi que l'unité organique peut être caractérisée en tant que telle. Il ne s'agit pas, pour autant, d'une caractérisation étroitement morphologique, car ces termes ne désignent pas une réalité purement statique, mais un corps animé : nous ne pouvons pas, en effet, nous contenter d'un critère purement anatomique de l'unité organique, sans quoi nous en reviendrions à la définition de l'animal par sa seule configuration *(schèma)*, selon la conception qu'Aristote attribue à Démocrite au début des *PA*, conception qu'il rejette sans ambiguïté[5]. L'idée de constitution organique présuppose l'idée de composition hylémorphique, ce qui explique qu'elle soit déjà une qualification dynamique, une organisation interne d'activités (*erga* ou *praxeis*) et de mouvements et non pas seulement une distribution de parties matérielles.

L'organisme doit avoir en tout cas, comme tel, un *principe (archè)* : le cœur *(kardia)* ou son équivalent. L'animal se caractérise en effet, à l'exception relative de certains insectes, par l'unicité de son principe interne et par l'unité globale qui en résulte[6]. Alors que les plantes peuvent être sectionnées et survivre, comme le montre l'expérience des boutures, toutes les fonctions vitales de l'animal sont sous la dépendance d'un même principe organique[7]. Ainsi, pour savoir si un monstre est un composé de deux

1. Voir en ce sens P. Pellegrin, « Les ruses de la nature et l'éternité du mouvement », dans *Le Style de la pensée. Recueil de textes en hommage à Jacques Brunschwig*, M. Canto-Sperber et P. Pellegrin (éd.), Paris, Les Belles Lettres, 2002, p. 296-323.

2. Par exemple en *PA*, III, 7, 670a18-19. Toutefois, *sustasis* ne désigne pas toujours la constitution générale du vivant et renvoie souvent à la cohérence d'un niveau particulier de son organisation, comme la chair ou les parties anhoméomères (voir *PA*, II, 1, 646a20).

3. Par exemple en *GA*, II, 4, 740a20.

4. Par exemple en *De Long*., 1, 464b26, 29; 5, 466b7; 6, 467a10; *GA*, II, 4, 738b16. Appliqué à l'animal, *phusis* peut s'entendre en plusieurs sens et désigner, non seulement la « nature formelle », mais aussi la « nature matérielle », comme J.G. Lennox l'a montré à partir des *PA* dans « Material and Formal Natures in Aristotle's *De Partibus Animalium* », repris dans J.G. Lennox, *Aristotle's Philosophy of Biology. Studies in the Origins of Life Science*, Cambridge, Cambridge University Press, 2001, p. 182-204.

5. Voir *PA*, I, 1, 640b29-641a27.

6. Le cœur est le principe d'où dérive « l'ordonnancement du corps » (ἡ διακόσμησις τοῦ σώματος), *GA*, II, 4, 740a8. Cela signifie qu'il commande le développement progressif de l'animal conformément au programme d'information hérité de la semence mâle.

7. Voir par exemple *De Long*., 6, 467a6-b9.

animaux ou s'il s'agit d'un unique animal, c'est à ce principe qu'il faut se référer : s'il n'a qu'un seul cœur, c'est qu'il forme un animal unique[1].

Aristote est d'ailleurs l'auteur d'une véritable philosophie du cœur compris comme organe. Même s'il n'a pas écrit de traité consacré au cœur, comme le *Peri kardiès* hippocratique probablement postérieur[2], il en parle à de très nombreuses reprises, et de manière cohérente, dans ses traités de philosophie naturelle, qu'il s'agisse des traités zoologiques – *PA, GA, HA* – ou des traités plus directement psychologiques que sont le *DA*, les *PN* et le *MA*. Le cœur, dans la philosophie naturelle du Stagirite, n'est pas en effet un organe parmi d'autres : tous les textes cités convergent pour lui attribuer la fonction éminente de « principe » de l'animal. Il est le principe unique de la vie, du mouvement et de la sensation[3]. Il faudra se demander ce qui justifie l'association, apparemment insolite, des trois fonctions que je viens d'évoquer. Je me contenterai pour l'instant d'indiquer que la position centrale du cœur dans l'organisation du corps et des facultés montre précisément qu'elles sont mutuellement dépendantes et que l'activité animale, et avec elle l'action humaine, résultent de cette interdépendance. Le cœur n'est pas, en tout cas, une partie au même titre que les autres : il est le principe d'un système capable de s'autoréguler. Tout au moins l'est-il jusqu'à un certain point, que nous aurons à définir plus précisément.

Ce que l'on peut d'ores et déjà assurer, c'est qu'Aristote, sur ce point comme sur beaucoup d'autres, entend dépasser la position platonicienne. En effet, si l'on se réfère au *Timée*, on s'aperçoit que Platon a une vision essentiellement instrumentale et réactive de l'activité cardiaque. Le cœur, s'il participe du courage *(andreia)* et de l'ardeur *(thumos)*, est aussi une instance belliqueuse et impulsive, qui doit être placée entre le diaphragme et le cou, non seulement pour maîtriser l'appétit *(epithumia)*, mais aussi pour ne pas être trop éloignée de la raison, à laquelle elle doit obéir[4]. Ses fonctions sont donc tout entières commandées par la nécessité. Or celle-ci, dans le *Timée*, doit se laisser persuader par la raison, c'est-à-dire également par la finalité. Comme plus tard chez Aristote, nous allons le voir, le cœur

1. *GA*, IV, 4, 773a8-10.

2. Voir sur ce point J. Salem, « Le cœur dans le *corpus hippocratique* », *Organon* 33, 2004, p. 29-46, et la synthèse de C. Oser-Grote, *Aristoteles und das Corpus Hippocraticum*, Stuttgart, Steiner, 2004, p. 95-96, qui se prononce en faveur d'une datation approximative dans la première moitié du IIIe siècle. Elle montre que, malgré un certain nombre de divergences, Aristote et le traité hippocratique convergent sur trois points principaux : a) le cœur est l'organe central, centre des vaisseaux et du mouvement sanguin; b) le cœur est le siège des sensations, des émotions et des facultés psychiques en général; c) il contribue à l'équilibre thermique du corps.

3. Voir notamment *PA*, III, 3, 665a11-13, où le cœur est présenté comme « le principe de la vie, de tout mouvement et de toute sensation ».

4. *Timée*, 70 A-B.

est le point de départ du sang et du mouvement interne des images laissées par les informations sensorielles. Comme chez Aristote encore, son échauffement doit être compensé par la fonction « rafraîchissante » des poumons [1]. Inversement, Platon se garde bien de faire de ce cœur toujours suspect le véritable principe de l'activité animale ou le fondement de son autonomie [2]. Aristote opère d'ailleurs un déplacement métaphorique tout à fait significatif en parlant du cœur comme de la citadelle *(akropolis)* du corps [3], alors que Platon use du même terme pour désigner la tête, le lieu de la faculté rationnelle [4]. Aristote, dans le *MA* [5], parle même du cœur comme d'un monarque exerçant son pouvoir sur le corps comme sur une cité. Nous aurons à revenir sur ce texte, essentiel pour comprendre le rapport entre le cœur et les autres parties du corps.

Toutefois, cette doctrine cardio-centriste pose un certain nombre de difficultés. Je n'insisterai pas sur son caractère scientifiquement anachronique, dans un horizon théorique où l'on ne connaît pas encore le système nerveux, ni la circulation sanguine moderne, et où le cerveau n'a pas de rapport direct avec les fonctions cognitives et motrices, puisque sa seule fonction est de compenser par sa froideur la chaleur interne [6]. L'intérêt de la doctrine d'Aristote est tout au plus, de ce point de vue, archéologique. Les enjeux philosophiques sont néanmoins considérables et c'est surtout dans ce cadre que les difficultés se posent. En premier lieu, nous devons nous demander comment concilier la fonction principielle du cœur-organe avec la conception hylémorphiste du vivant qui prévaut dans les grands textes de psychologie, comme le livre II du *DA* ou le livre I des *PA*. Aristote y affirme en effet sans aucune équivoque que le premier principe de l'animal, c'est son âme, c'est-à-dire sa forme et sa cause finale, au regard de laquelle le corps constitue une matière qui, en elle-même, ne possède la vie qu'en puissance [7]. Les organes, de ce point de vue, ne peuvent constituer que des

1. 70 C-D. En 79 A, le cœur est implicitement convoqué pour expliquer le passage de la nourriture dans le sang, et par le sang dans l'ensemble de l'organisme. Nous retrouverons cette idée chez Aristote.

2. Sur la divergence entre Platon et Aristote concernant la fonction motrice du cœur, voir C.R.S. Harris, *The Heart and the Vascular System in Ancient Greek Medicine from Alcmeon to Galen*, Oxford, Oxford University Press, 1973, p. 120-121.

3. Selon *PA*, III, 7, 670a25-26, le cœur est un foyer qui est comme l'acropole du corps.

4. *Timée*, 70 A.

5. 10, 703a29-b2.

6. *PA*, II, 7, 652a24-653b8.

7. Dans le *DA*, rappelons-le, Aristote donne en deux temps la définition du composé âme-corps : « l'âme est substance, en tant que forme d'un corps naturel possédant la vie en puissance; or la substance est réalisation; donc l'âme est réalisation d'un corps de ce type là » (*DA*, II, 1, 412a19-22); « l'âme est la réalisation première d'un corps naturel qui possède la vie en puissance; or tel est le cas d'un corps pourvu d'organes » (412a27-b1).

instruments, le même terme, *organon*, servant en grec à désigner aussi bien un organe d'un corps vivant qu'un instrument au sens technique du mot. Il n'est pas indispensable de revenir aux débats sur la part que peut jouer une fonction instrumentale dans une psychologie finaliste : la notion d'instrument est par elle-même compatible avec la causalité finale, et cela même dans le cas où il s'agit d'un instrument interne, en l'occurrence le corps ; or la perspective hylémorphiste du *DA* nous oblige à concevoir un tel type d'instrument. Il n'y a donc pas lieu de chercher sur ce point une dissonance ou l'indice d'une évolution entre deux manières – instrumentiste et hylémorphiste – de concevoir le rapport entre l'âme et le corps[1]. Cependant, la relative autonomie de fonctionnement de l'instrument cardiaque pose un problème plus délicat : en faisant intervenir un mécanisme organique autorégulé dans l'explication de l'activité animale, Aristote ne met-il pas en péril son propre finalisme ? Nous pressentons cependant dès maintenant que la solution pourrait bien venir de la réponse à cette autre question : que veut dire Aristote lorsqu'il fait du cœur le « principe » de l'animal ? Ne le conçoit-il pas comme un principe d'un autre ordre que l'âme elle-même, qui est le véritable principe incorporel de la vie du vivant, parce qu'elle en est, non seulement la cause motrice, mais aussi la cause finale et formelle ? Au-delà de cette question, nous retrouverons le problème de l'autonomie organique : jusqu'à quel point et à quelles conditions pouvons-nous parler de l'animal comme d'un être autonome, c'est-à-dire comme d'un être qui serait le principe actif de ses propres mouvements ? L'analyse du *MA*, dans la deuxième partie, montrera comment Aristote entend répondre à cette aporie.

Le cœur est avant toute chose le principe du sang, et cela en un double sens : parce qu'il en permet la constitution et parce qu'il est le point de départ des vaisseaux sanguins. Le sang est ainsi la nourriture ultime chez les animaux sanguins, parce qu'il est le résultat d'un processus de coction, sous l'effet du cœur, des éléments liquides contenus dans les aliments. Ce processus est bien décrit dans les *PN* :

> Cette région <le siège de l'âme nutritive> est la région médiane entre ce qui reçoit la nourriture et l'endroit par lequel le résidu est expulsé, et cette partie n'a pas de nom chez les animaux non sanguins tandis qu'il s'agit du cœur chez les animaux sanguins. L'élément nutritif, en effet, à partir duquel les parties sont finalement engendrées chez les animaux, c'est la nature du sang. D'autre part, le sang et les veines ont nécessairement le même principe, puisque celles-ci existent en vue de celui-là, comme vase et récipient. Or le principe des veines,

1. Comme Ch. Lefèvre, *Sur l'évolution d'Aristote en psychologie*, Louvain, Institut Supérieur de Philosophie, 1972, l'a clairement montré en réponse à Nuyens.

c'est le cœur chez les animaux sanguins. En effet, les veines ne traversent pas le cœur, mais toutes sont rattachées à lui, comme cela ressort clairement des dissections [1].

Le sang est donc la « matière » du corps [2], c'est-à-dire ce dont ses parties sont constituées. Il se situe au deuxième niveau dans l'étagement des parties qui constituent l'organisme animal : 1) Éléments – 2) Parties homéomères (os, chair, sang, tissus, etc.) – 3) Parties anhoméomères (organes, membres) [3]. C'est à ce titre qu'il peut être qualifié de « matière », étant donné que chaque niveau d'organisation est « matière » des niveaux supérieurs. Plus précisément, parce qu'il apporte au reste du corps, non seulement une mobilité vitale, mais aussi ses nutriments, le sang paraît assurer la jonction entre le niveau des éléments et celui des parties homéomères. Il est également le principe de la semence, le sperme étant un résidu *(perittôma)* de la coction et de la purification du sang [4]. De plus, le sang est chronologiquement premier dans l'organisme, puisqu'il est présent dans le cœur avant même que les vaisseaux soient formées, le cœur étant par ailleurs le premier organe à se former dans l'embryon [5]. D'une manière générale, bien qu'Aristote ne soit pas lui-même très clair sur ce point, le sang est le véhicule ou le substrat de mouvements multiples, depuis le cœur aussi bien que vers lui, et il subit lui-même des flux dans les deux directions. Par retour, la pulsation cardiaque est un mouvement de soufflet provoqué par l'évaporation *(pneumatôsis)* du sang [6].

Le premier principe de la nutrition et de la préservation est donc la chaleur naturelle produite par le cœur. Le souffle connaturel *(pneuma sumphuton)* interne, présent dans la semence et produit dans un second temps par l'évaporation [7], est en ce sens vital, sans que cela signifie

1. *De Resp.*, 8, 474b1-9.

2. *PA*, III, 5, 668a1-33 ; *GA*, III, 1, 751b1.

3. Sur cet étagement, voir notamment *PA*, II, 1, 646a8-b10 et *Météorologiques*, IV, 12. Le sang est compté au nombre des parties homéomères en plusieurs endroits, par exemple en *PA*, I, 1, 640b19.

4. *GA*, I, 19, 726b1-13.

5. *GA*, II, 4, 740a3-b8 ; *PA*, III, 4, 666a20-22. Sur l'anatomie et la position du cœur, on se reportera à C.R.S. Harris, *op. cit.*, p. 121-136 et à P. Manuli e M. Vegetti, *Cuore, sangue e cervello. Biologia e antropologia nel pensiero antico*, Milano, Episteme, 1977, p. 115-126.

6. Voir *De Vit.*, 4.

7. C'est pourquoi l'adjectif *sumphuton*, dans l'expression *pneuma sumphuton*, comme A. Preus, *Science and Philosophy in Aristotle's Biological Works*, Hildesheim-New York, Olms, 1975, l'a montré, ne signifie pas nécessairement « présent depuis la naissance », mais plus probablement « présent avec la nature ». Comme exemple de l'usage de l'adjectif en ce sens, voir *Phys.*, VIII, 2, 253a12, où il est question de l'ensemble des constituants naturels de l'organisme. Aristote s'efforce en tout cas de distinguer entre l'air inspiré, qui, selon certains textes, s'arrête dans les poumons, et le souffle connaturel, produit par la chaleur cardiaque. Les occurrences de l'expression « souffle connaturel » dans le *corpus* aristotélicien sont :

nécessairement qu'il soit en lui-même une « force » vitale, c'est-à-dire qu'il soit autre chose qu'un simple facteur matériel et instrumental du mouvement animal. On sait que cette question a été abondamment et âprement débattue. Ainsi M. Nussbaum[1] estime que le *pneuma* lui-même unifie l'animal, en pondérant les tendances contraires des quatre éléments (« *by offering a couterbalance to the tendencies of the elemental parts* »). Plus radicalement, G. Freudenthal[2] soutient que la chaleur transmise par le souffle interne est réellement et proprement vitale, au sens où elle accomplirait l'information de la matière. Le souffle, substrat de cette chaleur, serait ainsi le véritable opérateur physiologique de l'âme animale (p. 136) et l'agent privilégié des fonctions de l'âme nutritive (p. 139). Le texte du *MA*, le plus explicite malgré ses imprécisions quant aux propriétés du souffle connaturel, ne dit cependant rien de tel et se limite à sa fonction motrice. Le fait qu'en 10, 703a20 le souffle soit présenté comme un « instrument » confirme qu'il ne saurait être qu'un opérateur secondaire par rapport à l'âme et non pas une matière proprement active. L'interprétation vitaliste de la fonction du souffle connaturel a été logiquement contestée par plusieurs commentateurs, en particulier Verbeke[3] et, plus récemment, King[4]. Ce dernier fait notamment remarquer que le souffle connaturel ne peut avoir par lui-même la capacité de préserver l'équilibre nécessaire à l'unité organique, parce que cet équilibre, à la préservation duquel il participe incontestablement, n'est pas assuré par un simple matériau, mais par des organes en activité.

Un indice supplémentaire en faveur de ces dernières interprétations nous est donné par le fait que certains textes[5] voient dans le cœur le point de départ des tendons ou nerfs *(neura)*. Il ne s'agit pas nécessairement d'une explication concurrente du mouvement, ainsi que l'a montré Harris[6]. Celui-ci, en s'appuyant sur *GA*, II, 3, 737a36-b4, rappelle en effet que *neuron* a chez Aristote le sens large et assez vague de « ce qui relie les parties entre elles » du fait de son élasticité. Or ce dernier texte accorde la même « forme » *(morphè)* à la peau, aux vaisseaux et aux membranes, si bien que, selon Harris, Aristote peut simplement vouloir dire que le cœur

PA, II, 16, 659b17-19; III, 6, 668b36; *MA*, 10, 703a10-19; *GA*, II, 6, 744a3; V, 1, 781a24; *De Som.*, 2, 456a1-24 (voir aussi 456a11); *De Resp.*, 9, 475a8. Sur le souffle connaturel dans le *MA*, voir ci-dessous, p. 147.

1. M. Nussbaum, *op. cit.*, p. 161.

2. G. Freudenthal, *op. cit.*, p. 106-148.

3. Voir G. Verbeke, « Doctrine du *pneuma* et entéléchisme chez Aristote » dans *Aristotle on Mind and the Senses* (...), G.E.R. Lloyd and G.E.L. Owen (ed.), Cambridge, Cambridge University Press, 1978, p. 191-214.

4. Voir R. King, *op. cit.*, p. 7 et 122-124.

5. Voir par exemple *PA*, III, 4, 666b14-17.

6. C.R.S. Harris, *op. cit.*, p. 161.

est le point de départ des veines et des mouvements qu'elles transmettent en véhiculant le sang. Par ailleurs, aucun mouvement, fût-ce celui des tendons au sens strict, ne peut s'accomplir sans l'intervention du SC. De plus, les *neura*, à la différence des vaisseaux, ne forment pas un système cohérent et continu. Cette approximation, paradoxalement, tend à clarifier la fonction du SC, en suggérant qu'elle consiste essentiellement à relier les parties au cœur et à opérer leur traction et leur relâchement par simple transmission de l'impulsion cardiaque[1]. Le SC, en effet, produit le mouvement, dont le cœur est le point d'appui, conformément au principe du levier : il faut un point d'appui pour qu'il y ait poussée ou traction, les deux formes élémentaires, et partant les deux conditions mécaniques, de tout mouvement. Il faut donc une matière qui puisse, sans se détruire, se condenser sous l'effet de la poussée et s'étirer sous l'effet de la traction. Or le souffle a précisément cette double capacité de contraction et de dila-

1. J'opte donc pour une interprétation minimaliste des fonctions du SC, conformément du reste aux indications du *MA*. Récemment, A. Bos, *op. cit.*, a en proposé une interprétation très spéculative. Elle consiste à faire de ce dernier un corps spécial et subtil (p. 12 : *the subtle, fine-material physikon soma*), dont la fonction serait d'être le véhicule et l'authentique instrument de l'âme ou du désir, par opposition au corps visible *(the gross-material, visible body)*. Plus précisément, le souffle connaturel et l'âme formeraient un complexe psychique *(soul complex)*, une unité substantielle composée, dans laquelle le premier aurait le statut d'un *instrumental soul-body* (voir p. 122). A. Bos se fonde notamment sur *GA*, II, 3, 736b29-737a7, qui établit une analogie entre « la nature inhérente au *pneuma* » et l'élément astral, et qui attribue à cette nature un pouvoir d'engendrement. C'est à partir de cette nouvelle conception de l'âme qu'il faudrait comprendre la définition de *DA*, II, 1, 412b5-6 – l'âme comme *entelecheia prôtè* d'un *physikon organikon soma* –, en comprenant *organikon* au sens d'« instrumental » et en voyant dans ce corps, non pas le corps visible, mais le souffle connaturel. Cette interprétation vise à discerner un instrumentisme particulier, un *cybernetic instrumentalism*. Malgré son ingéniosité et sa radicalité, elle se heurte néanmoins à plusieurs objections. Tout d'abord, le texte de *GA*, II, 3 n'a pas de lieu parallèle. Il ne peut donc être explicitement étayé que par lui-même. Rien dans le *MA*, le seul traité qui aborde directement et pour elle-même la question de la nature et des fonctions du souffle connaturel, ne vient en expliciter les intentions (en ce sens, voir F. Solmsen, « The Vital Heat, the Inborn Pneuma and the Aether », *Journal of Hellenic Studies* 72, 1957, p. 119-123). De plus, à supposer que, dans la définition canonique de l'âme, *organikon* doive s'entendre au sens d'« instrumental », rien n'assure qu'il s'agisse du souffle connaturel et non du corps visible dans son ensemble, ou encore du cœur, le premier « organe » qui se forme dans l'animal. D'autre part, si le problème posé par la doctrine est de savoir comment un principe incorporel (l'âme) peut mouvoir un corps, il faut alors admettre qu'il n'est que déplacé et transposé au rapport entre l'âme et le SC. La relation de ce dernier à l'âme est « plus directe » (p. 35), selon A. Bos, que la relation entre le corps visible et l'âme; on souhaiterait savoir quelle est exactement cette différence de degré, car si une relation « directe » est une relation sans intermédiaire – ce qui semble bien être le cas pour le SC, selon A. Bos –, il n'y a pas de degré : ou il n'y a pas d'intermédiaire, ou il y en a. Il n'est guère besoin de souligner, enfin, le caractère rhétorique de la solution proposée, qui doit recourir à un lexique de circonstance, parfois totalement étranger à la doctrine (par exemple, les notions de *soul complex* ou de *soul-body*).

tation, qui permet aussi bien la poussée que la traction[1]. Il est donc l'instrument de tous les mouvements, qu'il s'agisse de la procréation, de la nutrition, de la croissance ou des mouvements de l'ensemble du corps. Nous verrons que ce principe s'applique aussi à l'activité sensible. Les différentes parties du corps, par l'intermédiaire du *pneuma*, sont ainsi liées au cœur comme à un ultime point d'appui immobile et corporel :

> Or il est manifeste que tous les animaux possèdent un souffle connaturel et qu'ils tiennent leur force de lui. Comment s'opère la sauvegarde du souffle connaturel, on l'a dit en d'autres endroits. Il semble qu'il en aille ici à l'égard du principe propre à l'âme comme du point situé dans les articulations, à la fois moteur et mû, à l'égard de ce qui est immobile. Puisque, d'autre part, le principe se situe, chez les uns dans le cœur, chez les autres dans la partie qui lui est analogue, pour cette raison, le souffle qui est connaturel se situe manifestement, lui aussi, dans cet endroit – quant à savoir si le souffle est toujours identique à lui-même ou s'il devient toujours différent, parlons-en ailleurs, car cette discussion concerne aussi les autres parties[2]. Or sa nature le dispose manifestement à être ce qui meut et à communiquer de la force[3].

Enfin, le cœur est responsable d'une autre fonction vitale, la respiration. La chaleur cardiaque soulève la poitrine et le poumon (ou bien

1. En ce sens, le mouvement du souffle, qu'il soit de traction ou de poussée, est toujours un mouvement naturel ou non violent. On pourrait objecter qu'un mouvement naturel s'effectue en principe vers l'un des opposés et non pas vers les deux. Thomas d'Aquin envisage, puis rejette cette objection dans son *De Motu Cordis* : selon lui, le mouvement du cœur est nécessairement naturel « puisqu'il résulte, non pas de quelque cause séparée, mais d'un principe interne » *(non igitur est ab aliqua causa separata tantum, sed a principio intrinseco;* 127, 41-42*).* Ce principe interne, précise-t-il un peu plus loin, est l'âme de l'animal. Ainsi, « le mouvement du cœur dans l'animal est comme le mouvement du ciel dans l'univers » *(sic enim est motus cordis in animali, sicut motus caeli in mundo;* 129, 164-165). Thomas interprète dès lors l'alternance de la poussée et de la traction comme l'analogue organique – analogue nécessairement imparfait – du mouvement circulaire céleste. Disons tout au moins que le mouvement cardiaque est un mouvement complexe, ou une séquence cinétique, dont le caractère naturel s'explique par la capacité, propre au souffle connaturel, de subir alternativement poussée et traction.

2. La référence est incertaine, tout comme celle du début du texte, et le phénomène de différenciation du souffle connaturel est lui-même difficile à identifier. J. Kollesch, *op. cit.*, p. 60, propose une hypothèse intéressante mais difficilement vérifiable, en se fondant sur l'évocation, en *GA*, II, 3, 736b29-737a1, de la valeur plus ou moins grande des différentes facultés de l'âme : les activités psychiques supérieures, comme la perception, correspondraient à une qualité supérieure de souffle. L. Torraca, *op. cit.*, p. 223, estime à l'inverse que le souffle peut connaître un renouvellement quantitatif, mais pas un renouvellement qualitatif, considérant que le *pneuma* est toujours égal à lui-même parce qu'il se régénère continuellement.

3. *MA*, 10, 703a10-19.

les branchies), permettant ainsi l'entrée de l'air, ce qui, par retour, permet la régulation thermique de la région cardiaque[1]. De ce point de vue, le cœur n'est pas seulement cause motrice, mais aussi cause finale de la respiration, comme des autres fonctions qui relèvent de la faculté nutritive :

> Par ailleurs, nous avons dit précédemment, dans les *Parties des animaux*, que le cœur était le point de départ des veines et que, chez les animaux sanguins, le sang était la nourriture ultime, à partir de laquelle se développent les parties. Il est donc manifeste que, dans la nutrition, la faculté propre à la bouche accomplit un certain travail, que celle qui est propre au ventre en accomplit un autre, mais que le cœur est la partie la plus éminente et celle qui parachève <le processus>. Aussi est-ce nécessairement dans le cœur que se trouvent, chez les animaux sanguins, à la fois l'âme sensitive et l'âme nutritive. En effet, les fonctions des autres parties relativement à la nutrition s'exercent en vue de la fonction qu'exerce le cœur, car l'organe principal doit accomplir la fin visée – comme le médecin doit accomplir la santé – et non pas les <opérations> qui sont en vue de la fin[2].

Nous aurons à revenir sur le fait que le cœur n'est pas seulement un point de départ mais encore le véritable *telos* de l'ensemble des fonctions internes. Notons pour l'instant que sa fonction organique éminente justifie, aux yeux d'Aristote, qu'il soit aussi le principe des fonctions cognitives, et en particulier le premier principe de la sensation. Cette nouvelle attribution n'est pas aussi arbitraire qu'il y paraît d'abord. Il est en effet nécessaire que la sensibilité ne soit pas simplement contenue dans les organes sensoriels, parce que la sensation n'est pas réductible à la sensation propre : il faut supposer une activité commune, la sensibilité commune ou première. Dans le *DA*, Aristote rapporte à cette faculté trois caractéristiques qui ne peuvent être attribuées en particulier à aucune sensation propre : la saisie, par la sensation commune ou sens commun des sensibles qui ne sont propres à aucun sens et peuvent donc être dits « communs » (mouvement, repos, nombre, figure, grandeur)[3] ; la sensation que l'on a de sentir[4] ; la mise en relation et la différenciation des diverses informations sensorielles dans la saisie d'un même objet, c'est-à-dire l'équivalent d'une synthèse perceptive[5].

C'est manifestement à cette nécessité que répond l'explication physiologique de l'origine cardiaque de la sensibilité : le sang est en lui-

1. Voir *De Vit.*, 5, 480a16-b12 ; *De Resp.*, 7, 474a11-15 ; 15, 478a11-25.
2. *De Juv.*, 3, 468b31-469a10.
3. II, 6, 418a17-20 ; III, 1, 425a14-b11.
4. III, 2, 425b12-25.
5. III, 2, 426b8-427a14.

même insensible[1], mais il est nécessairement présent dans toute partie sensible[2], sans doute parce qu'il est porteur du souffle, sans lequel il ne peut y avoir de mouvement. Or la sensation, dans la mesure où elle suppose un certain mouvement des organes sensoriels, est elle-même dépendante de cette transmission de force. La sensation – ou tout au moins les mouvements physiques qui sont associés à l'activité sensorielle – a donc son principe moteur dans le point de départ du sang, à savoir le cœur[3]. Inversement, les *stimuli* sensoriels, conservés sous la forme d'impressions sensibles *(aisthèmata)*, atteignent le cœur, parce qu'ils s'accompagnent d'un échauffement qui se communique de partie à partie[4]. Nous pouvons donc dire, sans en épuiser pour autant la nature, que « la sensation est un phénomène de transmission de la chaleur »[5].

Il faut reconnaître que nos textes ne sont pas très explicites sur les processus et les moyens physiologiques qui relient les organes sensoriels particuliers à l'organe sensoriel commun[6]. L'essentiel est en tout cas de retenir ceci : parce qu'elle définit l'animal[7], la sensation n'est pas seulement le premier *stimulus* d'une chaîne de réactions internes. Comme nous le verrons, elle est même bien autre chose qu'un simple mode de connaissance ou une faculté périphérique : elle constitue l'activité caractéristique de l'animal et sa manière de vivre, par opposition à la vie purement végétative que mènent les plantes. Il est de ce point de vue parfaitement naturel que le principe physiologique de la sensation, le principe du mouvement et celui de la vie ne fassent qu'un et soient localisés dans un même organe, en l'occurrence le cœur.

Le cœur a également, en tant que principe de la faculté sensible commune ou première, une responsabilité de premier plan dans l'accomplissement des mouvements qui relèvent de l'imagination *(phantasia)*. Celle-ci est en effet, pour nous en tenir dans un premier temps à sa définition canonique et première, un mouvement qui se produit sous l'effet ou à

1. Voir *PA*, II, 10, 656b19-22 ; III, 4, 666a17.

2. *PA*, II, 10, 656b19-22.

3. *PA*, III, 4, 666a16-18 ; 34-b1.

4. *De Ins.*, 2, 459b2-3.

5. P. Manuli e M. Vegetti, *op. cit.*, p. 132 : « *la sensazione è dunque un fenomeno di trasmissione del calore* ».

6. Ainsi la nature du véhicule des impressions sensibles pose problème. L'hypothèse d'une communication par le sang rencontre, entre autres difficultés, celle qui tient au fait que le sang est par lui-même insensible. G. Freudenthal, *op. cit.*, p. 130-134, défend ainsi l'interprétation selon laquelle les impressions sensibles seraient transmises au cœur par le souffle connaturel. Il se fonde notamment sur la coexistence du *pneuma* et du sang, dans les veines, ce qui lui permettrait de relier au cœur les organes sensoriels particuliers.

7. Voir ci-dessous, p. 74-89.

partir de la sensation en acte[1], par l'intermédiaire de la conservation des impressions sensibles. Elle permet donc que l'on ait une représentation de l'objet sensible en son absence, en particulier des souvenirs et des rêves. Le cœur assure précisément le « stockage » des images – en plus des traces laissées dans les organes sensoriels – et les mouvements du sang en expliquent la rémanence ou les déformations. L'explication des rêves montre bien ce processus :

> lorsque l'on dort, la plus grande partie du sang descendant vers le principe, les mouvements qui sont présents – soit en puissance, soit en acte – à l'intérieur <des organes sensoriels> l'accompagnent vers le bas. Or, la disposition de ces mouvements fait que, lors d'un mouvement donné, tel mouvement <particulier> s'en dégagera pour remonter vers la surface, et tel autre si ce mouvement disparaît. Aussi <ces mouvements> sont-ils, les uns vis-à-vis des autres, comme les grenouilles artificielles qui remontent dans l'eau lorsque le sel se dissout. De la même manière, <les mouvements> sont présents en puissance, s'actualisent lorsque ce qui fait obstacle est écarté et s'accomplissent en se libérant dans le peu de sang restant dans les organes sensoriels. Ils prennent alors des traits de ressemblance, comme, dans les nuages, les <formes> que l'on compare à des hommes puis à des centaures, au gré de leurs soudaines modifications[2].

Le cœur joue donc un rôle éminent dans l'ensemble des activités cognitives, et même dans l'activité rationnelle, tout au moins dans la mesure où elle est elle-même dépendante de la *phantasia*[3]. On note également qu'il n'est pas seulement un agent producteur des représentations (sensations ou images) – de fait, il ne pourrait l'être seul, si bien que l'on ne peut dire qu'il est l'organe même de la faculté sensible –, mais aussi un récepteur des impressions sensibles. Ce point est important et nous devrons y revenir.

Le cœur est même doublement déterminant lorsque ces représentations ont une fonction pratique, c'est-à-dire lorsqu'elles participent de l'activité

1. *DA*, III, 3, 429a1-2 et *De Ins.*, 1, 459a17-18. Voir également *DA*, III, 3, 428b11-12. Sur la *phantasia*, voir ci-dessous, p. 129-136.

2. *De Ins.*, 3, 461b11-21.

3. Pour m'en tenir ici à l'essentiel sur ce point crucial et complexe, je rappelle les pistes qui peuvent être suivies pour comprendre le rapport entre l'activité cardiaque et les facultés rationnelles. Il faut d'une part prendre en compte les textes selon lesquels « on ne pense jamais sans image *(phantasma)* » de sorte que l'image apparaît comme la condition nécessaire de l'appréhension et de l'utilisation des concepts. Voir en particulier *De Mem.*, 1, 450a12-13 ; *DA*, III, 7, 431a16-17. Cela ne signifie pas, pour autant, que les concepts soient en eux-mêmes des images. On peut également se référer à *PA*, III, 10, 672b29-33, qui évoque de manière très imprécise une influence, par proximité, de la chaleur contenue dans le diaphragme sur le raisonnement *(dianoia)* et la sensation.

et du déplacement de l'animal. En effet, nous l'avons vu, l'animal ne peut se mouvoir sans un point fixe – comme le montre l'exemple de l'articulation, dont l'axe doit rester immobile – et il ne peut donc agir sans point d'appui. Or le propre de l'animal est de sentir et donc de vivre en fonction de représentations. Il vise en effet son bien par l'intermédiaire de la représentation du bien : proie, cachette, partenaire pour l'accouplement, etc. Il agit donc principalement en vue d'une fin et, de ce fait, par désir *(orexis)*. La représentation n'est pas en effet par elle-même motrice : ce n'est pas le fait de voir la proie qui me fait courir pour l'attraper, car si je suis repu, je peux la voir sans m'y intéresser; c'est le fait de la voir *et* de la désirer. L'action, humaine ou animale, suppose donc toujours la coopération du désir et de la représentation[1]. Or le désir n'accomplit sa fonction dynamique que parce que le cœur est littéralement « ému » et meut à son tour[2]. Le cœur a en ce sens une double fonction pratique, que le commentaire du *MA*, en seconde partie, devra expliciter.

Enfin, en un sens qui n'est nullement métaphorique, il est le lieu des passions et le facteur physiologique de détermination du caractère *(èthos)*. C'est ainsi que la colère, si nous la définissons en termes purement matériels, est un bouillonnement du sang dans la région cardiaque[3], de sorte qu'« être en colère ou avoir peur, c'est avoir le cœur agité d'une manière particulière »[4].

En conclusion de ces premières analyses, nous voyons que le cœur est le principe à la fois moteur et final de la vie organique, mais qu'il est également le point de départ et d'arrivée des activités cognitives. Est-ce toutefois en tout point compatible avec l'hylémorphisme qui caractérise la psychologie d'Aristote, c'est-à-dire avec une conception à la fois téléologique et « psycho-motrice » du vivant ? Toutes les fonctions dont nous venons de parler sont en effet mécaniquement dépendantes du cœur et elles justifient en cela la question formulée en introduction : la philosophie aristotélicienne du cœur n'est-elle pas un ennemi intérieur de la conception téléologique du vivant ?

Ces difficultés peuvent susciter deux types de critiques. 1) On pourrait tout d'abord se demander si la vie du vivant ne s'explique pas ici par des raisons proprement mécaniques, si bien que la finalité que nous y discernons ne serait qu'une projection épistémologique. Cette hypothèse,

1. Voir les deux séquences que forment *MA*, 6-8 et *DA*, III, 9-11.

2. *MA*, 10; *DA*, III, 10, 433b19-27.

3. *DA*, I, 1, 403a31.

4. *DA*, I, 4, 408b8. Voir également *PA*, III, 4, 667a11-21; *MA*, 8, 702a2-7; *De Ins.*, 2, 460b3-27.

que peut inspirer la lecture néo-kantienne que Wieland[1] avait proposé de la conception aristotélicienne de la finalité naturelle, reviendrait à réduire cette dernière à l'équivalent d'un jugement réfléchissant. 2) Inversement, si le cœur est la fin des autres fonctions vitales (respiration, nutrition, etc.), n'aboutissons-nous pas à une situation de crise théorique, entre une finalité organique, dont le cœur est l'aboutissement, et une finalité proprement psychique qui voit en l'âme le principe final incorporel de toutes les dispositions naturelles du vivant ? En semblant faire du cœur le lieu de l'âme, fût-ce de l'âme nutritive[2], Aristote n'est-il pas conduit à admettre, comme honteusement, une forme de matérialisme qu'il récuse pourtant au livre I du *DA*, et à faire du cœur l'organe même de l'âme ? De ce point de vue, on pourrait être tenté par un retour aux interprétations historico-génétiques de la psychologie d'Aristote[3].

Pour répondre à l'hypothèse (1), notons en premier lieu que le mécanisme n'est pas nécessairement antinomique avec la finalité, comme l'atteste chez Aristote la catégorie de la nécessité conditionnelle ou hypothétique, qui montre que des processus nécessaires peuvent être accomplis en vue d'une fin[4]. Or cette modalité causale, sur laquelle nous allons revenir dans le chapitre suivant en analysant le sommeil et les rêves, s'applique précisément aux mouvements internes du vivant. Ainsi, les *PN* décrivent les conditions mécaniques de la vie, les séries de mouvements et les caractéristiques matérielles qui constituent les relais du principe vital. Il n'y a donc aucune difficulté à admettre un certain type de rapport instrumental et mécanique entre l'âme et les organes corporels. Il faut ajouter « un certain type », dans la mesure où l'âme n'est pas séparée de son instrument corporel. Le cœur est en quelque sorte à la fois le premier moteur corporel et le dernier instrument de l'accomplissement des processus hypothétiquement nécessaires.

Ce caractère de fin utile explique à bien des égards un élément de doctrine constant dans la conception aristotélicienne du cœur, notamment dans le *MA*, à savoir sa localisation géométrique – plus ou moins rigou-

1. W. Wieland, *Die aristotelische Physik. Untersuchungen über die Grundlegung der Naturwissenschaft und die spachlichen Bedingungen der Prinzipienforschung bei Aristoteles*, Göttingen, Vandenhoeck & Ruprecht, 1962, 2e éd. 1970.

2. Ainsi que le suggère l'idée selon laquelle l'âme est « comme embrasée » dans la région du cœur : *De Juv.*, 4, 469b13-17 ; *De Resp.*, 8, 474b13 et 16, 478a28-30.

3. S. Menn, *op. cit.*, a récemment indiqué dans quels cas et dans quelles limites un tel retour serait selon lui justifié. Il signale en particulier les textes où l'âme est mue (par exemple *De Som.*, 1, 454a8-10) ou affectée (voir par exemple deux passages de *Phys.*, VII, 3 qui donnent à penser que l'âme est affectée dans la mesure où elle est altérée par les sensibles : 245b3-5 et 248a7-8). Or ces textes contreviennent directement à l'orientation dominante du *DA*, selon laquelle l'âme est immobile et impassible.

4. Voir notamment *PA*, I, 1, 642a9-13 ; *Phys.*, II, 9, 200a30-32.

reuse selon les espèces – au milieu *(meson)* du corps[1]. On a parfois vu là une concession à un présupposé « métaphysique », au prétexte que la valorisation du milieu et de la moyenne est un motif transversal de la philosophie d'Aristote[2]. En réalité, la localisation du cœur au centre se justifie tout autant par des raisons proprement organiques, au nom d'une nécessité fonctionnelle. Le chapitre 9 du *MA*, qui est consacré à l'expliquer, en donne la meilleure illustration : parce qu'il est au centre, le cœur est à égale distance des extrêmes – haut, bas, droite, gauche, avant, arrière –, de sorte qu'il est situé de la meilleure des manières pour produire et orienter les mouvements dès la réception des informations qui proviennent des organes sensoriels périphériques. Cette exigence d'équidistance ne peut évidemment se comprendre que si l'on suppose égales la vitesse de réception et la vitesse de transmission. Or la continuité du souffle connaturel et du système vasculaire, supposée par le chapitre 10, paraît impliquer cette égalité. La position centrale du cœur trouve ainsi sa raison d'être dans la contiguïté des parties et des affections et dans la nécessaire solidarité entre les parties, que suppose le processus de « réception – transmission ». C'est pourquoi le cœur – ainsi que l'âme, par son intermédiaire – peut accomplir sa fonction de principe sans avoir besoin de provoquer directement tous les mouvements de l'animal, comme le montre l'image de la cité bien policée dans le chapitre 10 du *MA* : le cœur n'est localisé qu'en un point particulier du corps, mais son efficace s'étend sur toutes les parties et l'âme de l'animal organise l'ensemble sans qu'il soit nécessaire de supposer une cause particulière d'animation pour chacun des mouvements dont l'animal est le sujet[3]. Le modèle géométrique du rapport « centre – périphérie » est donc aussi pertinent que le modèle organique du rapport « tout – parties » pour caractériser le type d'unité que nous devons attribuer à l'animal. Il est même en un sens plus pertinent, s'il s'agit de rendre compte de cette unité par la cohérence et la succession des

1. Voir *MA*, 9, 702b12-20; *PA*, III, 4, 666a14-16; *De Juv.*, 4, 469a30; *HA*, II, 17, 506b32-a11; III, 3, 513a26-27; *PA*, III, 4, 665b19; *DA*, III, 10, 433b26.

2. Voir par exemple le rapide parcours transversal de S. Byl, « Note sur la place du cœur et la valorisation de la ΜΕΣΟΤΗΣ dans la biologie d'Aristote », *L'Antiquité Classique* 37, 1968, p. 467-476. C.R.S. Harris, *op. cit.*, p. 134, de manière assez confuse, estime que les arguments d'Aristote en faveur de la prévalence du milieu sont des « *typically metaphysical arguments* ». Comme le montre pourtant A. Carbone, *La Représentation spatiale du corps chez Aristote*, Thèse, Université de Paris I, soutenue le 16 déc. 2005, la définition des lieux géométriques corporels – et d'une manière générale la représentation spatiale du corps chez Aristote – a une véritable fonction explicative et elle participe notamment à la détermination des genres. Pour tout ce qui concerne la représentation schématique des parties et les arguments fondés sur la topologie organique, c'est désormais à ce travail, extrêmement précis et complet, qu'il convient de se référer.

3. *MA*, 10, 703a29-b2.

mouvements internes, afin d'établir le principe de la continuité de la réception et de la réaction. C'est du reste l'un des aspects principaux du *MA*, conformément à son projet général de caractérisation des mouvants-mus.

En réponse à (2), il convient de circonscrire le caractère téléologique du cardio-centrisme aristotélicien : le cœur est une cause finale, mais il n'est pas la cause finale ultime et globale de la vie de l'animal. Il est simplement au sommet d'une hiérarchie d'activités *(praxeis)* internes, ce qui ne signifie pas exactement qu'il accomplisse l'activité ultime de l'animal. Celui-ci réalise en effet – en sentant, en se nourrissant, en s'accouplant, etc. – une activité globale ou complète [1], d'ordre comportemental ou éthologique, qui constitue la fin ultime de toutes les fins organiques. Celles-ci ne valent donc que comme des fins intermédiaires [2]. Il n'y a dès lors pas de concurrence entre la finalité organique dont le cœur est le point ultime et la finalité proprement psychique qui la surplombe.

De plus, en réponse commune à (1) et à (2), et en référence à ce que j'ai rappelé dans l'introduction générale, les activités internes sont d'emblée téléologiquement déterminées. Les éléments mécanistes de la conception aristotélicienne de la vie organique ne nient pas l'hylémorphisme, mais le supposent : l'âme est nécessairement à l'œuvre dans les activités corporelles, bien qu'elle ne soit elle-même assimilable à aucun organe particulier. En effet, il n'y a aucune spontanéité physico-chimique qui puisse expliquer la génération des vivants : la forme – et avec elle l'âme, en puissance – est déjà présente dans la semence [3]. De plus, le corps n'a aucune perfection propre, c'est-à-dire indépendante de l'âme. L'âme est en effet, non pas une entité distincte du corps dont elle est l'âme, mais sa manière de vivre et son organisation fonctionnelle. Une main vivante, on le sait, se distingue essentiellement d'une main sculptée ou sectionnée, comme un médecin vivant se distingue d'un médecin dessiné, parce que seule elle peut accomplir la fonction *(ergon)* qui définit une main [4]. Or si nous pouvons rapporter chaque fonction à un ou plusieurs organes corporels, nous ne pouvons définir aucune fonction, et moins encore l'organisation fonctionnelle de l'ensemble qu'elles forment, en termes purement anatomiques : il n'y a pas de partie du corps à laquelle nous pourrions

1. *PA*, I, 5, 645b14-20. Sur la hiérarchie des fins dans l'organisation interne du vivant, voir ci-dessous, p. 161-163.

2. Sur le dédoublement de la finalité dans les diverses activités du vivant, je renvoie à P.-M. Morel, « Action humaine et action naturelle chez Aristote », *Philosophie* 73, 2002, p. 36-57, et ci-dessous, p. 162.

3. Pour une mise au point récente sur la question, voir P. Pellegrin, art. cit.

4. Sur cette idée récurrente, voir par exemple *PA*, I, 1, 640b29-641a27.

réduire une fonction, parce qu'une fonction se définit toujours en termes relationnels et dynamiques.

Il n'y a donc ni conflit ni tension insurmontable entre le cardio-centrisme tel qu'Aristote le conçoit et sa conception générale du vivant. Le fait que le cœur soit présenté comme un « principe » *(arkhè)* ne contrevient pas aux indications du *DA* et il se justifie à un triple point de vue : le cœur est le point de départ ou d'arrivée d'une série de mouvements[1] ; la cause efficiente interne d'un mouvement ou d'une série de mouvements[2]; la cause finale, proprement organique, des fonctions vitales. Le cœur est donc « principe », sans être pour autant le principe ultime, car le principe ultime d'un vivant et sa cause finale immanente ultime, c'est toujours l'âme. L'âme est en effet le véritable premier moteur du vivant[3], et le cœur lui est immédiatement subordonné. Il n'est en ce sens que l'instrument corporel principal qui permet à l'âme d'être à la fois la forme et le principe fonctionnel du corps[4]. De plus, comme nous le verrons plus loin, la réalisation la plus accomplie de l'âme animale est l'activité sensible effective, et non pas seulement la possession de la faculté sensible en puissance. La « sensibilité » du cœur n'est donc que la condition première de cette activité.

Le cardio-centrisme est par ailleurs clairement légitimé par le souci de trouver pour le composé vivant un principe d'unité organique et dynamique. Le cœur réalise en effet la convergence et assure la cohérence de l'ensemble des mouvements qui favorisent ou perturbent la vie animale. Le cœur – et, avec lui, l'ensemble des opérations qui en dépendent immédiatement – œuvre donc d'une certaine manière à l'unité de la matière et de la forme, mais il le fait en garantissant les conditions internes d'accomplissement de la causalité efficiente.

1. Cette qualification correspond au premier sens d'*arkhè* en *Mét.*, Δ, 1, 1012b34.

2. Voir *Mét.*, Δ, 1, 1013a4-7, où le cœur est donné en exemple de principe immanent de la génération.

3. *MA*, 9, 703a2; 10, 703a29.

4. Il est donc excessif, de ce point de vue, de dire avec G. Freudenthal, *op. cit.*, que la chaleur vitale est cause, non seulement motrice, mais aussi et surtout formelle et de lui attribuer une véritable fonction d'information.

CHAPITRE II

LES LIMITES DU FINALISME : L'EXEMPLE DES RÊVES

Comme nous venons de le voir, l'unité organique dépend à la fois des conditions matérielles de la causalité efficiente et de l'efficacité du principe interne. Cette interprétation ne contredit pas le finalisme, mais elle conduit logiquement à s'interroger sur les limites éventuelles de l'explication par les seules causes finales. La question qui se pose maintenant est donc de savoir comment, dans cette unité, s'articulent le nécessaire et le final et si l'organisme animal peut admettre, non seulement des processus hypothétiquement nécessaires, mais encore des processus qui, en eux-mêmes, ne réclament pas d'explication téléologique. Dans le contexte que forment les traités de psychologie, l'explication des rêves est sans doute la meilleure illustration que nous puissions trouver de cette difficulté. C'est donc de ce cas exemplaire que je vais partir.

L'analyse aristotélicienne des rêves est au premier abord assez décevante. En rompant avec la traditionnelle interprétation divinatoire des représentations oniriques, elle perd la curiosité exégétique qui caractérise, en la matière, l'attitude de ses prédécesseurs. Du reste, elle ne donne pas de clef pour l'explication du contenu des rêves, alors même qu'Aristote consacre, dans les *Parva naturalia*, trois traités au sommeil et aux rêves, qui occupent les pages 453b-464b de l'édition Bekker : *Du sommeil et de la veille (De Som.), Des rêves (De Ins.), De la divination dans le sommeil (De Div.)*. Le troisième traité s'intéresse plus directement au contenu du rêve mais, outre le fait qu'il exprime de très fortes réserves contre l'idée de rêves divinatoires ou simplement prémonitoires, il ne dit rien de très précis sur une éventuelle *méthode* d'interprétation des rêves.

Aristote admet, il est vrai, une certaine forme d'interprétation des rêves. Il précise en effet que le meilleur juge en matière de rêves est celui qui est capable de voir les ressemblances[1], ce qui suppose qu'il y ait des cas où l'interprétation est légitime. Sans doute souscrit-il à la méthode envisagée dans le *corpus* hippocratique, au livre IV du traité du *Régime*. Cette méthode consiste à chercher dans certains rêves les signes des maladies ou de la bonne santé, les « rêves par lesquels l'âme annonce (προσημαίνει) les affections du corps »[2]. Dans le traité *De la divination*, en effet, Aristote admet trois catégories de rapports entre les rêves et les événements : les premiers peuvent être causes *(aitia)* ou signes *(sèmeia)* des seconds, ou bien être simplement en coïncidence *(sumptôma)* avec eux[3]. On entendra par « signe », non pas un message envoyé par les dieux – comme celui qui invite Socrate à faire de la philosophie dans le *Phédon*[4], ou comme le rêve messager que Zeus envoie à Agamemnon dans l'*Iliade* pour lui ordonner d'armer les Achéens contre Troie[5] –, mais un phénomène conjonctif, comme l'entrée d'une étoile dans la zone d'ombre est signe d'éclipse et comme la dureté de la langue est signe de fièvre[6]. C'est donc de manière tout à fait logique qu'Aristote évoque, dans les lignes qui suivent, l'intérêt des rêves pour le diagnostic médical[7]. On peut en revanche douter qu'il accepterait, comme l'auteur de *Régime* IV, l'existence de rêves « divins », qui annonceraient aux cités et aux individus leurs maux et leurs biens et rien ne dit qu'il reprendrait à son compte la symbolique dont use le médecin du même traité pour faire son diagnostic – rêver, par exemple, d'un arbre donnant beaucoup de fruits est un signe de bonne santé. Le rêve-signe d'Aristote, comme les deux autres types de rêves, est en tout cas un phénomène purement naturel, qui ne suscite ici qu'un intérêt pratique et ne donne lieu à aucune véritable construction théorique quant à la signification, obvie ou symbolique, du contenu des rêves.

On pourrait objecter que dans d'autres textes, extérieurs au *corpus* de philosophie naturelle et sans doute antérieurs pour certains d'entre eux, Aristote semble admettre une forme de divination onirique[8]. Il est

1. *De Div.*, 2, 464b5-7.

2. *Du Régime*, IV, LXXXVII, 1.

3. *De Div.*, 1, 462b27-28.

4. 61 A. Le *Timée* justifie la croyance en la divination onirique en 71 D-E.

5. *Iliade*, II, 6-34.

6. 462b30-31.

7. 463a4-6 ; 17-20. Les attendus physiologiques de *Régime* IV et les raisons de l'intérêt d'Aristote pour cette théorie ont été analysés par G. Cambiano, « Une interprétation "matérialiste" des rêves : *Du Régime IV* », dans *Hippocratica*. Actes du Colloque hippocratique de Paris (4-9 septembre 1978), M.D. Grmek (éd.), Paris, Éditions du CNRS, 1980, p. 87-96.

8. Fgt 1 Ross = Cicéron, *De divinatione,* I, XXV, 53 ; *De philosophia,* fgt 10 Rose – 12a Ross (voir Sextus Empiricus, *Contre les savants*, IX, 20-23) ; *EE*, VIII, 2, 1248a35-b3. Il n'y a d'ailleurs pas nécessairement d'incompatibilité radicale entre ces textes et nos trois traités, comme l'a montré P. Pellegrin dans J. Kany-Turpin et P. Pellegrin, « Cicero and the

toutefois assez clair que ces quelques passages, relativement marginaux et peu systématiques, sont étrangers au propos des trois traités des *PN*, dont l'optique, résolument naturaliste, est commandée par la question suivante : qu'apprenons-nous sur les rêves si nous nous en tenons aux causes naturelles ? Il est tout à fait possible qu'Aristote, dans les rares textes où il se préoccupe de la sémantique du contenu des rêves, admette une forme de divination, bien qu'il juge, dans la perspective naturaliste qui est celle des *PN*, qu'il ne s'agit que d'un phénomène secondaire. Ce qui est à mon sens indiscutable, c'est qu'Aristote déplace le centre d'intérêt de la science des rêves, délaissant sa dimension onirocritique, exégétique, au profit de sa dimension naturaliste : l'explication générale des rêves, c'est-à-dire l'étiologie du rêve considéré comme événement physiologique.

Or, et cela nous éloigne encore un peu plus de la perspective divinatoire, cette explication ne fait aucun recours à la causalité finale. Beaucoup d'animaux font des rêves et l'homme est de tous les animaux celui qui en fait le plus[1]. Le sommeil, pour sa part, a une justification téléologique indirecte ou conditionnelle, parce qu'il répond au besoin naturel de repos et participe ainsi à la conservation de l'animal :

> [...] il est nécessaire que chaque animal dispose du sommeil. Je veux parler de la nécessité conditionnelle, considérant que s'il doit y avoir un animal pourvu de sa nature propre, il faut par nécessité que certains <attributs> lui appartiennent et que, ceux-ci lui appartenant, d'autres encore lui appartiennent[2].

Toutefois, en lui-même, et indépendamment de l'interprétation que peut en faire un spécialiste – un médecin par exemple –, le rêve ne sert à rien. Parce qu'il n'apporte aucun facteur d'équilibre à la vie mentale, il ne saurait être le « gardien du sommeil » que Freud voit en lui, et moins encore la manifestation salutaire de désirs refoulés. C'est un phénomène naturel sans justification téléologique intrinsèque[3]. Son explication ne

aristotelian Theory of Divination by Dreams », dans *Ciceros Knowledge of the Peripatos*, W.W. Fortenbaugh and P. Steinmetz (ed.), *Rutgers University Studies in Classical Humanities*, t. IV, New Brunswick-London, 1989, p. 220-245.

1. *HA*, IV, 10, 537b13-14.

2. *De Som.*, 2, 455b25-28.

3. Comme le montre clairement D. Gallop, *Aristotle on Sleep and Dreams*. A Text and Translation with Introduction, Notes and Glossary, 2e éd. Warminster (GB), Aris & Phillips, 1996, p. 28-38. Le commentaire le plus précis à ce jour sur le traité *Des rêves* démontre très clairement que le rêve se caractérise par une « absence générale de fin » *(allgemeine Zwecklosigkeit)* : Ph. Van der Eijk, *op. cit.*, p. 73. G. Cambiano e L. Repici, « Aristotele e i sogni », dans *Il sogno in Grecia*, G. Guidorizzi (a cura di), Bari, Laterza, 1988, p. 121-135, tout en notant que le rêve n'a pas de *telos* propre comme le sommeil, estiment qu'il satisfait néanmoins à l'exigence globale de détermination téléologique qui domine la physique aristotélicienne, parce qu'il est « intrinsèquement associé à quelque chose qui existe en vue

peut être dès lors que mécaniste et elle doit relever d'un autre régime de causalité : l'explication par la nécessité qui, dans le domaine du vivant, est – en un sens que l'on précisera plus loin – le régime alternatif à celui de la finalité [1]. La principale raison du rêve est donc à chercher dans le champ des mécanismes physiologiques. Il faut préciser « la principale raison », parce qu'Aristote ne pense pas que toutes les apparitions oniriques soient intégralement endogènes. Il prend d'une certaine manière en compte la croyance archaïque selon laquelle le rêve est un visiteur étranger, et il parle lui-même de rêves « étrangers » *(huperorios)*, ceux dont le rêveur ne détient pas le principe ou le point de départ *(arkhè)* [2]. Il n'en retient pas le caractère surnaturel, mais il admet l'idée d'une manifestation exogène, qu'il explique dans le traité *De la divination* en des termes purement mécanistes :

> De même en effet que, lorsque quelque chose a mis en mouvement l'eau ou l'air, cela met en mouvement une autre chose et que, cette chose-là ayant cessé <de mouvoir>, il arrive que ce mouvement se prolonge jusqu'à un certain point en l'absence du moteur, de même rien n'empêche qu'un mouvement et une sensation ne parviennent jusqu'aux âmes qui rêvent [3].

Ainsi, lorsqu'un processus extérieur commence à s'accomplir – par exemple la levée d'une armée –, les premiers mouvements de ce processus peuvent parvenir au dormeur et susciter chez celui-ci l'image de ce qui va advenir – la guerre –, avant même que l'événement se soit effectivement produit. Le rêve réputé prémonitoire ne sera donc en réalité qu'une construction imaginaire consécutive à un enchaînement de mouvements antérieurs.

L'opposition d'Aristote à Démocrite est à ce sujet tout à fait significative. Bien qu'il critique l'explication démocritéenne des rêves par l'afflux spontané de simulacres *(eidôla)* [4], corpuscules émanant des objets extérieurs, Aristote se place en concurrent direct de Démocrite pour donner de ce phénomène l'explication la plus rationnelle possible et la moins téléologique qui soit [5]. Démocrite, adversaire par excellence du finalisme,

d'une fin, à savoir le sommeil » *(è intrinsecamente connesso a qualcosa che è in vista di un fine, ossia con il sonno)*. Nous verrons plus loin que l'association, certes naturelle, du sommeil et du rêve ne suffit pas à doter ce dernier d'une justification finale.

1. *PA*, I, 1, 639b11-640a10; 642a1-b4.

2. *De Div*., 2, 464a1-4.

3. *De Div*., 2, 464a6-11.

4. 463b31-464a20.

5. Sur les raisons générales de cette confrontation, je renvoie à P.-M. Morel, « Démocrite dans les *Parva naturalia* d'Aristote », dans *Qu'est-ce que la philosophie présocratique ?*, A. Laks et C. Louguet (éd.), Villeneuve d'Ascq, Presses du Septentrion, 2002, p. 449-464.

semble d'ailleurs osciller lui-même entre une étiologie naturaliste des rêves et l'acceptation d'une forme d'inspiration onirique compatible avec la croyance au divin. Ainsi, demande Cicéron, « devons-nous donc croire que les esprits de ceux qui dorment se meuvent d'eux-mêmes en rêvant ou, comme le croit Démocrite, qu'ils sont frappés par une vision externe et venue du dehors *(externa et adventicia visione pulsari)*[1] ? » Or il témoigne dans le même traité des arguments que Démocrite aurait soutenus en faveur de la divination[2]. De même, l'épicurien Diogène d'Œnoanda rapporte que Démocrite assigne une origine divine aux simulacres apparaissant pendant le rêve (fragment 9 Smith) et qu'ils sont selon lui porteurs de sensations et de raisonnements, de sorte qu'ils s'entretiennent avec nous (fragments 10 et 43 Smith). Le catalogue des œuvres de Démocrite, établi par Thrasylle et repris par Diogène Laërce, mentionne d'ailleurs l'existence d'un traité *Des simulacres ou de la pro-vidence* (ou *pré-vision*)[3] dont l'objet pourrait correspondre, au moins partiellement, au problème de la divination. Plusieurs textes confirment que Démocrite s'est posé la question de la possibilité de la vision anticipée des événements. Celle-ci peut également se produire à l'état de veille si l'on en croit Sextus Empiricus, dans un texte[4] qui explique la genèse de la croyance aux dieux et indique ainsi pourquoi, d'après d'autres témoignages, Démocrite qualifie les simulacres de *divins*[5]. Sans entrer dans les difficultés que pose la théologie – ou tout au moins la *démonologie* – des premiers atomistes, admettons que Démocrite ne refuse pas toute croyance en une certaine forme de divinité naturelle et, corrélativement, une certaine forme de divination onirique. En tout état de cause, Aristote, en mettant résolument l'accent sur l'étiologie mécaniste des rêves, ne fait pas plus de concessions sur ce point à Démocrite qu'à l'auteur de *Régime* IV.

Il n'y a dès lors plus lieu de s'étonner que l'analyse du contenu du rêve passe au second plan. L'intérêt d'Aristote pour les rêves est à chercher ailleurs : dans son explication générale et dans ses implications pour la connaissance des états et fonctions communs à l'âme et au corps, l'objet premier des *PN*. Le propos de ce chapitre est de montrer que le caractère apparemment résiduel de l'analyse des rêves – résiduel en un double sens, puisque, comme nous le verrons, le rêve est lui-même un « résidu » – produit par retour un effet théorique de première importance pour la connaissance du vivant : la physiologie du rêve témoigne, d'une manière exemplaire, des formes que peut prendre la nécessité, dans un domaine où

1. *De Divinatione*, II, LVIII, 120 [DK 68 A 137] ; voir aussi Aétius, V, 2, 1 [DK 68 A 136].
2. I, III, 5 et I, LVII, 131 [DK 68 A 138].
3. Περὶ εἰδώλων ἢ Περὶ προνοίας, Diogène Laërce, *Vies*..., IX, 47 [DK 68 A 33].
4. *Contre les savants*, IX, 19 [DK 68 B 166].
5. Jean-Catrarès [pseudo-Hermippe], *Astronomie*, I, 16, 122 [DK 68 A 78].

domine la finalité. Le sommeil est une situation où l'animal est au plus bas degré de l'appartenance à soi : non seulement il est soumis, plus encore qu'à l'état de veille, à des influences extérieures, mais il ne maîtrise plus la production de ses propres représentations. Toutefois, c'est en cela même que le rêve est une expérience décisive pour l'unité du vivant, parce qu'il montre jusqu'où va l'organisme dans l'intégration des processus relevant de la nécessité.

Commençons par décrire le processus onirique, en suivant le plan du traité *Des rêves*. Le premier chapitre identifie la faculté dont relève le rêve, le second explique la constitution des images oniriques et le troisième l'apparition des rêves. Après avoir expliqué le sommeil dans le *De Somno*, Aristote s'interroge sur la faculté à laquelle le rêve appartient, plaçant ainsi d'emblée l'analyse sur le terrain psychologique. L'étude du sommeil a en effet montré que celui-ci correspondait à un état d'immobilisation et d'empêchement de la faculté sensible, consécutif à l'absorption de la nourriture, puis au reflux et à la concentration de la chaleur vitale dans la région du cœur, qui est à la fois le principe de la vie et du mouvement et celui de la sensibilité [1]. Le rêve dépend néanmoins de la faculté sensible : il est lui-même une sorte d'impression sensible *(aisthèma)* [2]. Le sommeil n'est donc pas un état d'insensibilité absolue, comme certains évanouissements, et la question qui concerne les rêves devient celle-ci : quelle est la faculté qui permet de produire des impressions sensibles en l'absence de la sensation proprement dite, c'est-à-dire en l'absence de la sensation en acte d'un sensible externe ?

Il apparaît assez vite [3] que cette faculté est la *phantasia*, dont dépendent, d'une manière générale, la représentation d'un objet en son absence et plus particulièrement la mémoire. Cela ne constitue pas encore une explication du rêve, car après avoir indiqué qu'il relevait de la *phantasia*, Aristote continue de poser la question de la définition et des causes du rêve, en précisant que celles-ci ne pourront être données qu'en examinant les conditions qui caractérisent le sommeil [4]. De fait, la *phantasia* ne définit pas le rêve et elle n'en donne pas la cause propre puisqu'elle a plus d'extension que lui. Aristote s'efforce précisément de cerner la spécificité du rêve, par opposition aux autres représentations qui peuvent survenir pendant le sommeil : certaines pensées ou des perceptions confuses.

Aussi, dans le chapitre 2 du traité *Des rêves*, Aristote aborde-t-il la question de la constitution physiologique du rêve. En rapportant le rêve à

1. Voir ci-dessus, chapitre I.
2. *De Som.*, 2, 456a26.
3. *De Ins.*, 1, 459a21-22.
4. 2, 459a23.

l'imagination dès le chapitre 1, Aristote avait déjà donné une indication très importante pour la suite de l'enquête :

> puisque l'imagination *(phantasia)* est le mouvement engendré sous l'effet de la sensation en acte et que le rêve semble être une sorte d'image *(phantasma ti)* – nous appelons « rêve » *(enupnion)* en effet l'image qui se produit durant le sommeil [...] –, il est manifeste que le fait de rêver relève de la <faculté> sensible, mais en tant qu'elle est imaginative [1].

Ainsi, le rêve est originellement lié à la sensation, comme toute image – même s'il ne suffit pas de dire, pour définir l'imagination aristotélicienne, qu'elle n'est qu'une sensation dégradée –, et il l'est à un double titre : (a) par son contenu – pour rêver de *x*, il faut au préalable avoir senti *x*, ou bien avoir senti *y* et *z*, qui vont produire par leur combinaison l'image de *x*, comme les simulacres de l'homme et du cheval produisent chez Lucrèce l'image du centaure [2] –; (b) du point de vue de la causalité motrice, la sensation en acte étant le principe moteur d'une série de mouvements dont le rêve est l'aboutissement.

Ce qui fait la particularité relative de cette situation, c'est que le moteur ne meut plus au moment où se produit l'image. Nous devons donc appliquer à l'ensemble des faits d'imagination le mécanisme que nous avons déjà vu à l'œuvre à propos des rêves étrangers : le principe de la transmission du mouvement en l'absence du moteur, par simple contiguïté des corps, ou *antiperistasis* [3]. Ainsi, en *Physique*, VIII, 10, 266b28-267a20, Aristote montre que, dans le cas des projectiles, les intermédiaires – l'air, l'eau, ou autre chose – reçoivent du moteur la capacité de mouvoir après qu'il a fini d'exercer son mouvement. La motricité est assurée par la contiguïté de l'air, de l'eau ou de tout autre corps intermédiaire. Le projectile peut donc conserver sa trajectoire tant que le dernier terme de la série intermédiaire – un corps ou bien une poche de liquide ou d'air – conserve une force suffisante pour le mouvoir. Cette application de la théorie des projectiles est légitime parce que nous disposons à la fois d'un moteur et d'une série de corps contigus. Le moteur premier du mouvement imaginatif est la sensation en acte :

> En effet, les sensibles correspondant à chaque organe sensoriel produisent en nous une sensation, et l'affection qu'ils provoquent

1. *De Ins.*, 1, 459a17-22.
2. *De rerum natura*, IV, 739-741.
3. Voir ci-dessous, p. 107-108.

> réside dans les organes sensoriels, non seulement au moment où les sensations s'effectuent, mais encore après qu'elles sont passées [1].

La série contiguë est constituée par les traces sensorielles déposées dans les organes périphériques des cinq sens et dans l'organe principal de la sensibilité, à savoir le cœur. La même propriété explique la mémoire et la réminiscence dans le traité du même nom et, d'une manière générale, la formation des habitudes [2].

Ce qui est ici remarquable, pour la caractérisation de l'explication causale, c'est que la sensation, qui est une modification ou altération de l'âme, c'est-à-dire un changement qualitatif, est présentée sous sa dimension purement motrice : il en va « à peu près » comme dans « le cas des corps qui subissent un changement de lieu, car ceux-ci sont encore en mouvement alors que ce qui les a mis en mouvement ne les touche plus » [3]. La comparaison avec l'échauffement (459b2) et avec la communication des odeurs, comme celle que l'huile transmet au vin (460a26-31), va clairement dans ce sens : ce sont des processus de même nature que les illusions d'optiques dues à la persistance des images rétiniennes (459b7-23). La distinction, pourtant élémentaire chez Aristote, entre altération et changement de lieu tend à devenir relative, parce que l'altération dont il est question implique un mouvement local interne [4]. L'altération n'est pas en elle-même un changement de lieu, mais elle s'accompagne ici, nécessairement, d'un changement de lieu : l'altération qu'est la sensation a pour effet organique un déplacement des impressions sensibles qu'elle produit. Il y a en tout cas des représentations qui doivent être expliquées, au moins partiellement, en termes de changement de lieu et c'est précisément le cas des rêves.

Il reste cependant à expliquer l'apparition même du rêve. Nous n'avons pour l'instant parlé que de la formation d'une réserve d'images. Or celles-ci sont seulement le contenu latent de l'activité onirique. Il convient donc d'expliquer l'apparition du rêve, le fait de « voir le rêve » pendant le sommeil. C'est la fonction du chapitre 3 du traité. Le passage de la latence à la manifestation ne correspond pas à un saut qualitatif ou à une rupture totale de la chaîne physiologique, puisque c'est en vertu du même principe

1. *De Ins.*, 2, 459a24-28.

2. *De Mem.*, 2, 451b28-29. Sur la constitution spontanée et, en ce sens, « naturelle » des habitudes du caractère, je renvoie à P.-M. Morel, « L'habitude : une *seconde nature* ? » dans *Aristote et la notion de nature. Enjeux épistémologiques et pratiques*, P.-M. Morel (éd.), Bordeaux, Presses Universitaires de Bordeaux, 1997, p. 131-148.

3. *De Ins.*, 2, 459a28-30.

4. Aristote admet explicitement l'existence de changements de lieux dans l'organisme, en plus des altérations. Voir *DA*, I, 4, 408b10.

de répercussion que les rêves nous apparaissent. Il faut toutefois que se présentent des circonstances favorables. Le mouvement du sang, augmenté par l'évaporation de nourriture qui a provoqué le sommeil, doit se stabiliser, car le sang – ou le souffle qui l'accompagne – est le véhicule des impressions sensibles dans l'organisme[1] :

> lorsque chez les animaux sanguins le sang s'apaise et se purifie, le mouvement des impressions sensibles en provenance de chacun des organes sensoriels, étant préservé, rend les rêves cohérents et fait apparaître *(phainesthai)* quelque chose que nous croyons voir à cause des <mouvements> qui dérivent de la vision et que nous croyons entendre à cause de ceux qui dérivent de l'audition, et il en va de même à partir des autres organes sensoriels[2].

Aristote ne pense pas cependant que cet apaisement soit suffisant, car il faut ensuite que les mouvements sensoriels que sont les images « remontent vers la surface » (ἐπιπολάσει – 461b14). Cette explication, il faut bien le dire, n'est pas très satisfaisante : pourquoi les impressions sensibles deviennent-elles perceptibles par le seul fait de « remonter » ? où remontent-elles exactement ? En effet, si elles sont contenues dans les organes sensoriels et dans le cœur, elles devraient être immédiatement perceptibles. Il semble – mais ce n'est qu'une hypothèse charitable pour tenter de compenser l'imprécision de l'étiologie aristotélicienne des apparitions oniriques – que l'apaisement ne modifie pas l'image elle-même, comme si elle la faisait passer du statut de trace *infra*-perceptible à celui de trace perceptible, mais modifie l'état général des organes sensoriels : une fois le sang apaisé, le cœur peut remplir sa fonction perceptive et c'est à ce moment que les rêves peuvent nous apparaître. Quant à l'idée d'une « remontée vers la surface », elle n'a peut-être pas de signification anatomique très précise. Rien ne justifierait notamment que l'on parle ici de la « surface » du cœur. Elle n'est donc probablement qu'une métaphore. De fait, *epipolazô* veut aussi dire « surnager » et Aristote étaye sa tentative d'explication par une comparaison qui appartient au même champ métaphorique : ces mouvements sont « les uns vis-à-vis des autres comme les grenouilles artificielles *(peplasmenoi batrakhoi)* qui remontent dans l'eau lorsque le sel se dissout »[3]. Les commentateurs pensent généralement qu'il s'agit de jouets maintenus au fond de l'eau par un tas de sel ou par la densité du liquide dans lequel on aura versé du sel. Lorsque le sel se dissout, les grenouilles remontent vers la surface, mais elles le font dans un ordre qu'il est impossible de prédire. Aristote propose ainsi l'image d'un

1. *De Ins.*, 3, 461b10-13.
2. *De Ins.*, 3, 461a25-30.
3. 461b15-16.

processus indéterminé. De même, le rêve, maintenu si l'on peut dire au fond de la faculté sensible, se manifeste comme image si la situation thermique de l'organisme le permet, cet état faisant varier la fluidité et la densité du sang. Le fait que telle image onirique apparaisse et non pas telle autre – c'est ce que veut dire « les uns vis-à-vis des autres » – montre que ce phénomène est totalement aléatoire.

Le rêve n'est pas ici réductible à un simple instantané imaginatif : Aristote en parle à plusieurs reprises comme d'un « mouvement » *(kinèsis)* et c'est au nom d'une théorie de l'enchaînement des mouvements qu'il rend compte de son apparition. Le rêve est à la fois « un résidu *(hupoleimma)* d'impression sensible en acte » et un mouvement (461b21-22), et, si ce mouvement se libère, c'est à cause d'une agitation interne. Or celle-ci affecte également la faculté cognitive qui peut donc s'actualiser, c'est-à-dire percevoir quelque chose, et avoir l'impression de percevoir comme à l'état de veille :

> l'instance principale et discriminante (...) se trouve mue – à moins qu'elle ne soit totalement dominée par le mouvement du sang – sous l'effet des mouvements présents dans les organes sensoriels, comme si elle percevait. Il lui semble alors que ce qui ressemble à l'objet est l'objet réel [1].

Nous pouvons tirer de cette description une première série de conclusions. En premier lieu, la spécificité du rêve tient à ses conditions organiques : « l'image qui provient du mouvement des impressions sensibles, lorsqu'on est en train de dormir et en tant que l'on dort, voilà ce qu'est le rêve [2]. » L'explication du rêve est mécaniste et dépourvue de justification finale. Le rêve lui-même n'est qu'un résidu organique, au même titre que la bile, dont Aristote dit clairement qu'elle est inutile et purement nécessaire, comme le montre le fait que beaucoup d'animaux n'en sécrètent pas [3]. Enfin, sa manifestation est aléatoire : c'est une actualisation à la fois non pathologique et irrégulière de la faculté sensible.

Comme je l'ai rappelé au début de ce chapitre, ce cas très particulier d'activité organique que constitue le rêve renvoie directement à une question plus générale : celle de la place de l'explication par la nécessité *(anankè)* dans la connaissance du vivant. Le livre I des *PA* affirme nettement, on le sait, le privilège de la causalité finale et de la considération de la forme par rapport à l'explication par la nécessité et par la matière. Par

1. *De Ins.*, 3, 461b26-29.

2. 462a29-31. C'est manifestement sur ce point que porte l'hommage que Freud rend à Aristote dans la *Traumdeutung* (1900). Voir *L'Interprétation des rêves*, trad. I. Meyerson, Paris, PUF, 1967, p. 12.

3. *PA*, IV, 2.

extension, nous devons dire que la prééminence de la causalité formelle et finale s'exerce aussi par rapport à la causalité motrice. Aristote range en effet, sous la rubrique causale de la nécessité, la matière et ses mouvements : « le nécessaire dans les êtres naturels, c'est ce que l'on présente comme étant la matière et les mouvements de celle-ci[1]. » En réalité, et ce point est lui aussi bien connu, le rapport entre la nécessité et la finalité n'est pas systématiquement disjonctif : nous n'avons pas toujours à choisir entre les deux termes d'une alternative épistémologique, mais bien souvent à subordonner la nécessité à la finalité. C'est le cas pour les phénomènes qui s'expliquent par la nécessité conditionnelle ou hypothétique, c'est-à-dire ceux qui ont pour cause un certain état matériel et certains mouvements, en tant qu'ils sont justifiés par la causalité finale[2]. Ainsi, la hache *doit* – nécessité – être faite d'un métal dur *pour* – finalité – remplir sa fonction, qui est de couper. De même, nous l'avons vu, le sommeil n'est pas une fin en soi, mais la condition sans laquelle l'animal ne pourrait pas accomplir sa fonction principale, à savoir la sensation, qui est sa fonction essentielle au sens strict et son activité dominante à l'état de veille. Dans ce cas, le rapport entre les deux modes explicatifs est conjonctif et non pas disjonctif.

Inversement, il y a des situations où la nécessité se manifeste comme telle, sans avoir le statut de nécessité hypothétique. Laissons de côté la nécessité absolue de ce qui se produit toujours, comme les mouvements astraux – et non pas, comme dans la nature sublunaire, « le plus souvent » –, car elle n'est évidemment pas en cause ici. Dans le cas qui nous occupe, il s'agit de certains phénomènes du monde sublunaire qui ne relèvent ni de la finalité, ni de la nécessité hypothétique, mais d'une nécessité purement consécutive. L'explication pertinente dans ce cas est donc celle qui identifie les causes matérielles et motrices et qui s'en tient là. Ce point a lui aussi été relevé et discuté, et le rôle de la nécessité dans la biologie aristotélicienne du même coup réévalué[3]. Ainsi, des phénomènes

1. *Phys.*, II, 9, 200a30-32.

2. Voir notamment *PA*, I, 1, 642a9-13 ; *Phys.*, II, 9, 200a30-32.

3. J. Cooper, « Hypothetical Necessity and natural Teleology », dans *Philosophical Issues in Aristotle's Biology*, A. Gotthelf and J.G. Lennox (ed.), Cambridge, Cambridge University Press, 1987, p. 243-274, insiste sur le fait que la téléologie organique n'est pas seulement chez Aristote un choix épistémologique, mais une réalité objective, parce que les fins existent actuellement dans la nature. Il montre corrélativement comment la téléologie organique intègre l'explication nécessaire, sous la forme de la nécessité hypothétique ou conditionnelle. P. Pellegrin, « De l'explication causale dans la biologie d'Aristote », *Revue de Métaphysique et de Morale*, 1990/2, p. 197-219, a prolongé mais aussi nuancé ce verdict en signalant la spécificité et l'irréductibilité de l'explication par la nécessité lorsqu'il s'agit de phénomènes purement consécutifs et qui ne relèvent pas de la nécessité hypothétique. J.G. Lennox, *op. cit.*, p. 187, qualifie ce type de nécessité de « *pre-conditional* necessity ».

de même ordre que la production de la bile ou la détermination de la couleur des yeux[1] s'expliquent par une nécessité consécutive ou strictement mécanique, ce qui ne veut pas dire « absolue » au sens où la nécessité des êtres éternels est absolue. La production des rêves, qui ne servent à rien, sinon par accident – si on les interprète bien –, est elle aussi une conséquence mécanique, en l'occurrence une conséquence résiduelle, des mouvements sensoriels.

Toutefois, si nous revenons sur le processus décrit plus haut, nous voyons que la nécessité du rêve est une nécessité d'un type très particulier. En premier lieu, elle concerne le domaine des représentations et non pas, comme la bile, celui des seuls phénomènes proprement organiques. En second lieu, elle se caractérise par un mécanisme sériel, la répercussion des impressions sensibles, sans pour autant s'y réduire totalement. L'application au rêve de la théorie de la répercussion du mouvement en l'absence du moteur n'a révélé en effet qu'un aspect de l'activité onirique : la contiguïté cinétique qui s'origine dans la sensation en acte, passe par la constitution du matériau onirique latent et aboutit à la manifestation des rêves. De ce point de vue, il en va du rêve exactement comme de la mémoire et de la réminiscence, parce que la *phantasia*, dont relèvent ces deux activités mentales, est elle-même un mouvement consécutif à l'activité sensorielle ou tout au moins génétiquement dépendant de celle-ci : un « mouvement qui se produit sous l'effet de la sensation en acte »[2]. Cependant, le rêve témoigne d'un autre aspect de la vie organique : comme l'indique la comparaison avec les grenouilles artificielles, son apparition est aléatoire. Cela ne veut pas dire qu'elle soit totalement indéterminée, car elle résulte d'un certain nombre de mouvements antécédents, si bien qu'elle est en droit explicable – encore qu'Aristote ne dise rien d'une telle possibilité. Cela signifie bien plutôt, d'une part qu'elle ne correspond à aucune régularité dans le fonctionnement physiologique du vivant ; et d'autre part qu'elle introduit une rupture dans les séries cinétiques qui l'ont rendue possible. Les excès de table, la maladie, ou d'autres facteurs du même ordre, peuvent en effet venir troubler, par l'intermédiaire du mouvement du sang, l'ordonnancement initial des impressions sensibles et produire des rêves particulièrement incohérents[3].

Le rêve relève donc très vraisemblablement des faits de hasard *(automaton)*, comme le suggère cette indication elliptique du traité *De la divination* : les rêves « sont démoniques *(daimonia)*, car la nature est

1. « L'œil existe en vue d'une fin, mais il n'est pas bleu en vue d'une fin », *GA*, V, 1, 778a32.

2. *DA*, III, 3, 429a1-2.

3. *De Ins.*, 3, 461a8-25.

démonique, mais elle n'est pas divine »[1]. Il est très difficile de savoir ce qu'Aristote entend précisément par là. Ce qui est sûr, c'est qu'il oppose le « démonique » au divin et qu'il le place du côté de la nature, mais aussi du côté du hasard. Dans le traité *Du sommeil*, en effet, il ajoute à l'expression « ce qui a pour cause le démonique » la précision suivante : « c'est-à-dire ce qui se produit par nature ou par hasard (ἀπ' αὐτομάτου)[2]. » Le rêve serait donc « démonique » au sens où il tient fondamentalement du hasard, échappe à notre pouvoir et se caractérise par son imprévisibilité[3], ou bien au sens où certains ont la chance de faire des rêves véridiques, c'est-à-dire des rêves qui sont conformes à la réalité par pure coïncidence[4]. Ainsi, le grand nombre de mouvements qui agitent le mélancolique augmente statistiquement ses chances d'avoir des rêves semblables aux événements réels[5]. Dans tous les cas, Aristote semble bien suggérer par ce terme le caractère essentiellement aléatoire du rêve et, par opposition au divin, l'absence de toute intention à l'origine de sa production.

À cela, on peut objecter trois choses. 1) il n'y a là rien d'extraordinaire dans le contexte de la physique d'Aristote : la contingence y a toute sa place, puisque c'est son existence même qui caractérise les phénomènes de la nature sublunaire par opposition à la totale régularité des êtres éternels. De plus 2), dans le cas précis du rêve, nous avons affaire à un phénomène qui coïncide avec un état naturel et téléologiquement explicable, à savoir le sommeil. C'est pourquoi l'on peut être tenté de maintenir le rêve dans le cadre de l'explication téléologique. Il faudrait alors le distinguer du cas emblématique des faits de hasard, la génération des monstres[6], dans la mesure où ceux-ci « représentent des exceptions au regard du cours régulier de la nature »[7]. Enfin 3), les faits de hasard ou de fortune *(tukhè)* sont toujours en un sens indexés à la finalité, puisqu'ils concernent « des choses qui sont en vue d'une fin » (ἐν τοῖς ἕνεκά του γιγνομένοις)[8]. Les faits de hasard ne relèvent pas d'une cause particulière, mais sont les accidents normaux de la finalité naturelle.

1. *De Div.*, 2, 463b14-15.
2. *De Som.*, 1, 453b24.
3. Comme le suggère L. Repici, « Aristotele, gli stoici e il libro dei sogni nel *De divinatione* di Cicerone », *Metis* 6, 1991, p. 167-203, p. 190.
4. Voir en ce sens D. Gallop, *op. cit.*, p. 44.
5. *De Div.*, 2, 463b18-22.
6. *Phys.*, II, 8, 199b4.
7. G. Cambiano e L. Repici, *op. cit.*, p. 125. Cela ne signifie pas que les monstres soient « contre nature » absolument, car il y a en quelque sorte une nécessité naturelle de l'existence des monstres : il est conforme à la nature, considérée absolument, qu'il y ait des exceptions au cours régulier des événements. Voir *GA*, IV, 4, 770b9-13.
8. *Phys.*, II, 5, 196b30. Voir aussi 196b33-197a6.

Assurément, le rêve est en lui-même un événement naturel fréquent et le fait de rêver n'est pas une monstruosité mentale. Le rêve appartient au genre naturel du résidu *(hupoleimma)*, comme les excédents organiques *(perittômata)* que sont les excréments ou le sperme[1]. On pourrait donc être tenté de dire qu'il se situe encore, de ce point de vue, dans le cadre de la téléologie organique. Toutefois, en réponse aux objections (1) et (2), Aristote ne dit nulle part que les rêves *doivent* être évacués au nom d'une nécessité conditionnelle. Il est un résidu, en un sens qui n'est nullement métaphorique, mais un excédent inutile, comme la bile[2]. Aristote note d'ailleurs que certains individus n'ont jamais eu de rêve pendant leur existence, et cela non pas à cause de facteurs accidentels, mais en vertu de leur constitution naturelle[3]. En d'autres termes, le fait de rêver est régulier et témoigne, comme tel, du même type de fréquence que les processus téléologiquement ordonnés. Cependant, outre le fait que cette régularité est inutile, l'apparition de telle image onirique à tel moment du sommeil est fondamentalement fortuite. Enfin, en réponse à (3), nous pouvons assurément considérer que l'apparition onirique est un effet secondaire d'un processus téléologiquement explicable – l'activité sensorielle et imaginative – et qu'elle demeure en ce sens indexée à la finalité. Toutefois, elle ne prédétermine pas le processus dont elle est le résultat. Or c'est précisément sur ce point que le fait de hasard se démarque de la détermination finale : même s'il concerne « des choses qui sont en vue d'une fin », son effet n'est pas, en lui-même, la fin du processus qui l'a provoqué[4]. Plus encore, parce qu'elle n'est qu'un effet secondaire, l'apparition onirique vient se surajouter à un processus ordonné et non pas le perturber, comme l'orage vient perturber la récolte[5] : elle n'est pas une sensation manquée ni un mouvement imaginatif volontaire qui aurait échoué, mais un phénomène spécifique. Considéré sous cet aspect, le rêve ne doit rien à la causalité finale : les chimères oniriques sont tout aussi hasardeuses que les monstruosités physiques les moins prévisibles. Ce qui est propre à l'apparition onirique, c'est d'être un phénomène naturel, sans rapport intrinsèque avec la finalité et toujours spontané. C'est, plus encore, de relever à la fois de la nécessité sérielle et du hasard, en s'expliquant à la fois par une série cinétique de traces imaginatives et par une rupture imprévisible de cette série. Le rêve se situe donc à l'articulation, peu thématisée chez Aristote, de la nécessité naturelle et de l'aléatoire.

1. Voir notamment *GA*, I, 18, 724b21-34. Ce point est mentionné par G. Cambiano et L. Repici, *op. cit.*

2. *PA*, IV, 2, 677a11-18.

3. *De Ins.*, 3, 462b1-8.

4. *Phys.*, II, 6, 197b29-30.

5. *Phys.*, II, 8, 198b21-23.

On pourrait cependant faire remarquer, pour relativiser la singularité du phénomène onirique, que la mélancolie, elle aussi, se traduit par un bouleversement de séries cinétiques, présupposant comme le rêve la continuité qu'elle interrompt. Les mélancoliques sont affectés par de multiples mouvements internes, sont « agités » au sens propre, ce qui les conduit à faire des rêves particulièrement imprévisibles et absurdes, à avoir des visions que le commun n'a pas et à passer d'une idée à l'autre sans cohérence apparente[1]. Le fait que la mélancolie puisse avoir des incidences sur le rêve et favoriser les songes visionnaires confirme qu'elle partage avec lui plusieurs caractéristiques causales. Aristote applique d'ailleurs à la mélancolie la théorie de l'*antiperistasis*, par laquelle il rend compte de la formation des rêves. Toutefois la mélancolie est un tempérament pathologique et exceptionnel; le rêve n'est pas une pathologie et il est extrêmement commun. Le caractère propre de l'apparition onirique est donc irréductible. Le schéma que l'on trouvera à la fin de ce chapitre situe le rêve dans une rubrique que l'analyse d'Aristote ne convoque pas explicitement, mais que les textes nous invitent à ouvrir : celle des faits nécessaires, mais non hypothétiquement nécessaires, aux conséquences aléatoires, et non pathologiques.

Il resterait à préciser ce qu'il en est des autres états mentaux qui se manifestent pendant le sommeil et qu'Aristote entend distinguer des rêves. Malheureusement, les indications données dans le traité *Des rêves* ne sont pas parfaitement claires. L'analyse de la réminiscence *(anamnèsis)* dans le traité *De la mémoire et de la réminiscence* montre en tout cas que la pensée s'organise et peut être volontairement organisée selon le même mécanisme sériel qui commande la genèse et l'association des images :

> Du fait de l'habitude, en effet, les mouvements se suivent les uns les autres, tel mouvement après tel autre. Dès lors, chaque fois que l'on voudra faire acte de réminiscence, on procédera ainsi : on cherchera à saisir un point de départ du mouvement après lequel le <mouvement en question> se réalisera[2].

Grâce à ce procédé, nous retiendrons des suites et favoriserons le raisonnement, comme Aristote avait peut-être l'usage de le recommander à ses élèves. En outre, la réminiscence est sujette à des accidents, à des perturbations des séries mnémoniques, qui montrent qu'elle peut être, elle aussi, aléatoire : échecs de la mémoire, troubles dus à la mélancolie, à l'âge ou aux passions[3]. Toutefois, les associations d'idées se caractérisent par

1. Voir *De Mem.*, 2, 453a14-31 ; *De Som.*, 3, 457a27 ; *De Ins.*, 3, 461a22; *De Div.*, 2, 463b17, 464a32 et *Problèmes*, XXX, 1.

2. *De Mem.*, 2, 451b28-31.

3. *De Mem.*, 2, 453a14-b7.

leur régularité globale alors que, dans le cas des apparitions oniriques, l'incohérence est pour ainsi dire la règle.

Par ailleurs, Aristote distingue le rêve, dès le début du traité *Des rêves*, des pensées qui peuvent se former pendant le sommeil et dont l'autonomie relative peut aller jusqu'à organiser ou disposer dans un certain ordre les images oniriques. Il compare alors cette visualisation apparemment volontaire à la façon dont la réminiscence assigne des lieux aux différentes représentations[1]. Il est toutefois significatif qu'Aristote voit d'abord dans la pensée un principe d'ordre et non pas un principe de manifestations aléatoires. De plus, les pensées du dormeur semblent commandées par les images oniriques, si bien qu'elles n'ont pas d'autre incongruité que celle du rêve qui les suscite. Enfin, lorsque, à la fin du traité, Aristote revient sur les sensations affaiblies, les images et les pensées qui naissent dans le sommeil en plus des rêves, il insiste sur leur caractère réactif. Elles sont en effet provoquées par des facteurs extérieurs et non par une dynamique qui leur serait propre : par une lumière, un bruit ou un contact pour les sensations ; par les questions que l'on pose au dormeur, dans le cas où celui-ci donne des réponses[2]. L'évocation des « pensées vraies » *(alètheis ennoiai)* qui peuvent survenir dans le sommeil en plus des images est, quant à elle, extrêmement mystérieuse[3]. Il est en tout cas assez clair que les activités mentales non oniriques du dormeur sont affectées d'une imprévisibilité comparable à celle de la manifestation des rêves, mais que ceux-ci témoignent plus nettement de ce régime d'incertitude. Le rêve ne définit donc pas à lui seul un type de relation causale, mais il est le représentant exemplaire de la rubrique explicative dont il relève.

Le rêve est sans nul doute, aux yeux d'Aristote, important pour lui-même et non pas uniquement pour ce qu'il nous apprend sur les états mentaux. Toutefois cette singularité même a de telles incidences sur la représentation générale de la causalité psycho-physiologique qu'elle détourne l'analyse de son centre d'intérêt traditionnel, à savoir le contenu du rêve. La science aristotélicienne des rêves a en effet une place discrète mais tout à fait particulière dans l'économie de sa philosophie du vivant et elle contribue à en affiner les rubriques : elle montre que l'animal peut avoir des représentations purement nécessaires et en même temps aléatoires, bien que non pathologiques. La complexité causale que révèle l'analyse des

1. *De Ins.*, 1, 458b22-24. Ce passage difficile est logiquement discuté, car certains commentateurs estiment qu'il concerne la remémoration et la mise en ordre des images oniriques à l'état de veille. Il est en tout cas indiscutable qu'Aristote admet la présence, dans le sommeil, d'autres pensées « en plus du rêve » (παρὰ τὸ ἐνύπνιον – 458b15).

2. 3, 462a18-26.

3. 462a28.

rêves est ainsi une illustration exemplaire des multiples imbrications du nécessaire et du final dans la vie organique. La reconnaissance de la singularité du cas participe en tout cas d'une intégration épistémologique subtile, qui consiste à faire place à l'explication par la nécessité dans la définition du vivant, sans la réduire à une explication téléologique élargie. Elle ne fait en cela que refléter l'intégration réelle, organique, des processus mécaniques : ces derniers sont tous dépendants, mais à des titres divers, de la fonction centrale du cœur et de l'économie cinétique interne qui en dérive.

Toutefois, le fait que la motricité psychique ne puisse s'exercer sans les relais physiologiques dont le cœur est le premier principe organique ne lève pas l'équivoque dont nous sommes partis : dans l'exercice même de cette causalité psycho-physiologique, l'âme et le corps sont à la fois une seule chose et deux termes distincts. Il convient donc maintenant de s'interroger plus précisément sur ce qu'ils ont de propre et de commun dans l'activité du vivant.

ANNEXE
Situation du rêve
dans les modèles d'explication causale en philosophie naturelle

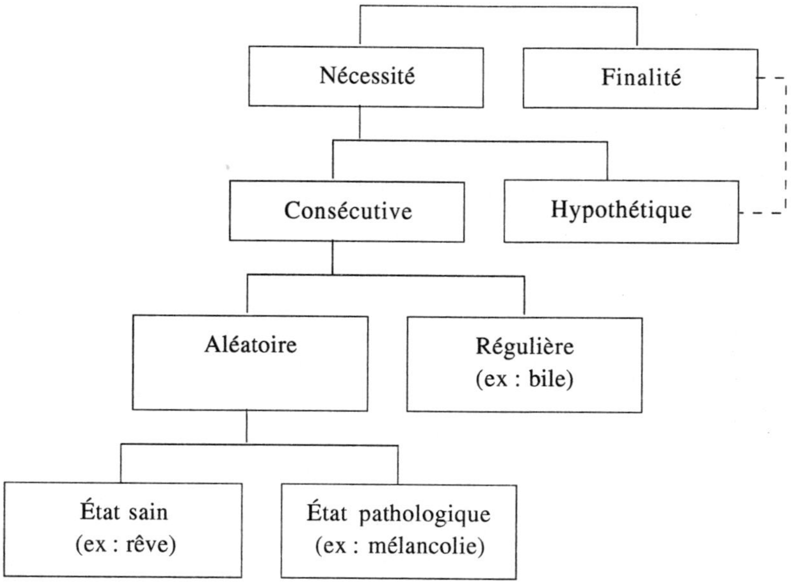

n.b. 1 : « rêve » désigne ici l'apparition onirique singulière et non le fait général de rêver.

n.b. 2 : Le trait discontinu signale que la nécessité hypothétique n'est pas indépendante de l'explication par la finalité.

CHAPITRE III

LA SENSATION ET L'UNITÉ DES FACULTÉS

Dans le *DA* comme dans les *PN*, Aristote parle de fonctions, de propriétés ou d'états « communs à l'âme et au corps »[1]. Étant donné que l'étude de l'âme incombe au physicien complet, capable de prendre en compte à la fois la matière et la forme, cet objet est au cœur de la psychologie aristotélicienne. Il concerne directement le problème de l'unité du vivant.

Pourtant, l'expression n'est pas très claire, et cela pour deux raisons. D'une part le genre de *ce qui* est commun à l'âme et au corps n'est pas clairement identifié; d'autre part le sens même de *commun* n'est pas précisé. Commençons par le premier point. Aristote donne une liste des *x* qui sont communs à l'âme et au corps (sensation, mémoire, impulsion, appétit, désir, plaisir et peine; veille et sommeil, jeunesse et vieillesse, inspiration et expiration, vie et mort)[2]. Quelques lignes plus haut[3], il a parlé d'« actions » *(praxeis)*, et indiqué que certaines sont propres et d'autres communes à certaines espèces. Toutefois, il emploie l'expression à propos des « *x* les plus importants », employant alors un pluriel neutre indéterminé *(ta megista)*. Il pourrait sous-entendre « fonctions » *(erga)*, mais la jeunesse et la vieillesse ou la vie et la mort ne sont pas des « fonctions » à proprement parler. Nous devons donc nous en tenir à des termes très généraux, en utilisant la palette sémantique offerte par la notion

1. Voir *DA*, I, 1, 403a3-4; III, 10, 433b20; *De Sens.*, 1, 436a7-8; *De Som.*, 1, 453b11-13 (sous forme interrogative). Comme nous l'avons vu, la qualification « commun(s) à l'âme et au corps » désigne l'objet propre des *PN*. Elle apparaît en effet dès la première page du traité *De la sensation et des sensibles*, dans un texte qui fixe globalement le programme de l'ensemble des traités.

2. *De Sens.*, 1, 436a7-15.

3. 436a4.

de *pathos*, suivant en cela l'une des formulations de l'expression[1] : « affections », « propriétés accidentelles », ou, plus généralement encore, « états ».

La deuxième source d'obscurités tient au fait que le terme *koinos*, chez Aristote, n'est pas opposé à *idios* de manière univoque. L'adjectif « commun » désigne d'abord une propriété que l'on peut attribuer par analogie à deux entités distinctes. C'est le cas au début du texte, lorsque Aristote évoque les *praxeis* des différents vivants et c'est très souvent le cas dans le corpus biologique[2]. Ainsi la nage, le vol, la marche sont communs à différentes espèces animales. Or il n'y a pas de rapport causal ni d'interaction entre ces *communs*. Toutefois, *koinos* peut aussi désigner un état ou un mouvement qui implique corrélativement les deux entités – ou un nombre *n* d'entités – et peut s'appliquer à une opération qu'elles accomplissent ensemble. C'est par exemple le cas de l'intérêt ou du bien commun que les citoyens réalisent par leur participation effective et corrélative à la vie de la cité[3]. Si, dans « commun(s) à l'âme et au corps », nous comprenons « commun » au premier sens, nous allons implicitement vers une sorte de parallélisme, selon lequel l'âme et le corps éprouveraient, chacun de son côté, des affections associées mais discontinues et constitueraient deux entités substantiellement distinctes. À vrai dire, un parallélisme aussi strict trouve peu d'appuis dans les textes. De plus, en toute rigueur, l'âme en tant que telle n'éprouve pas d'affections : ce n'est pas l'âme qui éprouve de la pitié ou réfléchit, mais l'homme – c'est-à-dire le composé –, « par son âme »[4].

Le second sens semble donc s'imposer et cela d'autant plus que l'âme et le corps, à l'instar des citoyens d'une même cité, forment ensemble une *koinônia*[5]. Toutefois, même en prenant « commun » au deuxième sens, nous pouvons encore supposer que les deux entités sont réellement, voire substantiellement distinctes, si l'on estime que chacune œuvre à des opérations communes qui n'en seraient que des accidents. C'est dans cet esprit que D. Ross, on l'a vu, considérait que les *PN* étaient encore tributaires d'une doctrine « dualiste ». Il est vrai que l'on considère

1. *DA*, I, 1, 403a3-4 : « il y a encore une difficulté à propos des états de l'âme (τὰ πάθη τῆς ψυχῆς), et qui est de savoir s'ils sont tous également communs à *ce qui a* une âme, ou bien s'il y en a aussi un qui soit propre à l'âme elle-même. » L'expression « *ce qui a* une âme » désigne le corps ; c'est pourquoi je souligne *ce qui a*.

2. Voir par exemple *PA*, I, 5, 645b22.

3. Voir par exemple l'expression τὸ κοινὸν τὸ τῶν πολιτῶν, *Pol.*, III, 13, 1283b41-42.

4. *DA*, I, 4, 408b15. Par ailleurs, comme nous le verrons, « commun » n'est pas le seul opposé de « propre » dans le *DA*. Aristote précise en effet, dès le début du traité, que certains *pathè* sont propres à l'âme, tandis que d'autres concernent les animaux – tout entiers – « à cause d'elle » (δι' ἐκείνην) (*DA*, I, 1, 402a9-10).

5. *DA*, I, 3, 407b17-19 ; *De Long.*, 2, 465a31.

aujourd'hui ce type de lecture comme dépassé et que l'on juge généralement que les *PN* sont globalement compatibles avec la thèse selon laquelle âme et corps constituent un composé forme-matière, c'est-à-dire un tout réellement unifié. Il n'est toutefois pas inutile de regarder de près ce qui, aux yeux d'un commentateur d'Aristote aussi avisé que D. Ross, faisait problème. De plus, les hypothèses génétiques ont eu le mérite de mettre l'accent sur la spécificité du propos des *PN* et d'attirer l'attention sur le rôle des considérations physiologiques dans la conception aristotélicienne de l'animation. D'autres passages des *PN*, ceux par exemple où Aristote dit que l'âme est « embrasée » dans la région du cœur[1], confirment d'ailleurs cette orientation. Toutefois, dans la mesure où « commun(s) à l'âme et au corps » apparaît également dans le *DA*, le problème posé par sa signification concerne l'ensemble de la doctrine de l'âme et du corps[2]. Or, selon celle-ci, comme on le sait, on ne peut pas distinguer substantiellement l'âme et le corps, fût-ce pour établir ce qu'ils ont de « commun », étant donné que le corps vivant est, par définition, immédiatement animé. Il est même inutile de se demander si l'âme et le corps sont une seule chose ou deux, parce qu'il est inutile de se poser cette question à propos de la matière et de la chose – effectivement réalisée – dont elle est la matière, par exemple à propos de la cire et la figure[3]. Pourtant, suffit-il de dire que l'âme et le corps, compris comme forme et matière, sont en réalité une seule chose, considérée alternativement sous l'aspect de l'acte et sous celui de la puissance[4] ? L'expression « commun(s) à l'âme et au corps », en effet, suppose une distinction qui n'est pas uniquement conceptuelle, ni même simplement modale : elle attribue à l'âme et au corps une seule et même affection (le plaisir, la colère, la perception de telle couleur), mais elle ne supprime pas pour autant leur dualité[5]. En d'autres termes, l'usage de l'expression, dont l'intention est manifestement d'insister sur l'unité de l'âme et du corps, induit de fait une dualité[6]. La question posée est donc

1. *De Juv.*, 4, 469b13-17 ; *De Resp.*, 8, 474b13 et 16, 478a28-30.

2. Je suppose ici que le livre II du *DA*, où la thèse hylémorphiste est exposée de la manière la plus explicite, est théoriquement cohérent avec les livres I et III, où apparaît notre expression.

3. *DA*, II, 1, 412b5-6.

4. Voir en ce sens *Mét.*, H, 6, 1045b17-20.

5. S. Everson, *Aristotle on Perception*, Oxford, Oxford University Press, 1997, p. 234, souligne très clairement cette difficulté : « *the problem now is to see how there can be a common affection of two things, when these cannot in fact be affected separately.* »

6. Voire une sorte de « dualisme », pour reprendre les propos de S. Menn, art. cit., p. 100-101, pour qui cette expression n'a pas pour fin d'éviter le dualisme, mais de préserver l'âme de la mobilité dont le corps est affecté. Il va de soi, comme le montre bien Stephen Menn, que la notion de « dualisme » ne peut être ici reprise sans restrictions.

double : quel type de dualité l'expression implique-t-elle ? quel type d'unité, inversement, cherche-t-elle à définir ?

Pour y répondre, il convient de se tourner vers les *PN*, et cela pour au moins trois raisons. Premièrement, nous l'avons vu, ces traités ont une dimension physiologique plus marquée que le *DA*, de sorte qu'ils semblent *a priori* mieux à même de rendre compte des aspects proprement somatiques de ce qui est commun à l'âme et au corps. Deuxièmement, le *DA* nous laisse quelque peu désarmés devant la difficulté, malgré l'ampleur de son dispositif théorique. Or le préambule programmatique des *PN*, où apparaît notre expression, suggère qu'ils complètent le *DA* sur ce point précis. Troisièmement, les *PN* introduisent un élément nouveau par rapport au *DA* : la prééminence fonctionnelle de la sensation parmi l'ensemble des fonctions et états du composé. En effet, les *PN* entendent définir un *critère* de ce qui est commun à l'âme et au corps, et ce critère, tout au moins en ce qui concerne les animaux, c'est la sensation[1]. En l'examinant, nous verrons non seulement que « commun(s) à l'âme et au corps » n'implique aucunement la distinction substantielle que certains commentateurs voulaient y voir, mais aussi que les *PN* donnent à cette expression une signification plus précise que la seule notion d'unité de la matière et de la forme. Ils mettent en effet l'accent sur les conditions matérielles – et en ce sens corporelles – des mouvements internes, dont l'âme est le moteur premier, à l'intérieur du composé.

Commençons par examiner comment les *PN* justifient l'expression « commun(s) à l'âme et au corps » et pourquoi la sensation joue ici un rôle central. Aristote indique à plusieurs reprises que la sensation définit l'animal et qu'elle est son activité principale[2]. La grande diversité des textes dans lesquels apparaît cette doctrine montre très clairement qu'elle n'a rien de marginal ou de contextuel. C'est même l'une des thèses fondamentales de la typologie du vivant, puisque la sensation est propre aux animaux par opposition aux plantes[3]. Il est logique que les *PN*, qui

1. *De Sens.*, 1, 436b1-12.

2. Non seulement *De Sens.*, 1, 436b10-12, mais aussi : *De Som.*, 1, 454a8-10 ; b24 ; *De Juv.*, 3, 469a18-20 ; *DA*, II, 2, 413b2 ; *PA*, II, 1, 647a21 ; III, 4, 666a34-35 ; *GA*, I, 23, 731a33 ; b4-5. Cette liste n'est pas exhaustive. Voir également *Mét.*, Z, 10, 1035b16-18, qui indique qu'aucune partie du corps ne peut être définie sans la mention de sa fonction *(ergon)* qui, elle-même, ne serait rien sans la sensation.

3. En ce sens, la définition de l'animal par la sensation est plus fondamentale et plus claire que la définition par l'automotricité, puisque certains animaux ne se déplacent pas, bien qu'ils disposent de la sensation. Voir sur ce point P.-M. Morel, « La définition de l'animal par la sensation chez Aristote », dans *Mente, anima e corpo nel mondo antico*, U. La Palombara e G. Lucchetta (a cura di), La Biblioteca di Scheria, Pescara, 2006, p. 91-103. On sait par ailleurs les difficultés qu'éprouve Aristote à expliquer ce qu'il entend exactement par la capacité de se mouvoir par soi-même. Voir ci-dessous, p. 137-147.

traitent du vivant en général mais privilégient de fait l'animal, partent de la sensation pour étudier les états communs à l'âme et au corps. Ce choix est explicite :

> Que par ailleurs tous les <états> mentionnés soient communs à l'âme et au corps, cela n'est pas douteux. Tous, en effet, surviennent, pour les uns avec la sensation, pour les autres par la sensation. Certains sont précisément des affections de la sensation, d'autres des manières d'être de la sensation, d'autres assurent sa protection et sa sauvegarde, et d'autres provoquent sa destruction et sa privation. Que, d'autre part, la sensation se produise dans l'âme par l'intermédiaire du corps, c'est manifeste, aussi bien par argumentation que sans argumentation. Mais à propos de la sensation et du sentir, on a dit précédemment, dans le traité *De l'âme*, ce qu'ils sont et pourquoi cette affection se produit chez les animaux. C'est aux animaux, en tant que chacun est un animal, qu'appartient nécessairement la sensation. C'est par cela en effet que nous distinguons entre ce qui est animal et ce qui ne l'est pas[1].

Ce texte accomplit une double transition : entre le *DA* et les *PN* et entre le préambule du *De sensu* et l'analyse spécifique des différents sens. Le *DA*, d'après notre passage, aurait eu pour objet, à propos de la sensation, de la définir et d'en donner la cause, ce qui ne signifie pas que le *De sensu* n'apporte aucune explication causale, mais qu'il examine les sens séparément, alors que le *DA* met plutôt l'accent sur ce qu'ils ont de commun. Néanmoins notre texte se situe toujours dans la perspective généraliste du *DA*, puisqu'il évoque la sensation en général ou comme faculté. Il établit en effet que la sensation constitue le facteur commun des différentes propriétés ou fonctions abordées dans les *PN*. La sensation est même le critère de ce qui est commun à l'âme et au corps, puisque c'est en tant qu'ils participent de la sensation, d'une manière ou d'une autre, que ces états sont communs à l'âme et au corps (436b1-3). La présence de la sensation atteste, devant tel individu vivant, que nous avons bien affaire à un animal et non à une plante.

Pour justifier l'appartenance de tous les états précités à l'âme et au corps, Aristote distingue, en 436b3-4, deux modalités générales du rapport

1. *De Sens.*, 1, 436b1-12 : ὅτι δὲ πάντα τὰ λεχθέντα κοινὰ τῆς τε ψυχῆς ἐστὶ καὶ τοῦ σώματος, οὐκ ἄδηλον. πάντα γὰρ τὰ μὲν μετ' αἰσθήσεως συμϐαίνει, τὰ δὲ δι' αἰσθήσεως, ἔνια δὲ τὰ μὲν πάθη ταύτης ὄντα τυγχάνει, τὰ δ' ἕξεις, τὰ δὲ φυλακαὶ καὶ σωτηρίαι, τὰ δὲ φθοραὶ καὶ στερήσεις· ἡ δ' αἴσθησις ὅτι διὰ σώματος γίγνεται τῇ ψυχῇ, δῆλον καὶ διὰ τοῦ λόγου καὶ τοῦ λόγου χωρίς. ἀλλὰ περὶ μὲν αἰσθήσεως καὶ τοῦ αἰσθάνεσθαι, τί ἐστι καὶ διὰ τί συμϐαίνει τοῖς ζῴοις τοῦτο τὸ πάθος, εἴρηται πρότερον ἐν τοῖς περὶ ψυχῆς. τοῖς δὲ ζῴοις, ᾗ μὲν ζῷον ἕκαστον, ἀνάγκη ὑπάρχειν αἴσθησιν· τούτῳ γὰρ τὸ ζῷον εἶναι καὶ μὴ ζῷον διορίζομεν.

à la sensation : certains surviennent « avec » *(meta)*, d'autres « par » *(dia)* la sensation. Cela signifie au moins qu'aucun d'eux ne se produit « séparément de la sensation », pour reprendre l'observation d'Alexandre d'Aphrodise[1]. Cela permet d'exclure l'activité de l'intellect, s'il est vrai qu'il est réellement séparable, car, en tant que tel, il ne saurait être commun à l'âme et au corps. Toutefois cette exclusion ne suffit pas à expliquer l'expression « commun(s) à l'âme et au corps », dont elle n'est que la formulation négative. Alexandre ne se contente d'ailleurs pas d'une explication négative. Il donne plusieurs exemples d'états se produisant « avec » la sensation : l'état de veille, le plaisir et la peine, la santé et la maladie[2]. La veille, en effet, est étroitement liée à la sensation dans le traité *Du sommeil* :

> On considère que celui qui sent est éveillé et que tout individu éveillé a la sensation d'un certain mouvement, externe ou interne. Si donc le fait d'être éveillé ne réside pas en autre chose que dans le fait de sentir, il est clair que c'est ce par quoi l'on sent qui fait que les individus éveillés sont éveillés et que les individus endormis sont endormis[3].

La sensation est à comprendre ici comme une activité réalisée et pas seulement comme une faculté ou disposition naturelle. Elle ne peut donc se manifester totalement que lorsque l'animal actualise ses facultés, c'est-à-dire à l'état de veille. Que le plaisir et la peine accompagnent la sensation, nous le savons grâce aux premières lignes de la *Métaphysique*[4], mais aussi grâce au *DA*. La sensation s'accompagne en effet de la perception du plaisant et du douloureux et se trouve ainsi directement liée au désir :

> s'il y a sensation, il y a aussi imagination *(phantasia)* et désir *(orexis)*, car s'il y a sensation, il y a aussi douleur et plaisir et, dès lors, il y a nécessairement aussi appétit *(epithumia)*[5].

La présence dans cette liste de la *phantasia* poserait il est vrai problème s'il s'agissait alors d'énumérer les états qui ne se produisent qu'« avec » *(meta)* la sensation, au sens étroit d'une simultanéité, à l'exclusion de tout autre rapport. J'y reviendrai plus loin.

Le dernier exemple donné par Alexandre, la santé et la maladie, n'est sans doute pas le plus convaincant : s'il s'agit de dire que le corps vivant est nécessairement sain ou malade, il n'est pas indispensable d'évoquer la

1. *Alexandri in librum De sensu commentarium*, ed. P. Wendland, *CAG*, III-1, Berlin, 1901, 7.16 ; 18.

2. 7.19-22.

3. *De Som.*, 1, 454a2-7.

4. A, 1, 980a21-26.

5. *DA*, II, 2, 413b23. Voir encore 3, 414b4-6.

sensation, sinon parce qu'elle est l'activité spécifique du corps animal. Du reste, quelques lignes plus haut, Aristote se contente de dire que ni la santé ni la maladie ne se rencontrent chez les êtres privés de vie[1].

La rubrique *di'aisthèseôs* est elle aussi très ouverte. Alexandre donne en exemple la jeunesse et la vieillesse[2], qui définissent en effet un certain état de la faculté sensible, mais l'on pourrait tout aussi bien dire que, le vivant étant nécessairement jeune ou vieux, ces états sont présents « avec » la sensation. Du reste, si la relation *dia* est une relation d'agent, nous devons dire que la sensation n'est pas en elle-même l'agent de la jeunesse ou de la vieillesse mais qu'elle est en revanche l'agent d'autres états. On a donc logiquement suggéré[3] qu'Aristote songeait alors à la mémoire et, plus généralement, à la *phantasia*. Celle-ci peut accompagner la sensation en acte, mais sa définition de base la présente plutôt comme un processus dérivé de la sensation et provoqué par elle, ce que peut exprimer la relation *dia*. L'imagination est, rappelons-le, un « mouvement qui se produit sous l'effet de la sensation en acte »[4]. La sensation précède et rend possible la *phantasia*, non seulement parce qu'elle est la première à saisir une forme que l'imagination va pouvoir conserver et raviver, mais encore parce qu'elle est le premier terme d'une série de mouvements dont l'imagination en acte – la représentation interne d'un *phantasma* – est le dernier temps. L'altération de l'organe sensoriel occasionnée par la sensation[5] produit spontanément un effet cinétique et une trace, une impression sensible *(aisthèma)*. Les *aisthèmata* deviennent, semble-t-il, des *phantasmata* sous l'effet de la faculté sensible commune et se meuvent en direction du cœur. Ainsi, l'apparition des rêves, parce qu'elle n'est autre, on l'a vu, qu'une « remontée » des images, est l'ultime conséquence de ce processus dont la sensation en acte est le moteur premier. Aristote ne fait qu'appliquer, bien qu'il la critique, l'idée déjà platonicienne de répercussion *(antiperistasis)*, pour expliquer comment se produit le mouvement en l'absence du moteur.

1. 436a18-19.

2. 7.22-23.

3. Notamment G.R.T. Ross, *Aristotle. De Sensu and De Memoria*, Text and Translation with Introduction and Commentary, Cambridge, Cambridge University Press, 1906, p. 127, et P. Siwek, *op. cit.*, p. 70.

4. *DA*, III, 3, 429a1-2 et *De Ins.*, 1, 459a17-18. Voir également *DA*, III, 3, 428b11-12.

5. Je n'ai pas à trancher ici la question débattue de savoir si cette altération doit être comprise littéralement, comme une modification physiologique de l'organe sensoriel, ou bien si la sensation n'implique en elle-même aucun processus physiologique. Je renvoie à l'état de la question établi par Myles Burnyeat dans M. Burnyeat, « *De anima* II 5 », *Phronesis* 47, 2002, p. 28-90, lui-même adversaire de la lecture *littéraliste*. Il est clair, néanmoins, que la formation des images par la *phantasia* suppose la conservation d'une trace sensible qui n'est pas seulement la forme immatérielle de l'objet saisi par la sensation, mais également une trace physiologique. Voir par exemple *MA*, 8, 701b10-24.

Comme je l'ai signalé, ce modèle s'avère particulièrement fécond dans les *PN*, puisqu'il permet de rendre compte des effets secondaires de la sensation : la mémoire, les rêves, mais aussi un certain nombre de dysfonctionnements, comme ceux que provoque la mélancolie.

La relation *dia* se justifie donc assez bien, puisque les deux *phantasmata* que constituent le souvenir et le rêve se produisent après la sensation en acte de l'objet dont ils gardent la trace et *du fait* de cette sensation. Bien que l'on ne puisse se contenter de définir la *phantasia* comme une simple dégradation de la sensation en acte, surtout si l'on considère la diversité des fonctions que lui attribue Aristote, il n'en demeure pas moins qu'elle est toujours originellement et physiquement dépendante de la sensation en acte. C'est d'ailleurs dans cette optique que se situent les différents passages des *PN* qui traitent de l'imagination. Pour ne pas engager pour l'instant le débat complexe sur le véritable statut de la *phantasia* – est-elle par elle-même une faculté dotée de propriétés spécifiques ou simplement un certain type de mouvement relevant de la faculté sensible ? –, je me contenterai de noter que le contexte des *PN* donnerait plutôt raison aux tenants de la seconde position[1]. La *phantasia*, qu'elle produise le rêve ou le souvenir, est en effet étroitement liée à la faculté sensible commune et Aristote ne paraît pas éprouver le besoin de lui donner le statut de faculté par soi. Ainsi, « rêver relève de la faculté sensible *(aisthètikon)*, mais en tant qu'elle est imaginative *(phantastikon)* »[2]. Si je comprends bien cette indication, la *phantasia* ne s'ajoute pas, comme une faculté spécifique, à la faculté sensible, mais elle en est une modalité particulière.

Par ailleurs, nous pouvons aussi dire du désir *(orexis)* qu'il se produit *di'aisthêseôs*. Sans insister pour l'instant sur les nombreuses difficultés que pose le statut de principe moteur accordé au désir par Aristote, il suffit de rappeler qu'il est caractérisé dans le *MA* comme un « mouvant-mû » : l'animal se déplace sous l'effet du désir et du choix, après avoir été altéré par la sensation, l'imagination ou la pensée[3]. Aristote indique d'ailleurs que « le désir se produit *par l'intermédiaire* de la sensation, ou de l'imagination, et de la pensée »[4] et la préposition utilisée est alors, précisément, la préposition *dia*.

Ce premier système de classement est complété par de nouvelles rubriques, à partir de la ligne 436b4. La dichotomie *meta / dia* apparaît comme une véritable dichotomie générique destinée à englober les autres

1. Voir ci-dessous, p. 129-136.
2. *De Ins.*, 1, 459a21-22. Pour le souvenir, voir *De Mem.*, 1, 449b15-30.
3. *MA*, 6, 701a1-6; 10, 703a5.
4. ταύτης δὲ γινομένης ἢ δι' αἰσθήσεως ἢ διὰ φαντασίας καὶ νοήσεως, 7, 701a35-36.

rubriques. C'est ce que suggère le balancement τὰ μὲν μετ' αἰσθήσεως (...) τὰ δὲ δι' αἰσθήσεως. En introduisant l'énumération de 436b4-6 par ἔνια δὲ, Aristote spécifie la dichotomie à l'aide de nouvelles rubriques qui ne sont pas de même ordre : *pathos*, *hexis*, protection, sauvegarde, destruction et privation ne sont pas des connexions causales abstraites, mais des modalités réelles ou des états du vivant. Toutes, nous allons le voir, peuvent, d'une manière ou d'une autre, se ranger sous la dichotomie initiale. Alexandre d'Aphrodise n'a donc pas tort de marquer un arrêt à la fin de la phrase « toutes, en effet, surviennent, pour les unes avec la sensation, pour les autres par la sensation » et de donner ainsi une valeur exhaustive à la dichotomie[1].

La première rubrique de la nouvelle énumération est l'affection *(pathos)* : certaines propriétés sont en effet des affections de la sensation. Le texte ne permet pas de trancher ici entre les deux sens envisageables de *pathos* : accident ou altération sous l'effet d'un agent. Alexandre penche pour la seconde solution en prenant le sommeil comme exemple d'affection de la sensation et en décrivant le processus interne par lequel l'animal s'endort et cesse dès lors d'exercer pleinement la sensation en acte[2]. Aristote établit en tout cas très clairement que le sommeil et la veille constituent une affection *(pathos)* de la faculté sensible dans son ensemble[3]. Ainsi, « le sommeil est une certaine affection *(pathos ti)* de la partie sensitive, comme un lien et une immobilisation, de sorte que, nécessairement, tout <animal> qui dort possède la partie sensitive »[4]. Cet exemple, autorisé par le texte d'Aristote lui-même, est néanmoins équivoque, si l'on se réfère à la dichotomie *meta / dia*. En effet, le sommeil ne se produit pas « avec » la sensation en acte, mais il ne se produit pas non plus par son intermédiaire, sinon de manière très indirecte, au sens où l'activité de veille – et partant la sensation – provoque une certaine fatigue. Néanmoins, l'analyse des rêves a montré que l'absence de sensibilité n'était pas totale dans le sommeil et que, si la faculté sensible commune n'atteint pas son fonctionnement optimal, elle n'était pas totalement inactive. L'exemple oblige en tout cas à étendre la relation *meta*, au-delà de la sensation en acte parfaitement accomplie, aux formes intermédiaires et incomplètes de l'activité sensible.

D'autres états de l'animal sont des dispositions ou des manières d'être *(hexeis)* de la sensation. Alexandre[5] fait remarquer que la sensation est elle-même une *hexis*. Si nous la considérons cette fois comme faculté, la

1. 7.19.
2. 7.25-8.2.
3. *De Som.*, 2, 455a26-b2.
4. *De Som.*, 1, 454b9-12.
5. 8.2.

sensation est en effet une disposition naturelle déterminée et non pas une puissance *(dunamis)* de premier degré, c'est-à-dire une puissance des contraires[1]. Toutefois, *hexis* peut désigner ici une manière d'être actuelle du sujet dont elle est la propriété, et non pas seulement une disposition, et c'est sans doute pour cette raison que l'on a pu penser à ranger la jeunesse et la vieillesse sous cette catégorie[2]. Par ailleurs, la mémoire est une *hexis* ou un *pathos* de la sensation ou du jugement quand du temps s'est écoulé, sans qu'elle se confonde avec aucun de ces deux états[3]. La frontière entre le *pathos* et l'*hexis* est ici assez poreuse. L'essentiel est de garder à l'esprit que le rapport du souvenir à la sensation – nous l'avons vu et ce point est très fermement établi par Aristote[4] – n'est pas un rapport d'accompagnement simultané, mais bien plutôt un rapport du type « *x* existe *dia y* ». Le souvenir n'est pas la sensation, mais se produit après elle et *du fait* qu'elle s'est produite antérieurement.

Alexandre préfère pour sa part classer les souvenirs, ainsi que la réminiscence, parmi les états de protection et de sauvegarde de la sensation, tandis qu'il voit dans la destruction et la privation des allusions à l'oubli et à la mort[5], créant au passage un déséquilibre, puisqu'il devrait alors joindre la vie à la première de ces deux classes. De fait, la sensation est tributaire de tout ce qui concourt à préserver la vie de l'animal, comme la respiration, dont il est longuement question dans les *PN*, parce que cette dernière compense la chaleur cardiaque et assure ainsi tout à la fois l'équilibre thermique de l'animal et la préservation du cœur lui-même, c'est-à-dire du principe organique de la sensibilité[6]. Ces rubriques semblent trouver leur place sous la relation *meta*, bien que l'exemple donné par Alexandre soit de nature à nous égarer, puisque la réminiscence et le souvenir n'en relèvent manifestement pas, sauf à prendre *meta* en un sens très large[7].

Le moment clé de l'argumentation vient en 436b7, où Aristote ajoute le deuxième terme nécessaire à la démonstration : pour établir que les états étudiés sont communs à l'âme et au corps, il faut poser non seulement qu'ils sont tous dépendants de la sensation, mais encore que la sensation

1. *DA*, II, 5, 417a31-b16.

2. Voir G.R.T. Ross, *op. cit.*, p. 128.

3. *De Mem.*, 1, 449b24-25.

4. 449b24 : « la mémoire n'est donc ni sensation ni jugement… »

5. 8.3-4.

6. Voir en ce sens G.R.T. Ross, *op. cit.*, p. 128. P. Siwek, *op. cit.*, p. 70, ajoute la santé.

7. Le commentaire d'Alexandre est très probablement influencé par un passage du *Philèbe* (34 A 3-B 8), qui est peut-être lui-même à l'origine de notre passage du *De sensu*. En effet, Socrate y déclare, non seulement que la mémoire et la réminiscence assurent la sauvegarde *(sôtèria)* de la sensation, mais aussi que la sensation est l'affection lors de laquelle l'âme et le corps sont mus conjointement. En faveur de ce rapprochement, voir R. King, *op. cit.*, p. 36, n. 22 ; S. Menn, art. cit., p. 100.

elle-même est une activité commune à l'âme et au corps. Or, puisqu'elle est une faculté de l'âme qui ne s'accomplit pas sans que le corps soit également altéré – ou tout au moins qui ne s'accomplit pas sans le corps –, elle se « produit dans l'âme, par l'intermédiaire du corps »[1]. À vrai dire, les lignes précédentes ont déjà préparé le terrain de l'argument, puisque certaines fonctions organiques, comme le fonctionnement du cœur ou la respiration, sont des conditions nécessaires de la sensation.

Aristote fait allusion à deux types de preuves : « c'est manifeste, aussi bien par argumentation que sans argumentation. » La preuve « par argumentation » est peut-être une preuve par déduction, fondée sur une définition : la sensation, par définition – ou tout au moins selon une définition possible –, consiste à saisir les sensibles par l'intermédiaire des organes sensoriels[2]. La suite du *De sensu*, à partir du chapitre 2, va précisément étudier les propriétés matérielles des organes sensoriels et des sensibles correspondant. D'une manière plus générale, nous savons par le *DA* que l'étude de l'âme et de ses facultés est l'affaire du physicien, c'est-à-dire de celui qui prend en compte à la fois la forme et la matière et que les sensations, comme toutes les affections du composé, sont des λόγοι ἔνυλοι, des déterminations inhérentes à une matière[3]. Quant à la preuve « sans argumentation », elle est probablement induite de l'expérience même de la sensation : celle-ci indique d'elle-même sa propre nature « affective » et, ainsi, sa propre corporéité. Il est « de soi-même manifeste »[4] que les sensations se produisent par l'intermédiaire des organes sensoriels.

Aristote peut donc s'appuyer sur ce qui a été dit dans le *DA* à propos de la sensation en général (lignes 436b8-10) et conclure que l'animal se définit par la sensation, non seulement parce qu'elle le spécifie, mais

1. Comme Myles Burnyeat me l'a signalé, on peut également comprendre le datif τῇ ψυχῇ comme un datif de moyen (« par l'âme »), en prenant exemple sur *DA*, I, 4, 408b15 : l'homme a pitié « par son âme ». De fait, il est vrai que l'âme est le premier principe et que le corps n'est que l'instrument par l'intermédiaire duquel ce principe exerce son efficace. Toutefois, ce n'est pas sur ce point précis qu'Aristote veut insister ici, car il semble plutôt vouloir dire que la sensation advient à l'âme – c'est-à-dire : se réalise comme ce qu'elle est, à savoir comme faculté de l'âme – par l'intermédiaire du corps. Il y a d'ailleurs dans les *PN* un texte qui va très clairement dans ce sens, à savoir *De Som.*, 1, 454a7-11 : « puisque d'autre part le fait de sentir n'est propre ni à l'âme ni au corps (car ce dont il y a puissance est aussi ce dont il y a acte ; et ce qu'on appelle sensation, en tant qu'acte, est un certain mouvement de l'âme par l'intermédiaire du corps), il est clair que cette affection n'est pas propre à l'âme et qu'un corps sans âme n'est pas non plus capable de sentir. »

2. C'est l'explication que donne Alexandre en 8.12-13.

3. Ou λόγοι ἐν ὕλῃ, selon les manuscrits C, E : *DA*, I, 1, 403a25.

4. Pour rendre l'expression d'Alexandre en 8.10 : αὐτόθεν ἐναργές.

encore parce que tous ses mouvements internes lui sont liés, d'une manière ou d'une autre.

Il est temps, maintenant, de nous interroger sur la portée théorique de ce passage. La sensation, il est vrai, ne détermine pas la *forme* de tous les états qui lui sont liés. Alors qu'elle contribue, de manière éminente, à déterminer la forme des images produites par la *phantasia*, elle entretient un lien beaucoup plus lâche avec le sommeil ou la respiration. Elle en est simplement une sorte de corrélat fonctionnel : elle accompagne le désir, l'état de veille ou la respiration ; son absence définitive est une des caractéristiques de la mort. L'idée d'un lien entre la sensation et les autres facultés n'est donc pas univoque. De plus, si l'on peut admettre, à la rigueur, qu'Aristote a réussi à montrer par transitivité que les états concernés sont communs à l'âme et au corps, force est de reconnaître que ce passage ne nous dit pas quel est le type de dualité âme-corps que suppose encore l'expression « commun(s) à l'âme et au corps ». Notre texte est de ce point de vue assez décevant, au moins à première lecture, dans la mesure où la sensation paraît n'être qu'un simple critère d'identification de ce qui est commun à l'âme et au corps, et non pas le principe d'une définition de la relation « commun(s) à l'âme et au corps ». Aristote eût sans doute mieux fait de s'en tenir à la formulation laconique de *Métaphysique*, Z, 10 : aucune partie du corps ne peut être définie sans sa fonction *(ergon)* qui, elle-même, ne serait rien sans la sensation.

Cependant, ces approximations sont significatives. L'essentiel est en effet ailleurs : non pas dans la nature exacte du lien avec la sensation, mais dans le fait même de ce lien ; non pas dans l'explication positive des interactions entre la sensation et les autres états, mais dans le principe même d'une interdépendance entre les facultés, sous la prédominance de la sensation. On note, au demeurant, que la sensation n'est ici concernée que comme faculté, et non au travers de ses objets : Aristote ne dit rien sur l'éventuel rapport entre les facultés autres que la sensation et les objets de cette dernière. C'est comme faculté ou puissance de l'âme, et non sous l'aspect de sa dimension cognitive, que la sensation sert de critère pour évaluer ce qui est commun à l'âme et au corps. Aristote indique très clairement que la définition de la sensation et les raisons de son existence ont été données dans le *DA*[1]. Ce n'est donc pas cela qui est en question dans le préambule des *PN*, mais le rapport entre la sensation en tant que faculté de l'âme et les autres facultés ou états.

Notre texte donne à ce propos une indication très importante, en précisant que la sensation « se produit dans l'âme par l'intermédiaire du corps » : il signale ainsi que ce qui permet à la sensation de jouer son rôle

1. *De Sens.*, 1, 436b8-10.

de critère, c'est le type de causalité qui l'explique. Or cette causalité est complexe. Aristote, comme je viens de le rappeler, ne fait pas intervenir ici le problème de la causalité exercée par le sensible en tant que tel sur la faculté de sentir, c'est-à-dire par l'agent externe de la sensation. En revanche, il met l'accent sur sa causalité interne et sur le fait que le corps y joue un rôle nécessaire. Comme le suggère l'expression « par l'intermédiaire du corps », ce dernier ne peut être le moteur premier de la sensation, non seulement parce que celle-ci dépend de la présence d'un agent externe, mais encore parce que seule l'âme, parmi les principes moteurs internes, peut être un premier moteur. De fait, dire que la sensation advient à l'âme par l'intermédiaire du corps ne signifie pas qu'elle soit passive par rapport à ses objets et par rapport au corps. La sensation s'entend en puissance et en acte et elle est à la fois passive, en tant qu'elle a besoin d'être actualisée par la présence des sensibles, et active, en tant précisément qu'elle s'actualise, comme faculté de l'âme[1].

Par retour, il n'y a pas de sensation si l'âme n'est pas motrice dans l'exercice de cette faculté. Dans ces conditions, conformément à la proposition qui forme le pivot de l'argument d'Aristote – la sensation se produit dans l'âme par l'intermédiaire du corps –, le corps ne peut être que l'instrument du premier moteur interne que constitue l'âme de l'animal[2]. Cela revient à dire que la sensation est une faculté que l'âme exerce, à l'occasion de la présence des sensibles, en agissant sur le corps. Dès lors, l'idée d'une communauté entre l'âme et le corps acquiert une signification plus précise : la sensation est commune à l'âme et au corps, non seulement parce qu'elle a besoin des organes sensoriels pour s'exercer, comme le dit Alexandre, mais encore parce qu'elle est une situation dans laquelle la relation âme-corps est une relation du type agent-patient. Le *DA* stipule expressément, dans un passage que j'ai déjà cité, que la communauté *(koinônia)* de l'âme et du corps induit une relation dynamique entre un agent et un patient, et entre ce qui meut et ce qui est mû :

1. *DA*, II, 5, 417a13-14.

2. Comprenons ici « instrument » comme un moteur mû, intermédiaire entre le moteur immobile (l'âme) et ce qui est simplement mû (comme les membres). Comme je l'ai rappelé plus haut, la question de la légitimité théorique d'une conceptualité instrumentiste dans la psychologie d'Aristote – le corps comme *organon* de l'âme (I, 3, 407b26; II, 1, 412b1, 12; II, 4, 415b19) – est complexe et débattue. S. Menn, art. cit., avance plusieurs arguments en faveur de son intégration à la thèse hylémorphiste. Il estime que la définition canonique de l'âme comme *entelekheia* d'un corps *organique* implique précisément que l'âme use du corps comme d'un *organon* ou comme d'un ensemble d'*organa*. En comprenant cette relation au sens d'une relation agent-patient à l'intérieur d'une même substance, j'entends précisément la libérer de toute connotation qui renverrait à un dualisme substantiel.

> du fait de la communauté <de l’âme et du corps> l’un agit d’une certaine manière et l’autre pâtit, l’un est mû et l’autre meut, mais aucune de ces relations mutuelles ne s’accomplit entre des termes pris au hasard[1].

Le corps ne saurait donc « agir » que par délégation, car les états qui concernent non seulement l’âme, mais tout l’animal, sont toujours des états dépendants de la causalité première exercée par l’âme[2]. Le cœur est, comme nous l’avons vu, l’instrument organique principal de cette motricité déléguée. Or il est frappant de constater que cette relation moteur-mû qui lie l’âme au corps, et dont le cœur est comme le gond ou le pivot, est précisément ce qui fait dire à Aristote que le mouvement provoqué par le désir relève des « opérations communes à l’âme et au corps »[3].

Nous obtenons donc ainsi un premier résultat que le texte des *PN* suggère incontestablement : « commun(s) à l’âme et au corps » induit la dualité de l’agent et du patient, du moteur et du mû. Or cette dualité est légitime et non problématique, car elle ne contredit pas la thèse de l’unité substantielle du composé : l’acte de l’agent et l’acte du patient sont un seul et même acte. Lorsque l’agent et le patient sont deux puissances d’une même substance, nous concevons qu’une même substance puisse agir sur elle-même en tant qu’autre[4], à la différence de ce qui se passe dans le cas de l’activité technique, qui suppose une dualité réelle entre l’agent et le patient.

Le texte des *PN* dit quelque chose de plus. Il est même très instructif, au-delà de ses imprécisions, non seulement sur la dualité, mais encore sur l’unité supposée par l’expression « commun(s) à l’âme et au corps ». Il montre en effet que la dualité agent-patient est unifiée par la relation fonctionnelle qui associe l’ensemble des opérations et états concernés[5]. La sensation n’est pas en effet un simple dénominateur commun, ou encore la seule opération à laquelle nous pourrions rattacher toutes les autres. Si tel était le cas, on comprendrait mal pourquoi Aristote en fait la définition même de l’animal. Comme nous l’avons vu, d’après la parenthèse de *Métaphysique*, Z, 10, la sensation n’est pas un simple point commun, mais la condition nécessaire de l’existence des autres opérations ou

1. *DA*, I, 3, 407b17-19.

2. Voir *DA*, I, 1, 402a9-10 : « parmi les états de l’âme, les uns semblent lui être propres, tandis que les autres concernent, à cause d’elle (δι’ ἐκείνην), les animaux <en leur entier>. »

3. *DA*, III, 10, 433b19-27.

4. Voir *Mét.*, Θ, 1, 1046a11-13.

5. S. Menn, art. cit., dans son analyse de l’expression « commun(s) à l’âme et au corps », s’en est tenu à la relation agent-patient, qui permet selon lui de comprendre à quel type de dualisme nous avons affaire. J’estime pour ma part que l’expression, une fois replacée dans son contexte, induit également un principe d’unité qui invalide tout dualisme réel.

fonctions. De plus, dans la *Génération des animaux*, Aristote justifie la définition de l'animal par l'excellence de la sensation. La sensation n'est pas seulement, pour l'animal, une fonction utile parmi d'autres, mais la meilleure de toutes. Bien que la sensation soit d'une dignité négligeable par rapport à l'exercice de la faculté rationnelle, « si on la compare à l'insensibilité *(anaisthèsia)*, elle est ce qu'il y a de meilleur »[1]. Ainsi, lorsque l'animal ne fait qu'accomplir sa fonction de vivant, en s'accouplant, « il devient comme une espèce de plante »[2]. Dès lors, en vertu du principe de l'équivalence du meilleur et du final, la sensation, en tant qu'elle caractérise éminemment l'âme animale, apparaît comme l'activité finale de l'ensemble des activités internes. Le texte du *De sensu* a précisément ceci de remarquable qu'il ne distingue pas entre la faculté sensible et la faculté nutritive : il définit, entre les facultés ou les états, des relations d'interdépendance qui sont indifférentes à la distinction entre le nutritif et le sensitif. Il est donc très probable que l'existence de facultés qui participent de la sauvegarde et de la protection de la sensation suppose que celle-ci en soit la cause finale ultime, et non pas un simple accompagnement.

Si l'on trouve que notre texte, pris en lui-même, en dit trop peu sur ce point, il suffit d'élargir l'analyse à son contexte immédiat, celui des *PN*. Or ces derniers, parce qu'ils portent une attention particulière aux processus physiologiques et aux relais mécaniques qui permettent l'accomplissement des fonctions de l'âme, se situent dans un rapport à la fois indirect et constant avec la question de la causalité finale. Ce rapport correspond manifestement à ce qu'Aristote entend par nécessité hypothétique ou conditionnelle. Comme nous l'avons vu dans le chapitre précédent, cette catégorie causale est notamment convoquée pour rendre compte du sommeil : celui-ci se justifie par le besoin de repos[3], au même titre que la hache, comme on le sait, doit être faite d'un métal dur pour pouvoir accomplir sa fonction. Au-delà du cas particulier du repos, l'ensemble des fonctions proprement vitales concourt, sous l'aspect de la nécessité conditionnelle, à la réalisation du mode de vie global et caractéristique de l'animal. Or, si l'on en juge d'après la récurrence de la définition de l'animal par la possession et l'exercice de la faculté sensible, il ne peut s'agir que de la sensation, ou d'une vie menée en fonction de la sensation.

Cela n'interdit pas que la sensation soit aussi, dans certains cas, une cause motrice. Ainsi, en provoquant spontanément un mouvement imaginatif, et indépendamment même de son contenu représentatif – comme

1. *GA*, I, 23, 731a34-731b2.
2. 731b5-8.
3. *De Som.*, 2, 455b26.

sensation *de* quelque chose –, elle provoque immédiatement une série de mouvements. Elle peut également prendre elle-même la place de l'instrument ou du moyen dans la réalisation des processus naturels : elle est en particulier une condition nécessaire du mouvement animal. Elle instruit en effet le désir du bien qu'il faut poursuivre ou du danger qu'il faut fuir et elle est en ce sens nécessaire à sa conservation[1]. Ainsi, le toucher, sensation universellement partagée par les animaux, « doit nécessairement appartenir »[2] à l'animal capable de locomotion, pour qu'il puisse assurer sa survie. Cette situation est en effet conforme à la doctrine du *DA*, qui associe la causalité finale et formelle de l'âme à sa puissance motrice[3]. Le rapport causal entre la sensation et les autres propriétés de l'âme est en ce sens un rapport circulaire : elle constitue à la fois leur fin et leur condition première. La sensation apparaît ainsi, tour à tour, comme cause finale et comme cause motrice[4].

Par ailleurs, le début du *De sensu* donne une précieuse indication sur le propos des *PN* et, indirectement, sur le type de prééminence qui est celle de la sensation : il s'agit d'étudier, à propos des vivants en général, quelles sont les actions *(praxeis)* qui leur sont propres et quelles sont celles qui leur sont communes[5]. Ce projet trouve un écho dans un passage déjà cité du traité *Du sommeil* :

> il faut encore dire après cela par quels types de mouvements et d'actions *(praxeis)* internes aux corps se produisent la veille et le sommeil chez les animaux[6].

Or l'étude des actions internes, à laquelle se consacrent également les *PA*[7], n'est pas énumérative, mais intégrative : les actions internes ne peuvent être expliquées séparément, parce qu'elles sont à la fois continues

1. On pourrait objecter que le cas de la sensation est un peu plus compliqué que cela, dans la mesure où Aristote, tout en maintenant très fermement l'idée d'une unité fondamentale des facultés, distingue les facultés purement cognitives (sensation, imagination, intellection) de la faculté désirante : il ne peut y avoir de mouvement sans désir, si bien que la sensation, de ce point de vue, n'est pas par elle-même motrice. Elle l'est pourtant lorsqu'il s'agit de changements internes, comme nous venons de le voir, et si l'on ne réduit pas la motricité au changement de lieu du corps entier.

2. ἀνάγκη ὑπάρχειν, *DA*, III, 12, 434b25-26. Voir également *De Sens.*, 1, 436b13-437a17.

3. II, 4, 415b21-28.

4. Comme l'a montré A. Carbone, « La sensazione come tratto distintivo dell'animale nella zoologia aristotelica », *Rivista di Estetica*, 1998/2, p. 95-112.

5. *De Sens.*, 1, 436a4.

6. *De Som.*, 2, 455b28.

7. Voir en particulier I, 5, 645b19-22. Voir ci-dessous, p. 158-163 et P.-M. Morel, « Les *Parva naturalia* d'Aristote et le mouvement animal », *Revue de Philosophie ancienne* 20, 2002, p. 61-88.

et cohérentes. Nous verrons en effet qu'elles sont continues dans la mesure où l'action d'une partie œuvre à l'accomplissement de l'action de la partie supérieure dont elle dépend, jusqu'à la réalisation de l'activité globale de l'animal. Celle-ci réalise l'unité des multiples activités et mouvements internes de l'animal en leur assignant leur fin ultime. Cette continuité pratique implique également une cohérence pratique, au sens où les différentes actions de l'animal sont, non seulement dans certains cas étroitement solidaires, mais encore rapportées à un même principe. La sensation, parce qu'elle coïncide avec le mode de vie propre à l'animal, est donc la *praxis* ultime et globale de son organisme.

On pourrait objecter ici, en vertu de la distinction établie ailleurs [1] entre *kinèsis* et *praxis*, que si la sensation est une *praxis* – et elle l'est effectivement au sens où elle est une *energeia*, c'est-à-dire un processus qui atteint immédiatement sa fin –, elle se distingue en nature des mouvements au sens strict, qui sont toujours des processus inachevés. Toutefois, j'observerai deux choses. Premièrement, la distinction entre *praxis* et *kinèsis* n'est pas toujours aussi rigoureuse et elle est parfois même oubliée, notamment dans le *corpus* biologique [2]. Deuxièmement, il est parfaitement concevable qu'une *praxis*, et même une *praxis* au sens étroit – une action délibérée et moralement significative – englobe une série de mouvements associés, même si elle n'est pas identique à leur somme [3]. Ainsi, les dispositions internes des organes internes, et même des organes sensoriels, peuvent varier et affecter la sensation : je peux me réveiller progressivement – ce qui correspond à une modification graduelle de mon équilibre thermique interne et à une purification du sang, une fois la digestion achevée [4] –, et gagner ainsi, progressivement, en acuité sensorielle. Il n'en demeure pas moins qu'à chaque instant du processus sensitif et dès lors qu'il y a sensation, il y a sensation effective, c'est-à-dire sensation *en acte*, ce qui n'est pas exactement un *mouvement*. Pour résumer, la sensation constitue l'activité ultime de l'organisme et sa réalisation suppose une cohérence étagée ou graduelle des multiples états, mouvements et activités de l'organisme.

Cela ne signifie pas que la sensation épuise toutes les activités communes à l'âme et au corps. Il n'est pas nécessaire, pour que la sensation remplisse sa fonction unificatrice, qu'elle soit présente en tout point de l'organisme. Du reste, l'unité organique, fût-elle gouvernée par la

1. Voir notamment *Mét.*, Θ, 6, 1048b18-36.

2. Du reste, si tout mouvement n'est pas une action, toute action est un mouvement, entendu au sens large.

3. Voir en ce sens C. Natali, *L'Action efficace. Études sur la philosophie de l'action d'Aristote*, Louvain-la-Neuve, Peeters, 2004, p. 151-153.

4. *De Som.*, 3, 458a10-25.

sensation, n'est pas une unité parfaite : l'animal dépend de son environnement, du milieu (air ou eau) dans lequel il vit, de la nourriture qu'il peut trouver, de ses rapports avec les autres animaux ; il produit des résidus dont certains sont inutiles, tombe malade et finit toujours par mourir. Aristote ne prétend pas que la sensation soit l'activité même de l'animal en toutes ses parties, mais que toutes ses parties, par l'intermédiaire des diverses fonctions qui les animent, sont liées à la sensation. Toutefois, la sensation n'est pas en défaut sur ce point, car il lui suffit d'être, littéralement, *l'activité principale* de l'animal. Le principe, en effet, n'a pas besoin d'être immédiatement présent en toutes les parties dont il est le principe pour jouer son rôle. C'est sans doute la justification majeure du rapport entre le cœur et l'activité sensorielle. Le cœur étant le triple principe de la vie, du mouvement et de la sensation, il ne constitue comme tel qu'un point de départ et d'arrivée des différents mouvements internes de l'animal : l'arrivée de la nourriture ou des impressions sensibles, le départ du sang, des images, du souffle interne et de la chaleur vitale. Le *MA* exprime très clairement cette idée, en recourant à l'image de la cité bien gouvernée, dans laquelle l'instance de gouvernement – c'est-à-dire tout aussi bien l'âme que le cœur – n'a pas besoin d'être présente en tout lieu[1]. L'enchaînement spontané des mouvements internes est la garantie suffisante de l'efficacité de leur principe. La sensation, en ce sens, n'est pas un principe diffus, présent en tout point de l'organisme, mais plutôt une activité synthétique, à laquelle les différentes parties et fonctions se rattachent sans pour autant s'y réduire[2].

Le traitement de l'expression « commun(s) à l'âme et au corps » dans les *PN* – comme de manière plus allusive dans le *DA* – permet donc de tirer des enseignements décisifs sur ce qui fonde l'unité organique. Il apparaît tout d'abord que celle-ci suppose une dualité interne, celle du moteur et du mû, sans laquelle la position d'Aristote ne se distinguerait en rien d'un monisme auquel il ne peut souscrire, étant donné que l'âme est incorporelle

1. 10, 703a29-b2.

2. On objectera peut-être que le statut de l'activité noétique et de son rapport avec la sensation pose un problème crucial : comment peut-on appliquer à l'animal humain l'idée d'une unification par la sensation comme faculté éminente, dans la mesure où celle-ci n'en est précisément pas la faculté éminente ? Remarquons tout d'abord, sans entrer dans le détail de cette question lourde d'enjeux, que le propos d'Aristote n'est pas de spécifier, à l'intérieur du genre animal, mais de donner une définition valable pour le genre en tant que tel. Par ailleurs, il s'agit de comprendre ce qui fait l'unité des facultés communes à l'âme et au corps ; la question de savoir si l'intellect en fait partie, question on le sait particulièrement embarrassante pour Aristote lui-même, relève donc d'un propos différent. Enfin, si l'on admet que l'âme ne pense pas sans images et que, de ce fait, elle dépend nécessairement du corps, au moins originellement (voir *DA*, I, 1, 403a3-16), nous pouvons fort bien concevoir que la faculté intellective elle aussi se produit « par la sensation ».

et immobile, ou n'est mobile que par accident. Dans le même temps, l'unité actuelle de l'âme et du corps nous invite à comprendre la dualité en question comme une dualité interne et comme une dualité téléologiquement déterminée, c'est-à-dire conforme à la fin naturelle que prescrit la forme. D'une part, l'unité organique n'est jamais réductible à une simple cohésion matérielle, à une espèce de suture plus ou moins résistante des tissus et des organes. D'autre part, il s'agit toujours d'une unité fonctionnelle, celle d'un système d'activités, dont la sensation, chez l'animal, constitue le principe architectonique. Du même coup, le corps vivant ne nous apparaît plus seulement comme une totalité harmonieuse de parties, mais également comme la cohésion, variable mais proprement organique, des facultés, des états et des mouvements internes. Quant à savoir comment cette diversité dynamique interne est compatible, à la fois, avec l'hégémonie d'un unique principe organique et avec la dualité interne de l'agent et du patient, c'est plus précisément au *MA* qu'il revient de le dire.

DEUXIÈME PARTIE

L'ORGANISATION DES MOUVEMENTS

CHAPITRE PREMIER

LE STATUT THÉORIQUE DU *DE MOTU ANIMALIUM*

Le texte du *MA*[1] occupe les pages 698a1-704b3 de l'édition Bekker, entre les *PA* (639a1-697b30) et la *Marche des animaux (IA)* (704a4-714b23). Son titre est attesté dans deux catalogues anciens, l'Appendix Hesychiana (Περὶ ζῴων κινήσεως γ ')[2] et le catalogue de Ptolémée el-Garib d'après la rétroversion de Düring (Περὶ ζῴων κινήσεως α ')[3]. Nous disposons d'un seul commentaire grec, celui de Michel d'Éphèse, déjà mentionné.

Düring[4] s'est prononcé pour une datation tardive du traité, en se fondant sur les références internes au *corpus* que l'on trouve dans le *MA*. Nussbaum[5] penche également pour une datation tardive et elle estime qu'il a dû être écrit vers la fin du second séjour d'Aristote à Athènes. Il n'y a pas, de fait, de références au *MA* dans les autres œuvres d'Aristote. Les

1. On retient généralement le titre (Περὶ ζῴων κινήσεως). Les manuscrits donnent aussi comme titre : Περὶ τῆς τῶν ζῴων κινήσεως, Περὶ τῶν ζῴων κινήσεως, ou Περὶ ζῴων κινήσεως πρῶτον ; Guillaume de Mœrbeke : *De Causa Motus Animalium*.

2. Bien que ce titre mentionne trois livres, alors que notre *MA* n'en compte qu'un, comme le signale P. Moraux, *Les Listes anciennes des ouvrages d'Aristote*, Louvain, Éditions Universitaires, 1951, p. 253.

3. Sur la présentation matérielle du texte et la tradition manuscrite, voir M. Nussbaum, « The Text of Aristotle's *De Motu Animalium* », *Harvard Studies in Classical Philology* 80, 1976, p. 111-159, et *Aristotle's De Motu Animalium...*, 1985, p. 3-17 ; P. Pellegrin, « Aristote – *Corpus* biologique-*De incessu animalium, De motu animalium* », *Dictionnaire des Philosophes antiques*, sous la direction de R. Goulet, vol. 1, Paris, Éditions du CNRS, 1989, p. 480-481, p. 480-481. Signalons que Pieter De Leemans prépare actuellement une nouvelle édition du texte grec.

4. I. Düring, *Aristoteles. Darstellung und Interpretation seines Denkens*, Heidelberg, Winter, 1966, p. 296.

5. M. Nussbaum, *op. cit.*, p. 12.

deux références du *corpus* à des écrits sur le ou les mouvement(s) des animaux[1] renvoient manifestement au *IA*.

Le plan du traité obéit à un mouvement circulaire. Il part du mécanisme de l'articulation, c'est-à-dire des conditions mécaniques internes du mouvement (chapitre 1) ; aborde ensuite la question du point d'appui externe (chapitres 2 à 4) ; examine rapidement si la génération, l'altération et la croissance dépendent d'un agent externe (chapitre 5) ; enfin, il passe des moteurs et des objets de désir extérieurs aux réactions internes qu'ils suscitent (chapitres 6 à 8), puis au principe interne du désir lui-même – le cœur – et aux mouvements corporels qui dépendent immédiatement de lui (chapitres 9 à 11). Ce rapide parcours suffit à suggérer que le déplacement a pour principe ultime l'économie organique de l'animal, c'est-à-dire son aptitude à intégrer les facteurs externes de mouvement et à organiser lui-même – intentionnellement ou non – ses propres mouvements. L'analyse du traité va le confirmer.

Bien que l'existence même d'un traité sur le mouvement des animaux en général soit, comme nous venons de le voir, parfaitement justifiée, si ce n'est attestée, par le contexte doctrinal, l'authenticité du *MA* a été discutée et parfois rejetée. Toutefois, M. Nussbaum[2] a donné en sa faveur des arguments très convaincants, que je me bornerai à compléter. La première objection à la thèse de l'authenticité serait qu'il n'y a pas d'indices suffisamment probants de l'appartenance du *MA* au *corpus* aristotélicien. En réalité, sa présence – ou tout au moins la présence d'un titre qui a de bonnes chances de correspondre à notre actuel *MA* – dans deux des catalogues conservés compense largement son absence dans celui de Diogène Laërce[3]. D'une part, les deux premiers catalogues semblent dépendants de la liste plus ancienne d'Andronicos de Rhodes ; d'autre part, le catalogue de Diogène Laërce passe sous silence la quasi-totalité des traités biologiques, puisqu'il ne mentionne que l'*Histoire des animaux* et les livres d'« anatomie ». Par la suite, comme le fait remarquer Nussbaum[4], aucun commentateur qui citera ou fera allusion au *MA* ne doutera de son authenticité, tout au moins avant le XIXe siècle. J'ajoute que Michel d'Éphèse ne fait aucune allusion à un quelconque problème de cet ordre et

1. *DC*, II, 2, 284b13-14 ; *PA*, IV, 13, 696a11-12.

2. M. Nussbaum, *op. cit.*, p. 3-17. W. Jaeger, « Das Pneuma im Lykeion », *Hermes* 48, 1913, p. 29-74, s'était déjà prononcé nettement dans le même sens. Voir également L. Torraca, « Sull' autenticità del *de Motu Animalium* di Aristotele », *Maia* 10, 1958, p. 220-233 ; I. Düring, *op. cit.*, p. 295. Les analyses stylométriques de A. Kenny, « A Stylometric Comparison between five disputed works and the remainder of the Aristotelian corpus », dans *Zweifelhaftes im Corpus Aristotelicum*, *op. cit.*, p. 345-366, conduisent à la même conclusion.

3. V, 22-27.

4. M. Nussbaum, *op. cit.*, p. 5-6.

qu'il commence son commentaire *in medias res*, sans justification préalable.

Parmi les objections de fond qui ont été invoquées, certaines concernent la psycho-physiologie du traité, d'autres son propos d'ensemble. Dans le premier cas[1], on a pu s'étonner du rôle accordé au *pneuma sumphuton* dans le chapitre 10. Or la doctrine du souffle connaturel est évoquée dans d'autres textes dont l'authenticité n'est pas douteuse : les *PA*, *GA* et les *PN*. On a déjà pu constater, en analysant les fonctions du cœur, que les observations du *MA* à ce sujet sont assez mesurées. Aristote n'attribue en effet au souffle connaturel aucune puissance interne « vitale », mais il en donne une justification proprement mécanique : le souffle peut s'accroître et se comprimer, si bien qu'il est parfaitement adapté aux deux mouvements fondamentaux que sont la poussée et la traction. Du reste, le souffle connaturel n'est pas à proprement parler l'objet central du traité : il n'est pas exactement *l'organe* par lequel le désir met le corps en mouvement, mais le premier levier qui permet au cœur – c'est-à-dire à la région cardiaque dans son ensemble – d'accomplir cette fonction.

Autre exemple, un passage du *MA* compare les mécanismes organiques avec une cité bien gouvernée – où le monarque n'a pas besoin d'être présent en tout lieu ni en toute action – et semble envisager la localisation effective de l'âme :

> Nous devons par ailleurs considérer que l'animal est constitué comme une cité dont les lois sont bien faites. En effet, dans la cité aussi, lorsque l'ordre a été une fois institué, il n'est pas besoin d'un monarque séparé, qui devrait être présent chaque fois qu'il se passe quelque chose, mais chacun accomplit lui-même ce qui lui revient, comme cela a été ordonné, et ceci vient après cela par habitude. Chez les animaux la même chose se produit par nature : chaque partie, naturellement dotée d'une constitution appropriée, accomplit l'opération qui lui revient, si bien qu'il n'est nul besoin d'une âme en chacune ; mais, parce que l'âme est située dans un certain principe du corps, les autres parties vivent parce qu'elles lui sont naturellement liées et elles accomplissent par nature l'opération qui leur revient[2].

Ce texte, à première lecture, est difficilement compatible avec la doctrine dominante du *DA* : cette dernière est fondamentalement téléologique et elle exclut que l'âme, puisqu'elle n'est pas un corps, soit effectivement dans un lieu. Toutefois, cette objection ne tient pas. D'une part, comme l'a montré ci-dessus l'analyse des rêves, la répercussion mécanique des mouvements internes est essentielle à l'explication de la vie

1. Je complète les réponses apportées par M. Nussbaum, *op. cit.*, p. 6-8.
2. *MA*, 10, 703a29-703b2.

organique et, d'autre part, la « localisation » de l'âme – ici, comme dans les *PN* – est commandée par un effet de contexte bien plus qu'elle n'oriente la doctrine sur le fond. Ce passage ne saurait donc constituer un argument décisif contre l'authenticité du traité, ni même l'indice d'une évolution significative de la psychologie d'Aristote [1].

Les objections les plus sérieuses concernent en réalité le propos d'ensemble du *MA* et son statut épistémologique. Comme je l'ai dit en commençant, il se laisse difficilement classer selon les rubriques attestées de la philosophie naturelle d'Aristote. Or ce caractère « interdisciplinaire » [2] semble contrevenir au principe de l'incommunicabilité des genres, fermement établi dans les *Analytiques*, et en vertu duquel chaque science doit procéder par déduction à partir de principes premiers, vrais, nécessaires et propres à cette science. On ne peut pas prouver une proposition géométrique par l'arithmétique [3]. Ce principe est d'ailleurs explicitement appliqué en philosophie du vivant en un endroit au moins [4] et plusieurs textes de philosophie naturelle font état d'une distinction entre différentes disciplines scientifiques. Les *PA* opposent ainsi aux êtres naturels éternels et divins les substances corruptibles observables dans la section sublunaire du monde, substances dont la connaissance nous est bien plus aisément accessible [5]. La suite évoque, à propos du premier type de natures, une « philosophie des choses divines » (ἡ περὶ τὰ θεῖα φιλοσοφία) qu'il peut être tentant de considérer comme un « genre » scientifique distinct du précédent. Ce texte pose d'autant plus problème pour l'établissement du statut scientifique du *MA* que ce dernier suppose précisément une continuité épistémologique entre l'analyse du mouvement des êtres sublunaires et celle du mouvement du Ciel.

1. Comme l'a déjà montré Ch. Lefèvre, *Sur l'évolution d'Aristote en psychologie*, Louvain, Institut Supérieur de Philosophie, 1972, p. 169-172, en réponse aux remarques de Nuyens. Ce dernier prenait appui sur ce texte pour situer le *MA* dans ce qu'il identifiait comme une phase intermédiaire, mécaniciste et instrumentiste, de la psychologie d'Aristote. Voir F. Nuyens, *L'Évolution de la psychologie d'Aristote*, trad. fr., Louvain, Institut Supérieur de Philosophie, 1973, p. 160-162.

2. Pour reprendre l'expression de M. Nussbaum, *op. cit.*, p. 6; 109. Sur ce problème, voir Essay 2 : « The *De Motu animalium* and Aristotle's scientific method », p. 107-114. Notons que M. Nussbaum, bien qu'elle s'efforce de résoudre ce problème en montrant l'aspect positif de cette interdisciplinarité – en ce qu'elle manifeste une certaine interdépendance entre les sciences concernées –, demeure tributaire d'une hypothèse chronologique qu'il est bien difficile de corroborer : le *MA* révèlerait qu'Aristote serait revenu, à un stade ultérieur de sa pensée scientifique, sur la rigidité des *Analytiques* et certaines « abstractions mathématiques erronées » du *DC*.

3. Voir *Sec. an.*, I, 7; 23, 84b14-18; 28; 32, 88a31-36.

4. *GA*, II, 8, 747b28-748a13.

5. *PA*, I, 5, 644b22-645a4.

S'agit-il cependant d'une distinction de « genre », telle qu'il faille appliquer dans ce cas le principe d'incommunicabilité ? À vrai dire, le texte des *PA* ne le dit pas et il est difficile de tirer une conclusion technique de ce texte dont la tonalité est assez littéraire. Le ressort de l'argumentation n'est en effet rien d'autre que la distinction entre les types de satisfactions intellectuelles procurées, respectivement, par la zoologie et par l'astrologie. Du reste, la distinction du chapitre 5 s'articule mal avec celle que l'on trouve au chapitre 1, où la philosophie naturelle est opposée à une autre « philosophie », celle des intelligibles, à propos de la connaissance des différentes espèces d'âme[1]. La même imprécision affecte un autre passage, par ailleurs essentiellement commandé par la polémique anti-platonicienne : *DC*, III, 7, 306a6-11. Aristote y affirme que les principes sont de même espèce que leurs objets, de sorte que les choses sensibles doivent être expliquées par des principes sensibles et les choses éternelles par des principes éternels. Avec un degré d'approximation comparable, Aristote distingue, au début du *DC*, parmi les réalités naturelles, entre celles qui sont des corps et des grandeurs – comme les éléments –, celles qui possèdent corps et grandeurs, et les principes de ces réalités :

> la science de la nature, à l'évidence, traite principalement des corps et des grandeurs, ainsi que des accidents qu'ils subissent et de leurs mouvements, et encore des principes qui sont ceux des substances de ce type-là. Parmi les choses dont la constitution est naturelle, en effet, les unes sont des corps et des grandeurs, d'autres possèdent un corps et une grandeur et les autres sont les principes des choses qui possèdent corps et grandeur[2].

Là encore, il est excessif de dire qu'Aristote « divise l'étude de la nature en trois branches »[3]. Tout d'abord, la première phrase insiste au contraire sur ce qu'est, « principalement » ou « dans sa plus grande partie à peu près » (σχεδὸν ἡ πλείστη), la science de la nature. Cette restriction approximative est bien difficile à évaluer et elle n'autorise guère de conclusions sur les limites de la science en question. De plus, ce texte a une forte connotation dialectique, au sens d'un examen préliminaire des *endoxa*, comme le suggère le φαίνεται de la première phrase. Il a donc un statut provisoire et il serait aventureux de lui assigner une visée prescriptive. Enfin, si l'on s'en tient à la lettre, il n'introduit aucune distinction de

1. *PA*, I, 1, 641a32-b10.

2. ἡ περὶ φύσεως ἐπιστήμη σχεδὸν ἡ πλείστη φαίνεται περί τε σώματα καὶ μεγέθη καὶ τὰ τούτων οὖσα πάθη καὶ τὰς κινήσεις, ἔτι δὲ περὶ τὰς ἀρχάς, ὅσαι τῆς τοιαύτης οὐσίας εἰσιν· τῶν γὰρ φύσει συνεστώτων τὰ μὲν ἐστι σώματα καὶ μεγέθη, τὰ δ' ἔχει σῶμα καὶ μέγεθος, τὰ δ' ἀρχαὶ τῶν ἐχόντων εἰσίν. *DC*, I, 1, 268a1-6.

3. Comme le fait M. Nussbaum, *op. cit.*, p. 109, à titre préliminaire et de manière quelque peu artificielle, avant de défendre une lecture opposée.

« genres » scientifiques[1]. Le *DC* se caractérise même par ce trait tout à fait remarquable – et continuiste du point de vue épistémologique – que les astres y sont considérés comme des corps et comme des corps animés, et non pas comme des objets mathématiques. Ainsi « il faut supposer qu'ils participent de l'action et de la vie »[2]. Cette activité, pour être beaucoup plus simple que celle des animaux et bien plus continue que celle des vivants en général, n'en ressemble pas moins, d'une certaine manière, à celles des animaux et des plantes[3].

De plus, nous disposons d'un texte très clair, dans lequel Aristote établit une continuité au moins programmatique, à défaut d'être expressément présentée comme méthodologique, entre les différents domaines des sciences naturelles, au début des *Météorologiques*[4]. Dans ce texte, il renvoie d'abord à une série d'écrits antérieurs, dont les premiers portent sur les « premières causes de la nature et la totalité du mouvement naturel », expression qui désigne manifestement l'ensemble de la *Physique*. Viennent ensuite l'examen du mouvement ordonné des astres – allusion au *DC* – et celui des éléments, puis de la génération et de la corruption en général – voir ce même traité, ainsi que *GC*. Il annonce ensuite les *Météorologiques*, c'est-à-dire l'étude des phénomènes qui se produisent entre la sphère de la lune et celle des étoiles fixes, mais aussi l'explication des vents, des tremblements de terre, ou de la foudre. Il prévoit enfin une dernière série d'enquêtes, « sur les animaux et les végétaux, aussi bien en général qu'en particulier ». Celle-ci correspond aux traités zoologiques que l'on a cités plus haut, auxquels il faut peut-être ajouter le traité perdu sur les plantes. Notons dès à présent que cette énumération ne signifie aucunement

1. Pour une lecture unitaire de la distinction entre les types de corps dans le prologue du *DC*, voir l'étude de A. Falcon, *Corpi e movimenti. Il* De caelo *di Aristotele e la sua fortuna nel mondo antico*, Napoli, Bibliopolis, 2001, notamment p. 219-221. Le texte de *GC*, II, 9, 335a28-29 conduit lui aussi à cette conclusion en précisant, à propos des principes requis pour l'explication des phénomènes sublunaires, que « par rapport à ceux qui gouvernent les réalités éternelles aussi bien que premières, ils sont en même nombre et identiques par le genre ». Voir encore l'analyse nuancée de A. Falcon, *Aristotle and the Science of Nature. Unity without Uniformity*, Cambridge, Cambridge University Press, 2005, qui précise que l'unité explicative de la science de la nature n'implique pas l'uniformité des êtres naturels, comme le montre par exemple l'existence d'une matière spécifique pour les êtres *supra*-lunaires.

2. Δεῖ δ' ὡς μετεχόντων ὑπολαμβάνειν πράξεως καὶ ζωῆς, *DC*, II, 12, 292a20-21. Voir en ce sens, et en faveur d'une interprétation littérale de l'idée de *praxis* astrale, les solides arguments de A. Falcon, *Corpi e movimenti...*, 2001, p. 193; p. 201, n. 17. Sur le sens transversal du concept de *praxis* chez Aristote, voir ci-dessous, p. 151-175.

3. *DC*, II, 12, 292b1-2.

4. *Météor.*, I, 1, 338a20-339a9. Ce texte est analysé, dans la perspective continuiste que j'adopte, par P. Pellegrin, *Aristote. Physique*, trad. fr., intr. et notes, Paris, GF-Flammarion, 2000, p. 24-27.

qu'au moment où il rédige ces lignes Aristote n'a rien écrit de ce qui relève de la dernière section. Les indications relatives à l'ordre des traités, dans le *corpus* de philosophie naturelle, ont le plus souvent une visée systématique ou didactique et elles n'ont pas nécessairement de signification chronologique [1].

Par ailleurs, le fait que le *MA* emprunte à la cosmologie et semble s'appuyer en plusieurs endroits sur la doctrine du *DC* ne doit pas nous conduire à des erreurs de perspective : les considérations cosmologiques, principalement présentes dans les quatre premiers chapitres, ne sont qu'un aspect parmi d'autres de l'explication du mouvement animal, qui constitue l'objet déclaré du traité [2]. De ce point de vue, les emprunts à la cosmologie ont une fonction accessoire, en grande partie dialectique, et non nécessaire [3]. En un mot, il n'y a pas de raison suffisamment forte pour considérer que le *MA* contrevient au principe d'incommunicabilité des genres, sous prétexte qu'il se livre à des considérations cosmologiques à propos du mouvement des animaux.

Il faut en outre se demander si la philosophie naturelle est véritablement, et en tout point, comptable devant la science de la démonstration telle que la définissent les *Analytiques*. Je ne peux développer ici ce point comme il le mériterait, car il fait l'objet de discussions importantes sur le statut même de la fonction démonstrative dans la science en général. Je noterai simplement que G. Lloyd, notamment, a montré de manière précise et convaincante que l'usage de la notion de démonstration (ἀπόδειξις) était loin d'être univoque chez Aristote et que l'application du modèle syllogistique des *Analytiques* à la philosophie naturelle n'était pas systématique. Il invite ainsi à distinguer entre la théorie et la pratique de la démonstration, ce qui ouvre une perspective plus sûre que l'idée d'un détachement

1. Voir en ce sens D. Balme, « The Place of Biology in Aristotle's Philosophy », dans *Philosophical Issues in Aristotle's Biology*, A. Gotthelf and J.G. Lennox (ed.), Cambridge, Cambridge University Press, 1987, p. 9-20, p. 12.

2. La thèse opposée a pourtant été défendue récemment par S. Fazzo, « Sur la composition du traité dit *de motu animalium* : contribution à l'analyse de la théorie aristotélicienne du premier moteur », dans A. Laks et M. Rashed, *Aristote et le mouvement des animaux*, *op. cit.*, p. 203-229.

3. Le *MA*, comme tous les traités de philosophie naturelle, recourt souvent à des arguments de type dialectique au sens *peirastique*, c'est-à-dire au sens où la dialectique a pour fonction de mettre à l'épreuve des doctrines ou des arguments. On le voit dès le chapitre 1, à propos de la nécessité de poser un moteur immobile, lorsque Aristote en appelle à une mise à l'épreuve des raisonnements généraux par les données de l'expérience (698a11-14). De même, la critique des interprétations pseudo-rationnelles du mythe d'Atlas, au chapitre 3, ne se comprend qu'à condition de voir dans ces hypothèses des prémisses envisageables, dont la réfutation permet de poser dans les termes adéquats la question du mouvement céleste.

progressif d'Aristote par rapport à un premier modèle de rationalité[1]. Par extension, le caractère interdisciplinaire du *MA* perd une grande partie de son étrangeté, ce qui nous éloigne plus encore de l'hypothèse de l'inauthenticité.

Enfin, la question de l'intégration du raisonnement – ou syllogisme – pratique dans le chapitre 7 du *MA*, consacré au comportement animal, n'est pas réellement problématique. Il va de soi que si nous avions affaire à une digression « pratique » au sens anthropologique du terme, l'unité du *MA* deviendrait particulièrement friable. Nous verrons cependant que rien n'oblige à limiter le propos du passage sur le raisonnement pratique au cas spécifique de l'action humaine délibérée. Du reste, même si nous devions en avoir une lecture exclusivement anthropologique, il n'y aurait aucune étrangeté, chez Aristote, à traiter de certaines spécificités humaines dans le cadre de la philosophie naturelle.

1. Voir G. Lloyd, *Aristotelian Explorations*, Cambridge, Cambridge University Press, 1996, notamment p. 7-37. E. Berti, « Les méthodes d'argumentation et de démonstration dans la *Physique* (apories, phénomènes, principes) », dans *La* Physique *d'Aristote et les conditions d'une science de la nature*, F. De Gandt et P. Souffrin (éd.), Paris, Vrin, 1991, p. 53-72, à propos de la *Physique*, a présenté le problème différemment, estimant que les procédés démonstratifs mis en œuvre dans la *Physique* ne contreviennent pas à la théorie de la science exposée dans les *Analytiques*, qu'il estime « suffisamment souple pour contenir les développements donnés dans la *Physique* » (p. 57). Voir, dans le même sens, les raisons pour lesquelles J. Kung, « Aristotle's *De Motu Animalium* and the Separability of Science », *Journal of the History of Philosophy* 20, 1982, p. 65-76, s'oppose à la thèse de l'autocritique défendue par Nussbaum. Berti souligne corrélativement le rôle – et la valeur probante – des arguments dialectiques utilisés dans la *Physique*. Lloyd s'est en tout cas efforcé de faire contrepoids à l'idée selon laquelle la science des *Analytiques* trouverait une application immédiate dans le *corpus* biologique. J.G. Lennox, *Aristotle's Philosophy of Biology. Studies in the Origins of Life Science*, Cambridge, Cambridge University Press, 2001, en réponse à Lloyd (voir notamment p. 1-6), maintient que le modèle des *Sec. An.* est le modèle déterminant et structurant des enquêtes biologiques, dans la mesure où il concerne non seulement la démonstration mais aussi l'investigation *(inquiry)*, parce qu'il propose essentiellement une « esquisse » pour la biologie, mais aussi parce qu'il n'exige pas selon lui que la *forme* syllogistique soit expressément manifeste dans l'explication biologique. L'argument de la rareté des syllogismes explicites serait inopérant, parce que « *the Analytics demands only that a good scientific explanation be capable of syllogistic recasting, not that it actually be written as a syllogism* » (p. 5).

Chapitre II

LES CONDITIONS NÉCESSAIRES DU MOUVEMENT ANIMAL

Les conditions externes et internes

La première partie du traité, les chapitres 1 à 4, a pour objet d'établir les conditions nécessaires du mouvement animal. Entendons par « conditions nécessaires » les conditions qui relèvent de l'explication téléologique, par la médiation de la nécessité hypothétique : l'explication des processus et des propriétés physiques comme moyens en vue de certaines fins. Comme l'a montré ci-dessus l'analyse du sommeil dans les *PN*, ces conditions comprennent les deux aspects de la nécessité naturelle telle que la définit la *Physique* : « le nécessaire, dans les êtres naturels, c'est ce qu'on énonce comme matière et les mouvements de celle-ci [1]. » Il s'agit donc à la fois des composants matériels qui vont permettre le mouvement – les éléments, les tissus, les organes –, et des mouvements ou séries de mouvements qui sont présupposés par un mouvement donné. Le *MA* va sur ce point apporter deux précisions majeures. Premièrement, le mouvement local a une forme de priorité sur tous les autres; deuxièmement, la production des mouvements résulte de processus spontanés.

Commençons par la priorité du mouvement local. Elle ne va pas de soi. Le déplacement de l'animal n'est en effet que « le dernier des mouvements » [2] dans les êtres en devenir, ce qui signifie qu'il est préparé par des mouvements antécédents et notamment par des changements qualitatifs ou altérations. Néanmoins, le déplacement de l'animal en son entier, même s'il est un mouvement ultime, est lui-même précédé de mouvements locaux et pas seulement de changements qualitatifs. Ainsi, dans le

1. *Phys*., II, 9, 200a30-32.
2. *MA*, 6, 701a2.

chapitre 5 du *MA*, Aristote se demande s'il y a un principe immobile dans tout ce qui se meut, que ce soit selon le mouvement local ou selon les autres mouvements. Ce texte, malgré ses obscurités, suggère la réponse suivante : puisque le mouvement local est le « mouvement premier »[1], et puisque celui-ci présuppose un principe immobile interne, les autres mouvements (accroissement, altération), auxquels le mouvement local est nécessaire, présupposent également un principe immobile. La génération et la destruction sont volontairement laissées de côté[2].

Il est vrai que la thèse de la primauté du mouvement local pose des difficultés[3]. Aristote, dans la *Physique*, rejette lui-même l'idée que les autres mouvements puissent être expliqués par la réunion et la séparation des composants et, notamment, que l'on puisse rendre compte de la génération et de la destruction par la condensation et la raréfaction, qui sont, elles, réductibles à la réunion et à la séparation, c'est-à-dire à des changements selon le lieu[4]. D'autre part, dans l'individu, le mouvement local est en un sens le dernier des mouvements[5] et, comme on l'a vu, le *MA* lui-même précise que le transport est le mouvement ultime chez les êtres soumis au devenir. Ainsi, chez l'animal, la sensibilité est plus « primitive » et générale que le déplacement[6], comme le montre le fait que l'animal se meut – s'il a la capacité de se mouvoir – en fonction de ce qu'il sent.

Toutefois l'insistance d'Aristote sur ce point est en grande partie justifiée par des motifs d'ordre dialectique : en refusant la réduction des changements qualitatifs à un mécanisme élémentaire, il entend barrer la route aux théoriciens « matérialistes », en particulier aux atomistes[7]. Dans d'autres textes, notamment en *Météor.*, IV[8], l'action du chaud et du froid dans la constitution des tissus organiques doit être expliquée en termes de mouvement local. Plus fondamentalement, étant donné que ce qui est

1. La plupart des commentateurs identifient le « mouvement premier » de 700a29 au mouvement local, notamment Michel (113.4-5); M. Nussbaum, *op. cit.*, p. 326-327; A. Preus, *Aristotle and Michael of Ephesus. On the Movement and Progression of Animals*…, 1981, p. 77-78; J. Kollesch, *op. cit.*, p. 45.

2. 5, 700a28-29. Cependant, en un sens, elles supposent également le mouvement local. Ainsi, la génération suppose le mouvement local nécessaire à l'accouplement, l'allaitement ou le mouvement local du sang qui permet l'accomplissement de la nutrition et la croissance (Michel, 113.16-19).

3. Voir E. Berti, « La suprématie du mouvement local selon Aristote : ses conséquences et ses apories », dans *Aristoteles Werk und Wirkung. Paul Moraux gewidmet*, J. Wiesner (ed.), Berlin-New York, de Gruyter, t. I, 1985, p. 123-150.

4. *Phys.*, VIII, 9, 265b30-32, texte cité par E. Berti, art. cit., p. 132.

5. VIII, 7, 260b30-32.

6. P. Pellegrin, *La Classification des animaux chez Aristote*…, 1982, p. 159.

7. Voir *GC*, I, 2, 315a34-317a32; *DC*, III, 7-8.

8. Comme l'a montré D. Furley, « The Mechanics of *Meteorologica* IV. A Prolegomenon to Biology »…, 1983, p. 73-93.

dernier « selon la génération » doit être premier « selon la nature », c'est-à-dire selon la fin, « le mouvement <local> sera le premier de tous selon la substance »[1]. La capacité motrice est en ce sens nécessairement première par rapport aux autres capacités d'un animal capable de changer de lieu, dans la mesure où elle en constitue la justification finale. La sensation, de ce point de vue, est à la fois première, parce qu'elle est à l'origine du changement de lieu, et seconde, en tant qu'elle en est la condition. Ainsi, l'explication du transport de l'animal implique, non seulement le déplacement des géniteurs, nécessairement antérieur à l'existence de l'animal, mais aussi les mouvements locaux des parties ou des résidus qui se trouvent à l'intérieur de l'organisme, comme ceux des impressions sensibles ou du sang. L'analyse des rêves a permis de mesurer l'importance des mouvements locaux internes dans la formation et la manifestation des images. De ce point de vue, il est logique que le *MA* privilégie le paradigme que constitue le premier des mouvements, à savoir le mouvement local, non seulement externe, mais aussi interne.

Venons-en maintenant à l'enchaînement des mouvements. Nous pouvons parler d'explication « mécaniste » dans la mesure où, abstraction faite du principe moteur et ainsi des causes premières de mouvement, la connaissance de la cause prochaine et du mode d'enchaînement des mouvements découle de la référence aux seules données matérielles et quantitatives. L'argumentation du premier chapitre de notre traité est de ce point de vue significative :

> En tout cas, que ce qui se meut soi-même est principe des autres mouvements, qu'il a pour principe ce qui est immobile et que le premier moteur est nécessairement immobile, on l'a établi précédemment, lorsqu'on a traité du mouvement éternel et qu'il a été question de savoir s'il est ou s'il n'est pas et, s'il est, ce qu'il est. Or cela il faut le comprendre, non seulement par argumentation et en général, mais aussi en considérant les choses particulières et les réalités perceptibles, qui nous permettent, précisément, de se mettre en quête des arguments généraux et auxquelles nous estimons que ces derniers doivent s'adapter.
>
> En effet, ces considérations, elles aussi, montrent clairement qu'il est impossible qu'il y ait mouvement si rien n'est au repos, et cela en premier lieu à l'intérieur des animaux eux-mêmes. Il faut en effet, pour qu'une partie se meuve, que quelque chose soit en repos. C'est pour cette raison même que les animaux ont des articulations. Ils se servent en effet des articulations comme d'un centre et la partie tout entière, dans laquelle se trouve l'articulation, devient à la fois une et

1. *Phys.*, VIII, 7, 261a19-20. Voir en ce sens l'utile synthèse de L. Torraca, *Aristotele. De Motu animalium...*, 1958, p. 45.

> double, droite et pliée, se modifiant, en puissance et en acte, grâce à l'articulation [1].

Aristote évoque rapidement la nécessaire existence d'un premier moteur immobile, dont il ne dévoilera la nature qu'à partir du chapitre 6, et il passe aussitôt à ce que révèle l'observation sensible des mouvements en tant que tels. Nous apprenons ainsi qu'il est impossible qu'il y ait du mouvement si rien n'est au repos. Cette exigence s'applique en premier lieu à la disposition interne des parties de l'animal : pour qu'un membre se meuve, il faut qu'il y ait un point d'appui immobile auquel ce membre est rattaché, comme on le voit dans la structure de l'articulation. L'avant-bras ne pourrait se mouvoir si l'axe de rotation du coude ne demeurait pas immobile par rapport à lui, si bien que la partie que constitue le bras dans son ensemble est en un sens une seule chose et, en un autre sens, deux choses. La dualité *en repos / en mouvement* contient virtuellement le véritable principe explicatif de tout mouvement animal, voire du mouvement animal en général : l'argumentation va suivre une progression, depuis la rotation de l'articulation, abstraction faite du moteur, jusqu'à l'explication du mouvement du tout. La fonction du SC, opérateur nécessaire de tout mouvement animal, s'explique précisément par sa capacité propre de contraction et de dilatation. Celle-ci permet à la région cardiaque, d'une part, d'être mue par l'âme et par les mouvements qui l'atteignent et, d'autre part, d'être le point de départ stable des mouvements provoqués par l'animal. C'est donc très logiquement qu'Aristote assigne au premier principe interne la même fonction qu'à l'articulation :

> Il semble qu'il en aille ici à l'égard du principe propre à l'âme comme du point situé dans les articulations, à la fois moteur et mû, à l'égard de ce qui est immobile [2].

Le fait que l'on puisse hésiter sur le sens de l'expression « le principe propre à l'âme » – s'agit-il du cœur, ou de l'âme elle-même ? – n'atténue pas la force de l'analogie : la structure de l'articulation permet de comprendre comment un même individu – en l'occurrence, l'animal – peut être à la fois moteur et mû, substantiellement unifié et pourtant double. La récurrence de la combinaison modale *un et double / en puissance et en acte* [3] montre clairement que nous avons affaire ici à un schème explicatif fondamental. D'un côté, dans l'articulation, la même partie peut être considérée comme *une* et en puissance *double* – bras étendu – ou bien

1. 1, 698a7-21.
2. 10, 703a11-14.
3. 1, 698a20; 698a27-b1; 8, 702a30-31; 9, 702b25-26; 702b30. Voir encore *Mét.*, Z, 13, 1039a6-7.

double et en puissance *une* – bras plié –, ou encore : comme *en repos* sous un certain aspect – le coude comme axe de rotation du bras – et *en mouvement* sous un autre. De l'autre, c'est l'animal en son entier qui doit être considéré comme moteur et comme mû, et cela conformément à la caractérisation de l'animal comme automoteur [1]. Nous reviendrons sur ce dernier point, mais nous pouvons d'ores et déjà noter que le dédoublement vital du tout ne peut s'accomplir – et se comprendre – qu'à partir du dédoublement mécanique des parties.

La seconde condition mécanique, examinée dans les chapitres 3 à 4, confirme l'importance du recours à la théorie des mouvements : il faut, outre les points d'appui internes qui viennent d'être évoqués, un point d'appui externe [2] pour que l'animal se meuve. On progresse difficilement sur le sable [3], ce qui montre bien que la marche, la nage ou le vol exigent un support : un sol suffisamment ferme, l'eau ou l'air. Il s'agit en réalité de la même exigence mécanique que la précédente, forme d'application du principe du levier, transposée cette fois aux conditions externes du déplacement :

> de même en effet qu'il doit y avoir à l'intérieur de l'animal quelque chose d'immobile, s'il veut se mouvoir, de même et à plus forte raison, faut-il qu'il y ait à l'extérieur quelque chose d'immobile, qui serve de point d'appui à ce qui se meut pour qu'il se meuve [4].

La théorie du point d'appui peut s'autoriser de l'expérience, conformément à ce qu'Aristote avait annoncé dans le chapitre 1, mais elle s'explique également par l'analyse théorique des conditions générales du mouvement local : l'animal a besoin de points d'appui internes et externes parce que tous les mouvements locaux, y compris des mouvements de l'organisme immobile comme la toux, le fait de cracher ou la respiration [5], dérivent des deux formes élémentaires du mouvement, la poussée et la traction [6]. Ce principe commande toute l'argumentation du chapitre 2, où il n'est pas encore question du moteur interne, mais il sera investi d'une fonction essentielle au chapitre 10, lorsque Aristote l'appliquera au souffle connaturel et, de ce fait, au mouvement de l'animal pris comme un tout :

1. Voir *Phys.*, VIII, 5, 257b5-13.

2. Plus précisément, les animaux ont généralement plusieurs points d'appui. Les animaux sanguins terrestres en ont deux ou quatre : *IA*, 1, 704a9-13 ; 5, 706a28-29 ; 7, 707a18 ; 10, 709b22.

3. 2, 698b16.

4. 2, 698b12-15.

5. 4, 700a21-25.

6. Voir ci-dessus, p. 31.

> d'autre part, les opérations du mouvement sont la poussée et la traction, de sorte que son instrument doit pouvoir s'accroître aussi bien que se comprimer. Or telle est la nature du souffle, car elle se comprime et se dilate sans subir de contrainte[1] [...].

La mécanique du *MA* ne se limite pas à l'application du principe du levier. Elle permet de rendre compte des processus internes qui s'accomplissent, non seulement sans l'intervention expresse et volontaire de l'animal, mais encore à distance du moteur et après que celui-ci a donné l'impulsion. Les exemples de ce type de mouvements ne manquent pas dans le *MA* : les passions et leurs manifestations physiologiques (chapitres 7-8, 11); les mouvements des automates, qui illustrent la spontanéité des changements internes chez les êtres vivants (chapitre 7); la spontanéité avec laquelle les différentes parties accomplissent leurs opérations et son paradigme, la cité bien organisée dans laquelle le monarque n'a pas besoin de commander directement chaque action (chapitre 10). Pour comprendre ce type de phénomène, il faut poser deux principes : la simultanéité des affections respectives de l'agent et du patient[2] et la contiguïté des parties concernées[3].

Le premier principe est clairement formulé au chapitre 8 :

> [...] puisque, en outre, l'agent et le patient ont cette nature que nous leur avons souvent attribuée, lorsqu'il arrive qu'il y ait d'une part l'agent et, d'autre part, le patient, et qu'aucun des deux ne soit privé des caractères qui entrent dans sa définition, directement l'un agit et l'autre pâtit. C'est donc pour ainsi dire simultanément que l'on pense qu'il faut avancer et que l'on avance, pourvu que rien d'autre ne nous en empêche. En effet, les affections préparent les parties organiques de manière adéquate, le désir fait de même avec les affections, et l'imagination avec le désir. Et celle-ci est produite soit par la pensée, soit par la sensation. La simultanéité et la rapidité tiennent au fait que l'agent et le patient font partie de ces choses qui sont relatives l'une à l'autre par nature[4].

L'agent et le patient sont des relatifs[5]. Plus encore, si l'on considère cette relation dans son actualité, c'est-à-dire dans l'effet (la coupure, la brûlure) que produit l'agent sur le patient au moment même où il produit

1. 10, 703a19-22.
2. 8, 702a10-21.
3. 9, 702b23.
4. 8, 702a10-21.
5. Dans la mesure où l'agir et le pâtir sont relatifs l'un à l'autre. Cela vaut également pour la relation entre le moteur et le mobile. Voir notamment *Phys.*, III, 1, 200b28-32 : « le relatif se dit de l'excès et du défaut, ou de l'agent et du patient et, en général, du moteur et du mobile, car le moteur est moteur du mobile et le mobile est mobile sous l'effet du moteur. »

cet effet (la coupure ou la brûlure en train de s'accomplir), elle se caractérise par une spontanéité que l'on retrouve dans le cas particulier de la motricité animale. Dans ce dernier cas, l'argument sous-entendu semble être le suivant : l'animal est un automoteur; il doit donc être à la fois moteur et mû, c'est-à-dire agent et patient[1] – ce qui suppose qu'il y ait en lui une partie au repos et une partie mobile, car il ne peut pas être à la fois agent et patient en une même partie ni sous le même rapport[2] –; or l'agir et le pâtir sont réciproques, comme la relation entre le moteur et le mû[3]. Ainsi, dans une même action, le devenir agent et le devenir patient sont simultanés. C'est dans un même temps que je donne un coup de pied dans le ballon et que le ballon reçoit mon coup de pied, parce qu'il s'agit du même événement considéré sous les points de vue respectifs de l'agir et du pâtir.

Aristote, conformément aux conclusions du chapitre 7 sur le raisonnement pratique[4], applique ce même principe, non seulement au comportement global de l'animal, mais aussi à la conduite humaine : « c'est donc pour ainsi dire simultanément que l'on pense qu'il faut avancer et que l'on avance, pourvu que rien ne nous en empêche[5]. » Il emploie, il est vrai, les clauses restrictives d'usage lorsque l'on traite des conditions de l'activité animale (« pour ainsi dire »; « pourvu que rien ne nous en empêche »), parce que la part de contingence qui les affecte est irréductible. Toutefois, cela n'enlève rien à la radicalité de l'argument : dans des conditions *standards*, l'implication de l'intention effective à l'action est aussi spontanée que la corrélation de l'agir et du pâtir est immédiate. L'usage de εὐθὺς (« directement ») à la ligne 15 fait clairement écho à l'utilisation du même terme, au chapitre7, pour rendre compte des effets du raisonnement pratique[6].

Le second principe, celui de la contiguïté des parties, est directement lié à un phénomène souvent répertorié par Aristote : la prolongation du mouvement après que le moteur a cessé d'exercer sa puissance et, plus généralement, le problème de la motricité par contact, alors qu'il n'y a plus de contact avec le moteur[7]. Pour le résoudre, Aristote recourt en d'autres endroits à la notion déjà platonicienne de répercussion *(antiperistasis)*,

1. Voir *Phys*., VIII, 5, 257b12-13.
2. *Phys*., VIII, 5, 258a1-2.
3. *GC*, I, 7, 324a24-26; voir aussi *De Long*., 3, 465b15.
4. Voir ci-dessous, p. 118-126.
5. 8, 702a15-17.
6. Notons que Michel (120.13) voit dans cette implication une allusion au *pneuma*, qui a précisément pour fonction de communiquer aux membres la force qui s'origine dans le cœur (voir *MA*, 10, 703a19).
7. Il faut préciser qu'il s'agit de motricité par contact au sens strict, dans la mesure où Aristote fait également place à la motricité à distance, comparable à un simple toucher émotionnel. Voir *GC*, I, 6, 323a12-34.

tout en la critiquant. Il le fait notamment en *Phys.*, VIII, 10, 266b28-267a20[1], où il montre que, dans le cas des projectiles, les intermédiaires – l'air, l'eau, ou autre chose – reçoivent du moteur la capacité de mouvoir, et cela même lorsqu'il n'agit plus comme moteur. La motricité est assurée par la contiguïté de l'air, de l'eau ou de tout autre corps intermédiaire : ainsi, l'air – une sorte de poche d'air – placé devant le mobile prend sa place et le meut à son tour. Dans le cas du vivant, il faut supposer l'existence d'un milieu[2] homogène qui remplisse la même fonction. Aristote n'est malheureusement pas très précis sur ce point, mais il est probable que le sang et le souffle connaturel soient les intermédiaires qui garantissent les répercussions internes. Les *PN* sont toutefois plus explicites que le *MA* à propos de la théorie des projectiles, qu'il s'agisse d'expliquer la formation des images oniriques à partir des sensations, les errements des mélancoliques ou bien encore la réminiscence ou remémoration[3]. Néanmoins, la proximité de ces traités avec le *MA* et l'intérêt que ce dernier porte aux moteurs intermédiaires montrent qu'il tient une telle doctrine pour acquise.

Les allusions du *MA* aux séries de mouvements et à leur enchaînement spontané semblent toutefois introduire une confusion entre deux types de moteurs : les formes des objets de crainte ou de désir d'une part ; le moteur organique que constitue le cœur d'autre part. À vrai dire, seul ce dernier est par essence moteur – les objets perçus ou représentés n'étant moteurs que par accident – et, comme nous l'avons vu, sa fonction centrale et vitale lui confère la prééminence sur les principes ou points de départ des mouvements reçus. Le mécanisme des séries cinétiques englobe en tout cas – et c'est ce qui fait son intérêt pour l'économie de la doctrine du *MA* – à la fois les mouvements qui partent du cœur et ceux qui vont vers lui.

Ainsi, l'explication des mouvements internes, parce qu'elle seule rend compte de la spontanéité des affects, est l'indispensable soubassement physiologique de l'explication téléologique et intentionnelle du mouvement externe. Plus généralement, le *MA* montre de manière exemplaire comment, dans le vivant, la causalité finale s'articule avec la causalité nécessaire, que la seconde œuvre à la première – comme nécessité

1. Voir aussi *Phys.*, IV, 8, 215a15, où le terme ἀντιπερίστασις est implicitement réservé à la théorie exposée en *Timée*, 59 A ; 79 E-80 C. Voir encore *DC*, III, 2, 301b23-30.

2. Comme le montre l'examen par B. Manuwald de l'ensemble des textes relatifs à la théorie des projectiles, dans son étude « Die Wurftheorien im *Corpus Aristotelicum* », dans *Aristoteles Werk und Wirkung, op. cit.*, p. 151-167.

3. Sur ce point, voir P.-M. Morel, « L'habitude : une *seconde nature* ? »..., 1997, p. 131-148 ; « Les *Parva naturalia* d'Aristote et le mouvement animal »..., 2002, p. 61-88.

hypothétique – ou qu'elle en soit indépendante[1], qu'il s'agisse de fins pratiques ou de fins organiques.

Des parties au tout et du tout aux conditions externes, la doctrine du *MA* manifeste une continuité qui lui confère une très notable fécondité théorique. Sans qu'il soit besoin d'aborder encore directement le problème de l'automotricité ou, en d'autres termes, de l'autonomie dynamique de l'animal, on pressent qu'une partie non négligeable de la solution dépend de la nature de cette continuité. L'animal ne peut se mouvoir lui-même que s'il trouve, à la fois en lui et hors de lui, les circonstances matérielles favorables à son mouvement : non seulement des points d'appui internes et externes, mais aussi de quoi se nourrir, ou les moyens de respirer. La question sera donc de savoir comment il peut à la fois dépendre de son environnement et se mouvoir lui-même en vertu d'une impulsion qui lui appartient en propre.

LES LIMITES DE L'EXPLICATION MÉCANISTE

Le mécanisme que l'on vient de décrire est-il cependant suffisant ? Tout d'abord, le principe du point d'appui externe pose de sérieuses difficultés. Regardons de plus près l'argument du chapitre 2. Le point d'appui externe ne peut être, par définition, une partie de ce qui se meut, comme le montre l'image du bateau qui demeure immobile, tant que l'on ne prend appui que sur une partie du bateau lui-même :

> pourquoi donc est-il facile de mouvoir un bateau si l'on pousse, de l'extérieur, le mât avec une perche ou en appliquant celle-ci sur quelque autre partie, alors que si l'on essayait de le faire en étant à l'intérieur du bateau, il ne bougerait pas, pas même si c'était Tityos, ou si c'était Borée qui soufflait depuis l'intérieur du bateau, si jamais il soufflait comme il le fait dans les œuvres des peintres, car ils le peignent projetant le souffle de l'intérieur de lui-même ? En effet, que ce soit doucement qu'on lance le souffle ou avec violence – de manière à produire un vent plus fort – ou que quelque chose d'autre soit lancé ou poussé, il est nécessaire, avant toute chose, que l'on pousse en prenant appui sur l'une des parties qui restent au repos, et ensuite qu'à son tour cette partie – elle-même ou ce dont elle se trouve être une partie – demeure immobile en ayant pour

1. Le *MA* n'aborde pas directement ni explicitement la question du statut des processus purement nécessaires dont Aristote parle ailleurs, comme la production de la bile ou la détermination de la couleur des yeux. Le mécanisme dont il expose les principes s'applique toutefois *a priori* aux mouvements purement consécutifs et, en ce sens, dépourvus de justification finale. Sur cet aspect de la nécessité biologique, voir ci-dessus, p. 63-64.

> soutien quelque chose qui se trouve hors d'elle. Or il est logique que celui qui pousse le bateau, quand il est lui-même dans le bateau et qu'il a le bateau pour soutien, ne le fasse pas bouger, parce qu'il est nécessaire que ce que l'on prend pour soutien demeure immobile. Mais ce qui se passe ici, c'est que ce qu'il s'efforce de mouvoir et ce qu'il prend pour soutien sont la même chose. Toutefois, si c'est de l'extérieur qu'il pousse ou qu'il tire, il le meut, car la terre n'est pas une partie du bateau [1].

Il faut nécessairement qu'à défaut de vent, l'on pousse l'embarcation depuis la terre ou en s'appuyant sur le fond de l'eau par l'intermédiaire d'une perche, ou bien que l'on tire le bateau par un système de halage. Or nous constatons également que le Ciel se meut. Faut-il supposer qu'il prend appui lui aussi sur un corps extérieur et qu'ainsi le Ciel se meut grâce à quelque chose qui n'en serait pas une partie ? Faut-il à l'inverse penser que le Ciel – compris au sens d'univers – est mû en prenant appui sur une partie de lui-même, en l'occurrence la Terre ?

Les chapitres 3 et 4 sont consacrés à l'examen de cette difficulté. Le chapitre 3 applique les acquis des deux premiers chapitres au mouvement du Ciel : le Ciel et l'univers dans son ensemble doivent être en rapport, pour se mouvoir, avec un principe immobile externe. L'argumentation, difficile, du chapitre 4 peut être reconstituée ainsi : si la situation actuelle de l'univers est le résultat d'un jeu de forces, comme dans l'image d'Atlas prenant appui sur la Terre pour faire tourner la voûte céleste [2], il n'est pas absolument impossible que se produise un mouvement qui soit d'une telle puissance que la Terre, parce qu'elle est le point d'appui supposé de ce jeu de forces, soit déplacée de son lieu. On peut même envisager que l'ensemble des corps qui sont soumis à ces forces – externes ou internes – soient dissous [3]. Toutefois, il s'agit-là d'un argument par l'absurde, car la structure de l'univers et les corps qui en sont proprement les parties sont indestructibles. Par conséquent, le principe immobile du mouvement de l'univers ne saurait être à l'intérieur de lui et il doit être, non pas relativement, mais absolument immobile. Le principe de l'extériorité et de l'immobilité du point d'appui s'applique donc à la fois à l'univers et à l'animal. Il faut dès lors supposer, pour que l'univers se meuve sans être dissous, que son principe immobile est un véritable premier moteur et qu'il n'est pas lui-même affecté par le mouvement qu'il produit. Ce n'est donc pas un point d'appui à partir duquel s'exercerait une force.

1. 2, 698b21-699a11.
2. 3, 699a27-b11.
3. 4, 699b12-17.

La conclusion d'Aristote est en cela conforme à sa doctrine du premier moteur cosmique [1]. Nous pouvons la décomposer en deux temps : a) le Ciel – les sphères mais aussi ce qui se trouve à l'intérieur des sphères – ne se meut pas de lui-même en prenant appui sur l'une de ses parties; b) il ne prend pas appui sur un corps extérieur, mais il est mû, indépendamment de toute force proprement physique, par un principe immobile.

Si nous considérons uniquement (a), nous constatons que l'exemple du Ciel fournit un argument *a fortiori* qui corrobore les acquis des deux chapitres précédents : le tout le plus achevé et le plus divin ne peut se mouvoir s'il ne dispose que de ses propres parties pour le faire, donc les animaux ne peuvent pas non plus se mouvoir dans ces conditions. Le chapitre 3 est sur ce point très clair :

> Que donc il y ait quelque chose qui soit pour la nature tout entière comme la terre pour les animaux et pour les êtres qui sont en mouvement par leur intermédiaire, on peut le conclure de ces considérations [2].

L'argument repose sur les principes cinétiques antérieurement établis. Aristote, loin de rejeter purement et simplement toute explication mécaniste dans le domaine de la cosmologie, corrige par un mécanisme bien compris les explications erronées : l'explication par une rotation de la sphère autour des pôles [3] ou l'invocation naïve et littérale du mythe d'Atlas. L'analogie entre le Ciel et l'animal est seulement imparfaite, dans la mesure où ce dernier doit prendre appui, non seulement hors de lui mais aussi en lui [4].

Toutefois, si l'on considère (b), on commence du même coup à percevoir l'insuffisance ou le caractère incomplet d'une explication strictement mécaniste : le premier moteur cosmique, comme le Zeus de l'*Iliade*, n'a besoin d'aucune force et il ne doit accomplir aucun mouvement pour ordonner le mouvement du monde :

> Mais faut-il, ou non, qu'il y ait quelque chose d'immobile et en repos à l'extérieur du mû, et qui ne soit pas une partie de celui-ci ?

1. On pourrait trouver, sur ce point, que l'argumentation du *MA* est décevante, car cette solution n'est qu'implicite. Voir en ce sens D. Lefebvre, « La critique du mythe d'Atlas. *DMA*, 3, 699a27-b11 », dans *Aristote et le mouvement des animaux*, *op. cit.*, p. 115-136, qui propose une lecture aporétique de la critique du mythe d'Atlas dans notre passage. Cette déception ne se justifie toutefois que si l'on attend du *MA* qu'il contienne un véritable développement cosmologique. Si, à l'inverse, on estime que le passage cosmologique du *MA* n'est qu'une digression analogique, on ne peut pas exiger de lui qu'il expose une véritable thèse en la matière.

2. 3, 699a24-27.

3. 3, 699a20-24.

4. 4, 700a6-11.

> Est-il également nécessaire qu'il en aille de même pour l'univers ? On trouvera sans doute absurde que le principe du mouvement soit à l'intérieur de lui. C'est pourquoi ceux qui partagent ce jugement trouvent qu'Homère a eu raison de dire :
>
> *Mais vous ne tirerez pas des cieux sur la Terre*
> *Zeus qui est au-dessus de tout, même si vous vous y épuisez.*
> *Accrochez-vous tous, dieux et déesses !*
>
> En effet, ce qui est totalement immobile ne peut être mû par rien. C'est de cela que découle la solution de la difficulté sur laquelle on discute depuis longtemps, et qui est de savoir s'il peut se faire, ou non, que l'organisation du Ciel soit dissoute, si elle est suspendue à un principe immobile[1].

Dans le texte de l'*Iliade*, Zeus s'adresse aux divinités pour leur interdire de prendre parti dans la guerre de Troie et il les menace de les jeter dans le Tartare. Si elles essayaient de tirer Zeus vers la Terre en saisissant la corde d'or qui rattache le Ciel à la Terre, c'est lui qui les ferait remonter, et avec elles la Terre et la Mer. Le monde serait alors suspendu dans les airs, attelé à l'Olympe. Cette citation n'a pas nécessairement pour objet de dénoncer l'inanité des figurations mythologiques de la cosmologie : elle illustre bien la puissance incommensurable et non relative du premier moteur immobile, ce qui exclut que l'on explique le mouvement et la stabilité globale de l'univers par un jeu de forces mécaniques. C'est aussi une manière, pour Aristote, de donner une leçon de bonne lecture en matière de mythes[2], contre ceux qui voudraient figurer le mouvement de l'univers en recourant au mythe d'Atlas. Il n'est pas impossible qu'il critique ainsi l'anthropomorphisme d'une pseudo-explication qui prendrait pour paradigme la technique du levier : on n'explique pas le mouvement de l'univers par comparaison avec des moyens proprement humains. Le premier moteur immobile éternel, comme Zeus, est « au-dessus de tout ». Le premier moteur immobile d'Aristote, on le sait, meut par un contact à distance et non par un contact *corps à corps*, agissant ainsi comme un objet d'amour ou de désir[3].

L'aporie envisagée dans le chapitre 4 est de ce point de vue révélatrice du double rapport, successivement positif et critique, qu'Aristote entretient avec les explications par les forces. Rappelons la difficulté : si l'ordre et le mouvement de l'univers sont le résultat d'un jeu de forces, il

1. 4, 699b32-700a6. Pour la citation libre d'Homère, comparer avec *Iliade*, VIII, 20-22.

2. Comme le montre bien l'analyse subtile de T. Bénatouïl sur les modèles mythologiques du *MA*, dans son étude « L'usage des analogies dans le *De motu animalium* », dans *Aristote et le mouvement des animaux*, *op. cit.*, p. 81-114. Voir en particulier p. 101-102.

3. *Mét.*, Λ, 7, 1072b13-14 ; *GC*, I, 6, 323a12-34.

n'est pas absolument impossible que se produise un mouvement qui soit d'une telle puissance que la Terre, parce qu'elle est le point d'appui supposé de ce jeu de forces, soit déplacée de son lieu. La réponse d'Aristote consiste à distinguer deux sens d'« impossible » : un tel événement est, non pas accidentellement impossible – comme voir ce qui est sur la lune, ce qui serait possible si l'on disposait d'instruments appropriés –, mais absolument impossible – comme voir le son qui, par soi, n'est pas visible[1]. Or l'affirmation de cette impossibilité absolue repose sur un double postulat, à la fois méthodologique et physique : pour comprendre l'ordre du monde, il faut renoncer à vouloir expliquer intégralement le mouvement par le jeu des forces en présence. Aristote, en effet, ne se préoccupe pas ici du rapport entre le sujet observant et les conditions *matérielles* de l'observation : la variation entre les deux sens d'« impossible » ne concerne pas la faculté de voir, qui est la même dans les deux cas, mais l'objet en tant qu'il est ou non visible par soi. L'objet éloigné est naturellement et potentiellement visible, indépendamment de la distance du plus proche sujet percevant, c'est-à-dire indépendamment des conditions de l'actualisation de sa visibilité. Quant au son, on ne le voit pas. De même, l'hypothèse d'une force capable de déplacer la Terre est en réalité une hypothèse purement formelle parce que les conditions de son actualisation ne seront jamais réunies : nous savons – en tout cas nous le savons parce qu'Aristote le dit ailleurs – que le monde est indestructible, et cela sans condition. L'hypothèse en question est une pure supposition argumentative et abstraite.

La question est donc de savoir quelle valeur nous pouvons attribuer à une pure hypothèse, en vertu de ses seules implications internes. Or la réponse d'Aristote est à ce sujet sans ambiguïté : de pures implications, si elles ne sont pas appropriées à l'objet dont on traite, n'ont d'autre nécessité que leur validité interne, si bien que la non-impossibilité de l'hypothèse n'a aucune incidence sur la connaissance de l'objet, en l'occurrence le caractère indestructible de l'univers. L'argument qui nous conduit à envisager le déplacement de la Terre et la destructibilité de l'univers est donc du type de ceux qu'Aristote qualifie de « purement logiques et vides » *(logikôs kai kenôs)*, par opposition aux arguments appropriés à la matière dont on traite. Il est par ailleurs tout à fait clair que l'impossibilité qui caractérise l'indestructibilité de l'univers est pour Aristote une impossibilité du premier type, c'est-à-dire absolue. Dans une autre argumentation qui prend précisément en compte les deux sens d'« impossible »[2], cette conclusion s'impose à partir du moment où l'on considère le problème

1. 4, 699b17-23.
2. *DC*, I, 12, 281b3-15.

« selon la nature et non pas en général »[1]. Dans cette formule, il est clair que « non pas en général », c'est-à-dire « non pas *seulement* en général », est l'équivalent de *logikôs* dans son opposition à *phusikôs*. Cela ne veut pas dire, à la différence de ce que l'on observe dans notre texte, que l'expression soit à prendre en mauvaise part, puisqu'il est alors question d'une argumentation que confirme l'examen *phusikôs*. Cela signifie qu'il faut distinguer entre des types d'argumentation, ce que l'on ne fait pas si l'on envisage abstraitement la destructibilité du monde en supposant qu'elle n'est pas absolument impossible. Aristote ne rejette pas l'analyse « logique » comme telle, mais en tant qu'elle est, dans l'hypothèse de la destructibilité, oublieuse de la matière en question. En d'autres termes, parce qu'il refuse l'usage, en philosophie naturelle, d'une argumentation qui ferait abstraction de la matière considérée et de l'ensemble des causes naturelles – en l'occurrence des causes autres que purement mécaniques – Aristote invite implicitement son lecteur à substituer à l'hypothèse, non pas seulement une autre explication, mais encore un autre *type* d'explication. Un mécanisme abstrait et exclusif est incapable de rendre compte du mouvement de l'univers. Par voie de conséquence, le lecteur du *MA* est invité à limiter également ce type d'arguments à propos du mouvement animal.

Enfin, aucune explication par les seules forces ne peut donner raison de l'ordre du monde parce qu'elle ne prend pas en compte la distinction entre mouvement naturel et mouvement forcé, distinction qui est présente en creux dans l'argumentation des chapitres 3 et 4 : si le Ciel doit être maintenu ou poussé, ou bien si la Terre peut quitter son lieu, cela signifie que tout mouvement est en réalité forcé et qu'il n'y a pas de lieu naturel susceptible de constituer le terme des mouvements du même nom. Il est à cet égard significatif que Plotin, dans le *Traité 30* (III, 8), texte qui remet pourtant en cause sur plusieurs points les cadres de la philosophie d'Aristote, adopte une stratégie comparable à la sienne. Plotin établit en effet qu'il faut « éliminer, de la production naturelle, l'usage du levier » (chap. 2, l. 4), car la nature produit sans effort et par la seule présence de son principe rationnel. Il faut donc, pour cette raison même, supposer en elle un principe immobile, comparable par analogie, mais par analogie seulement, au point d'appui dont se sert l'artisan (l. 10-15). Ainsi, pour Plotin comme pour Aristote, le mécanisme est impuissant à donner la cause du mouvement, mais il constitue un bon paradigme pour comprendre certains aspects de la puissance naturelle de production. Pour Plotin comme pour Aristote, dans la nature, les forces ne sont pas supprimées en tant que

1. καὶ φυσικῶς δὲ καὶ μὴ καθόλου, *DC*, I, 12, 283b17-18.

telles. Elles constituent simplement un aspect de l'explication et non pas la cause ultime. Il ne s'agit pas, en tout cas, d'une simple métaphore[1].

Les apories cosmologiques du *MA*, tout en confirmant la légitimité relative des explications mécanistes, préparent le tournant du chapitre 6, c'est-à-dire l'exigence du recours aux causes finales dans un traité sur le mouvement des animaux. La critique du mécanisme ne relève donc pas du dépassement unilatéral, mais bien du dépassement conservatoire : comme on l'a vu en invoquant la fonction du SC, les forces ne cessent pas de jouer et les mouvements qu'elles provoquent ne cessent pas de s'enchaîner spontanément à partir du moment où l'on invoque les causes finales. Les chapitres 7 à 11 montrent précisément que les processus physiologiques qui ne sont pas intentionnellement provoqués ou ceux dont le rapport aux fins vitales n'est qu'indirect sont essentiels à l'explication du mouvement animal. Le mécanisme du *MA* établit ainsi une continuité explicative qui relie l'analyse des mouvements internes à celle des mouvements externes et, ainsi, la physiologie organique à l'éthologie animale.

1. L'intérêt d'Aristote pour les mouvements non naturels que sont les mouvements mécaniques des arts est par ailleurs manifeste. Ainsi M.E. Bottecchia Dehò, *Aristotele. Problemi meccanici*, Introduzione, testo greco, traduzione italiana, note, Soveria Manneli, Rubbettino, 2000, soutient la thèse de l'authenticité des *Problèmes mécaniques*. I. Bodnár, « The Mechanical Principles of Animal Motion », dans *Aristote et le mouvement des animaux*, *op. cit.*, p. 137-147, concentre pour sa part l'analyse sur les mécanismes élémentaires évoqués dans le *MA*.

CHAPITRE III

LES FINS DU MOUVEMENT ANIMAL

MOUVEMENT ANIMAL, RAISONNEMENT PRATIQUE ET FINALITÉ

Le chapitre 5 du *MA* envisage l'application de l'exigence d'un principe immobile à l'ensemble des changements susceptibles de se produire dans l'animal. Il pose donc la question suivante : l'animal possède-t-il en lui-même un principe immobile de tous ses mouvements et pas seulement du mouvement local ? Il faut distinguer deux cas : celui des organismes achevés ou complets et celui des organismes incomplets. Dans le premier cas, parce que le mouvement local est premier par rapport aux autres changements, et parce qu'il suppose un principe immobile, les autres changements supposent également un principe immobile à l'intérieur de l'animal. Dans le second cas, les changements des premières périodes de croissance dépendent d'autres agents et la situation est équivoque. L'embryon n'est pas un véritable automoteur. Dans tous les cas, le changement substantiel – la génération de l'animal – dépend d'un agent, et donc d'un principe externe, car l'animal ne se préexiste pas à lui-même.

Le chapitre 6, en partant directement de l'âme, marque une forte rupture par rapport aux chapitres précédents :

> Pour ce qui est de l'âme, à savoir si elle est mue ou si elle ne l'est pas, et, pour le cas où elle est mue, comment elle est mue, on en a parlé précédemment, dans les ouvrages qui lui sont précisément consacrés. Puisque, d'autre part, tous les êtres inanimés sont mus par quelque chose d'autre qu'eux, et puisque l'on a précisé, dans nos ouvrages portant sur la philosophie première, la manière dont se meut ce qui est mû en premier et est toujours mû, et comment le premier moteur

> met en mouvement, il reste à examiner comment l'âme meut le corps et quel est le principe du mouvement de l'animal [1].

On tient ici pour acquis ce qui a été établi dans d'autres écrits. Il s'agit donc maintenant d'« examiner comment l'âme meut le corps et quel est le principe du mouvement de l'animal ». Le terme « principe » (ἀρχή) doit être entendu ici au sens de cause première et non plus seulement au sens de point de départ ou de commencement : il n'est plus question des seules *conditions* statiques des mouvements corporels, mais de la véritable *cause* du mouvement. La référence au *DA*, et peut-être également aux *PN*, qui ouvre ce chapitre, montre bien que le propos n'est plus d'appliquer au mouvement animal les principes du mouvement en général, mais d'expliquer le type de motricité propre à l'animal. Or cette explication impose de recourir à un ordre de considérations que les premiers chapitres avaient laissé de côté : la prise en compte des causes finales, et, plus précisément, « la fin des activités que l'on peut accomplir » [2]. L'animal se meut en fonction du désirable et en vue de l'atteindre, c'est-à-dire selon le bien *pratique* entendu au sens large – le bien à accomplir – et sans restriction au bien proprement humain. Ainsi, le changement de lieu ne saurait s'expliquer sans l'âme qui meut l'animal et sans la fin qu'il se représente : « l'animal est mû et se déplace par désir ou par décision, après avoir subi quelque modification en vertu de la sensation ou de l'imagination [3]. » L'animal se meut sous l'effet d'une cause motrice qui est aussi une cause finale. Sur ce point encore, le *MA* est en parfaite harmonie doctrinale avec l'hylémorphisme du *DA*, qui conçoit l'âme, non seulement comme la forme du composé, mais aussi comme sa cause motrice et finale. En se proposant d'« examiner comment l'âme meut le corps et quel est le principe du mouvement de l'animal », le chapitre 6 précise en tout cas quel est l'objet propre du traité, affinant ainsi le programme exposé au début du chapitre 1 : l'explication commune du mouvement animal réside dans l'explication de la motricité exercée par l'âme sur le corps.

Le développement du chapitre 7 sur ce qu'il est habituel d'appeler « syllogisme pratique » montre quel type de pensée – ou, plus généralement, quel type d'opérations cognitives et d'enchaînements mentaux – permet que l'âme meuve le corps :

> Quel est, d'autre part, le mode de penser qui entre en jeu dans le fait que l'on agisse ou non, et que l'on se mette en mouvement ou non ?

1. *MA*, 6, 700b3-11.

2. τὸ τῶν πρακτῶν τέλος, 6, 700b25.

3. κινεῖται γὰρ καὶ πορεύεται τὸ ζῷον ὀρέξει ἢ προαιρέσει, ἀλλοιωθέντος τινὸς κατὰ τὴν αἴσθησιν ἢ τὴν φαντασίαν., 6, 701a4-6.

Il semble que cela se passe à peu près comme quand on réfléchit et qu'on fait des raisonnements à propos des êtres immobiles. Mais là, la fin est une proposition théorique – en effet, quand on connaît les deux prémisses, on connaît et on pose en plus la conclusion –, alors qu'ici, la conclusion qui découle des deux prémisses, c'est l'action. Par exemple, quand on pense que tout homme doit se promener et qu'on est soi-même un homme, on se promène directement, mais si l'on pense qu'aucun homme ne doit maintenant se promener et qu'on est soi-même un homme, on se met directement au repos. Et, dans les deux cas, on agit, à moins que quelque chose ne nous en empêche ou nous contraigne. « Je dois faire quelque chose de bon; or une maison est quelque chose de bon », et l'on fait directement une maison. « J'ai besoin de me couvrir; or un manteau sert à se couvrir; j'ai besoin d'un manteau; ce dont j'ai besoin, je dois le faire; j'ai besoin d'un manteau; je dois faire un manteau. » Et la conclusion, « je dois faire un manteau », est une action. Or on agit à partir d'un principe : s'il doit y avoir un manteau, il est nécessaire qu'il y ait d'abord ceci, et s'il y a ceci, qu'il y ait d'abord cela. C'est pourquoi l'on agit directement. Que donc l'action soit la conclusion, c'est manifeste. Par ailleurs, les prémisses qui la produisent sont de deux espèces : selon le bien et selon le possible.

D'autre part, comme cela arrive lorsque l'on procède par interrogations, la réflexion ne s'arrête nullement pour considérer la seconde des deux prémisses, qui est évidente. Par exemple, si l'on pose que la promenade est bonne pour l'homme, on ne s'arrête pas au fait que l'on est soi-même un homme. C'est pourquoi toutes les choses que nous faisons sans calculer, nous les faisons rapidement. En effet, quand on passe à l'acte en vue de la fin sous l'effet de la sensation, de l'imagination ou de l'intellect, ce que l'on désire, on le fait directement, car l'acte du désir vient à la place de l'interrogation ou de la pensée. « Il faut que je boive », dit l'appétit; « voici quelque chose à boire », dit la sensation, l'imagination ou l'intellect, et l'on boit directement.

C'est donc de cette manière que les animaux tendent vers le mouvement et l'action, étant donné, d'une part, que le désir est la cause ultime du mouvement et, d'autre part, qu'il se produit par l'intermédiaire de la sensation, ou de l'imagination, et de la pensée. Par ailleurs, les animaux qui désirent agir font ce qu'ils font ou agissent, pour les uns, par l'intermédiaire de l'appétit ou de l'impulsion, et pour les autres, par l'intermédiaire du désir ou du souhait[1].

Les difficultés posées par ce passage et les très nombreux débats auxquels il a donné lieu appellent un certain nombre de précisions.

1. 7, 701a7-701b1.

Commençons par un point de traduction. La traduction de la première phrase diverge par rapport aux traductions habituelles, qui comprennent νοῶν comme une participiale circonstancielle. Ainsi, Louis propose « comment se fait-il, d'autre part, que l'être pensant tantôt agisse et tantôt n'agisse pas (...) » ; Nussbaum : « *but how does it happen that thinking is sometimes accompanied by action and sometimes not* [...]. » Je rejoins pour ma part M. Crubellier, qui comprend la proposition πῶς δὲ νοῶν comme un groupe en apposition, en faisant porter la question modale sur νοῶν, c'est-à-dire sur l'activité de pensée[1]. L'interprétation traditionnelle résulte en effet d'un rapprochement implicite – pour ne pas dire d'une confusion – avec la problématique du syllogisme ou raisonnement pratique dans l'*Éthique à Nicomaque*, qui répond pourtant, nous le verrons, à un objectif différent. Il ne s'agit pas ici de rendre compte d'une discontinuité possible entre l'intention et l'action, mais de l'action elle-même, c'est-à-dire des modalités de l'intention en tant qu'elle est immédiatement productrice d'actions. Du reste, la proposition suivante – « il semble que cela se passe à peu près comme quand on réfléchit et qu'on fait des raisonnements à propos des êtres immobiles » – ne répond pas à la question de savoir si la pensée est suffisamment efficace pour entraîner l'action, mais à une interrogation sur la modalité de la pensée pratique[2]. La réponse est la suivante : le type de pensée qui fait que l'on agit ou non peut être analysé d'après l'exemple des syllogismes théoriques[3].

Sur un plan plus général, l'apparition du « syllogisme » ou « raisonnement pratique »[4] pose deux difficultés majeures : 1) concerne-t-elle

1. M. Crubellier, « Le "syllogisme pratique" ou comment la pensée meut le corps », dans *Aristote et le mouvement des animaux*, *op. cit.*, p. 9-26. Voir également la traduction proposée par D. Charles, *Aristotle's Philosophy of Action*, Ithaca-London, Cornell University Press, 1984 : « *Thinking in what way does a man sometimes act, and sometimes not ?* ».

2. Plus fondamentalement, Aristote ne s'interroge pas sur l'aptitude de l'intention à produire l'action, mais sur la nature de l'intention, telle que l'on peut la ressaisir à partir du fait même de l'action. Ce point justifie l'intérêt porté par E. Anscombe au *MA*, dès *Intention* (voir *Intention*, Oxford, 1958; trad. fr., *L'Intention*, Paris, Gallimard, 2002, § 42), dans la perspective d'une inversion du modèle causal classique de l'intention vers l'action, même si, en l'occurrence, elle critique la pertinence du modèle syllogistique utilisé par Aristote pour rendre compte du processus pratique.

3. L'expression « êtres immobiles » (ἀκίνητα) désigne probablement les objets de science, c'est-à-dire de *theôria*, comme en *EN*, VI, 12, 1143b1-3, et non les seuls objets mathématiques (contrairement à ce que comprend Michel d'Éphèse en 116.22).

4. Il est incontestablement préférable d'éviter, sinon pour des raisons de simple commodité, l'expression « syllogisme pratique », qui ne trouve pas d'équivalent strict dans le *corpus* aristotélicien – l'expression οἱ συλλογισμοὶ τῶν πρακτῶν (*EN*, VI, 13, 1144a31-32) signifie plus précisément « syllogismes du faisable » – et qui ne fait l'objet d'aucune mention dans l'*Organon*. Voir sur cette question C. Natali, *La saggezza di Aristotele*, Napoli, Bibliopolis, 1989, p. 143-145.

exclusivement la *praxis* humaine, ou s'applique-t-elle également aux autres animaux ? 2) Est-elle une description, voire une prescription, d'une véritable déduction pratique, ou bien s'agit-il d'un simple modèle didactique, destiné à éclairer le processus de conduite ?

1) L'évocation initiale de la conduite humaine – dont relèvent indiscutablement les exemples « techniques » de la fabrication de la maison et du manteau – invite à donner à νοῶν un sens strict et anthropologique, qui le distinguerait nettement des opérations de la *phantasia* et de l'*aisthèsis*. Il n'en demeure pas moins que le dernier exemple de cette séquence, la satisfaction de la soif, s'applique également aux animaux non rationnels et Aristote revient alors, pour désigner les opérations cognitives nécessaires à l'action, à la trilogie du chapitre 6 : sensation, imagination, pensée (l. 29-36). Dans le cas de l'action non calculée (701a25-33), en effet, il n'est plus nécessaire de faire intervenir la pensée, car alors « l'acte du désir vient à la place de l'interrogation ou de la pensée » (701a31-32)[1]. Il est donc inutile de supposer, dans l'animal, une aptitude rationnelle qui lui ferait accomplir de véritables syllogismes[2].

Richard Sorabji[3] note ainsi que les prémisses « je dois boire », « voici quelque chose de potable » sont accessibles aux animaux et que, si les animaux ne forment pas de syllogisme, c'est parce qu'ils ne peuvent pas *relier* les prémisses à la conclusion d'une manière correcte. Ils sont néanmoins capables d'accomplir le processus causal qui constitue le lien en question. Il estime par ailleurs que le fait que l'animal ne forme pas explicitement de syllogismes ne suffit pas à lui refuser une forme de raisonnement. Je dirais pour ma part que le texte de *MA*, 7, s'il confirme directement la première assertion, ne donne aucun élément en faveur de la seconde, sinon qu'elle n'est pas absolument inenvisageable. Le fait que l'animal soit doté ailleurs d'une forme de *noûs* ou de *phronèsis* n'inter-

1. Aristote apporte là un argument supplémentaire en faveur de l'efficacité pratique du désir. Comme dans l'enthymème ou syllogisme rhétorique (voir *Rhét.*, I, 2, 1356a24-1358a35), nous pouvons procéder à l'élision de la mineure lorsque celle-ci est évidemment connue. L'évocation des « interrogations », c'est-à-dire de la pratique oratoire de la dialectique, justifie ce rapprochement. Ainsi, nous n'avons pas à nous demander si nous sommes un homme pour savoir que nous sommes concernés par la recommandation de la promenade. Comme l'enthymème, mais à la différence des syllogismes dialectiques complets, l'action effectuée « sans calculer » (μὴ λογισάμενοι) se caractérise par son caractère non problématique et par sa spontanéité. Du même coup, il devient beaucoup moins étrange d'associer à la conduite humaine le comportement animal qui, précisément, s'effectue sans qu'il y ait à proprement parler « calcul ».

2. Ainsi D. Charles, *op. cit.*, p. 96, estime qu'il n'est pas besoin d'attribuer à l'agent un syllogisme pratique pour expliquer toute action intentionnelle.

3. R. Sorabji, *Animal Minds and Human Morals. The Origins of the Western Debate*, London, Duckworth, 1993, p. 88.

vient pas ici, où la question qui se pose n'est pas celle de l'identité et de l'efficacité des opérations cognitives en tant que telles, mais celle du type de corrélation qu'il faut concevoir entre les représentations, le désir et le mouvement. Ce point est particulièrement clair si l'on considère que le développement sur le raisonnement pratique est immédiatement suivi par la comparaison entre le mouvement des animaux et celui des automates (701b2-24).

Enfin, la conclusion de toute l'analyse (l. 33-b1) porte sur une tendance au mouvement qui est présentée comme étant commune à tous les animaux. Ce passage esquisse du reste une distribution, selon des genres non précisés, des types de désir qui interviennent dans l'action : ils agissent « pour les uns, par l'intermédiaire de l'appétit ou de l'impulsion, et pour les autres, par l'intermédiaire du désir ou du souhait ». Il apparaît donc que ce qui est en question dans la première partie du texte, c'est, exemplairement et initialement, la conduite humaine puis, dans un second temps, le comportement animal en général. Le fait que l'on puisse, par ailleurs et sous certaines conditions, parler de *praxis* pour l'animal en général et non pas seulement pour l'homme [1] apporte une justification supplémentaire à ce rapprochement.

Nous devons faire à ce propos deux remarques. Premièrement, cet élargissement du champ d'application du modèle syllogistique confirme qu'il s'agit de comprendre la spontanéité du passage du désir à l'acte plutôt que les éventuels échecs pratiques d'une pensée calculatrice. Deuxièmement, il atténue considérablement une difficulté qui concerne la cohérence globale du *MA* : nous ne quittons pas, avec le chapitre 7, le terrain naturaliste pour passer sans justification méthodologique sur le versant pratique de la philosophie d'Aristote, parce que le recours au modèle syllogistique éclaire aussi bien l'action animale que l'action humaine. Les enjeux de ce passage relèvent donc d'une éthologie générale et non pas de la seule philosophie pratique.

2) Ce premier résultat a des incidences directes sur l'interprétation de la deuxième difficulté. Étant donné que les animaux autres que l'homme ne procèdent pas à des « syllogismes » avant de se jeter sur leur proie ou de s'enfuir, ce modèle apparaît bien plus comme un modèle d'intelligibilité que comme un schéma de déduction pratique. Aristote, en invoquant la nécessité avec laquelle la conclusion découle des prémisses, ne donne pas la cause logique du mouvement : il recourt au paradigme didactique qu'il estime être le plus adéquat pour exprimer sa spontanéité [2].

1. Voir ci-dessous, p. 160-161.

2. M. Nussbaum, *op. cit.*, Essay 4, p. 165-220, argumente en ce sens de manière très convaincante. Voir également l'ensemble de l'analyse de J.-L. Labarrière, *Langage, vie politique et mouvement des animaux*, Paris, Vrin, 2004, p. 195-214.

Ce point deviendra plus clair si l'on considère deux choses : a) ce qui distingue la détermination à agir, fût-elle exprimable sous la forme d'un syllogisme, d'un véritable syllogisme théorique ; b) ce qui distingue mais aussi ce qui rapproche notre texte de l'analyse de l'*Éthique à Nicomaque*.

a) On s'accorde à reconnaître que le raisonnement pratique ne saurait être assimilé à un syllogisme proprement démonstratif, parce que « toutes ses prémisses ne sont pas universelles (et par conséquent sa conclusion ne l'est pas non plus) » [1]. La différence la plus remarquable avec le syllogisme en général, différence notée par Aristote lui-même aux lignes 10-13, est que la conclusion est une action. Ce dernier point est confirmé par l'analyse de l'*EN* en VII, 5 : la majeure exprime une opinion générale remplissant une fonction de règle – « il faut goûter à tout ce qui est doux » – ; la mineure indique la présence d'un cas particulier correspondant à ce que prescrit la majeure – « ceci est doux » – ; la conclusion est l'action qui résulte directement de la liaison des deux prémisses (1147a28). Ainsi, la conclusion n'est pas proprement *inférée* de la vérité des prémisses, sauf à considérer que la nécessité de l'action n'est autre que la nécessité de la proposition qui l'exprimerait sous la forme d'un verdict ou d'un impératif (« je dois goûter », « je dois boire », « je dois faire un manteau ») [2]. Toutefois, la nécessité d'une inférence propositionnelle n'est pas de même ordre que la nécessité pratique : je peux conclure à la nécessité de boire et, cependant, ne pas le faire. Nous aurions dans ce cas un raisonnement *à propos* du faisable, mais pas un raisonnement effectivement pratique. Or c'est manifestement ce second sens qu'Aristote entend privilégier dans nos exemples. En effet, l'assentiment nécessaire à l'action ne porte pas sur la vérité des prémisses, mais sur leur valeur pratique dans des circonstances particulières données. Or la valeur véritablement *pratique*, aux yeux d'Aristote, n'est pas réductible à des considérations déontiques abstraites parce qu'elle définit le désirable, c'est-à-dire ce qui est à faire – et non pas simplement à vouloir ou à devoir faire – dans des circonstances singulières données. On peut objecter que les conclusions des syllogismes sont, de toutes façons, verbales – qu'elles prescrivent ou qu'elles décrivent une action – et que, pour cette raison, elles expriment une nécessité logique qui n'est pas de

1. B. Besnier, « Le rôle du chapitre 5 dans le sixième livre (*Éthique à Nicomaque*, VI, 5) », dans *La Vérité pratique. Aristote,* Éthique à Nicomaque, *Livre VI*, J.-Y. Château (éd.), Paris, Vrin, 1997, p. 69-85, p. 84.

2. La possibilité d'exprimer le syllogisme pratique sous la forme d'une inférence théorique valide a fait l'objet de plusieurs travaux dont on trouvera une présentation claire dans P. Gochet, « Le syllogisme pratique d'Aristote », dans *Aristotelica secunda. Mélanges offerts à Christian Rutten*, A. Motte et J. Denooz (éd.), Liège, CIPL, 1996, p. 117-129. Sur les limites de l'application du modèle logique au passage du *MA*, voir J.-B. Gourinat, « Syllogisme pratique et logique déontique », dans *Aristote et le mouvement des animaux*, *op. cit.*, p. 27-66.

même ordre que la nécessité avec laquelle l'action, si elle n'est pas empêchée, vient à se produire[1]. La verbalisation de la conclusion est la conclusion théorique du syllogisme, mais elle n'est pas la conclusion de la délibération, parce que la conclusion de la délibération est une action et non une proposition[2]. Il faut alors se demander si le syllogisme pratique est bien une solution réelle au problème de la pratique.

L'essentiel, cependant, n'est sans doute pas là : le syllogisme est peut-être un modèle déficient de la délibération, mais il est aux yeux d'Aristote le moins imparfait que l'on puisse trouver pour exposer les conditions de l'action. David Charles[3], à ce propos, analyse ce qu'il pense être un conflit factuel entre deux types d'énoncés, dont les premiers affirmeraient que la conclusion est une proposition et les seconds qu'elle est une action. Il note cependant à juste titre qu'il faut distinguer entre deux questions : quelle est la nature du raisonnement pratique ? quelle est l'explication appropriée au cas de l'action intentionnelle ? Or c'est bien cette seconde question qui intéresse ici Aristote. Par ailleurs, il estime qu'Aristote entend ici par « conclusion » aussi bien la proposition qui constitue la conclusion que le contenu, l'objet de la conclusion, en l'occurrence l'action.

Cela revient à dire, également, que tous les termes sont immédiatement orientés vers l'action par le désir. Le raisonnement pratique est en effet au croisement de deux axes de détermination : non seulement le rapport entre la règle et le cas (le général et le particulier), mais également le rapport entre la fin, exprimée par la majeure, et le choix des moyens en vertu de la mineure[4]. Or, parce que la fin est objet, non de délibération, mais de désir ou plus précisément de « souhait » (βούλησις)[5], la majeure suppose déjà un assentiment de type *orectique* et non pas seulement un assentiment théorique. Bien qu'il faille distinguer entre la faculté désirante et les facultés cognitives pour identifier la cause du mouvement, désir et représentation sont étroitement mêlés dans l'accomplissement du mouvement[6]. La conclusion de l'analyse, en 701a33-34, est sur ce point sans équivoque :

1. Voir en ce sens M. Burnyeat, Review <de Nussbaum, M.C. : Aristotle's *De Motu Animalium*>, *Archiv für Geschichte der Philosophie* 63, 1981, p. 184-189, notamment p. 187-188.

2. Sur cette question discutée, voir en ce sens les arguments de M. Nussbaum, *op. cit.*, p. 186 et de C. Natali, *L'Action efficace...*, 2004, p. 232-233.

3. D. Charles, *op. cit.*, p. 90-94.

4. Voir notamment *EN*, VI, 13, 1144a31-33.

5. Voir *EN*, III, 4, 1111b20-30 ; VI, 13, 1144a7-9.

6. Voir en ce sens les arguments de M. Crubellier, art. cit., p. 23, qui conclut : « l'action n'est pas inférée ni déduite à partir des deux prémisses ; mais elle résulte de leur synthèse et de leur fusion, de la même façon que le contenu de la conclusion résulte de la composition des prémisses. »

« c'est donc de cette manière que les animaux *tendent* (ὁρμῶσι) vers le mouvement et l'action. »

Si le recours à la forme syllogistique demeure néanmoins justifiée, c'est d'abord parce que le raisonnement pratique fait apparaître le lien nécessaire entre, d'une part, le terme contenu dans la mineure – « un manteau est un vêtement » ou « voici quelque chose à boire » – et le terme d'extension supérieure contenu dans la majeure – « j'ai besoin d'un vêtement » ou « il faut que je boive » –, et, d'autre part, la mineure et la conclusion – *je fabrique un manteau* ou *je bois*. Cette nécessité se traduit, dans le texte du *MA*, par la récurrence de εὐθύς, rendu par « directement », qui exprime l'immédiateté de la consécution entre les prémisses et la conclusion. Le fait que l'opinion générale contenue dans la majeure ne suffise pas à provoquer le mouvement justifie l'introduction du terme intermédiaire et causal que constitue la mineure, qui, elle, « met en mouvement »[1]. De ce point de vue, la mise au jour de la causalité physique de l'action par la mineure pratique est au moins l'analogue de la causalité logique qu'exprime la mineure dans un syllogisme théorique. De plus, le modèle syllogistique permet de concevoir qu'il y ait un terme premier, c'est-à-dire un « principe » de l'action (701a20-21), sans lequel les moyens ne sauraient être arrêtés – au double sens de la décision et de l'assignation d'un terme – en vue d'aucune fin. Inversement, la mineure pratique peut également valoir comme *archè* en vue de la saisie de la règle générale contenue dans la majeure, si l'on considère que, dans l'action, ce sont les cas particuliers qui conduisent à l'universel[2].

b) L'analyse du raisonnement pratique dans le chapitre 7 du *MA* diffère de celle qui est menée en *EN*, VII, 5, par son orientation générale, même si elle s'accorde avec elle sur le fond. Si l'on prête attention au contexte dans lequel intervient le syllogisme pratique dans l'*Éthique à Nicomaque*, on constate en effet qu'il s'agit d'expliquer l'intempérance ou *akrasia*[3]. Aristote reproche à la doctrine socratique de la vertu-science de réduire l'intempérance à une pure et simple ignorance et de croire qu'un savoir véritable est incompatible avec l'acte intempérant. Or il arrive que nous connaissions la règle et que, pourtant, nous agissions contre elle. Le syllogisme pratique permet précisément de comprendre qu'il ne suffit pas de posséder la connaissance générale qui constitue sa majeure, mais qu'il faut encore lui rapporter la saisie du cas particulier. Il explique en outre qu'il puisse y avoir conflit entre les règles. Ainsi, c'est toujours sous l'influence d'un certain *logos* (raisonnement, règle ou norme rationnelle)

1. Voir *DA*, III, 11, 434a16-21.
2. Voir *EN*, VI, 12, 1143b2-5.
3. *EN*, VII, 5, 1147a22-25.

ou d'une opinion *(doxa)* qu'on est intempérant. C'est du reste la raison pour laquelle on ne parle pas d'intempérance à propos des bêtes[1]. Dans le chapitre 7 du *MA*, le problème n'est pas de montrer que la pensée, même droite, n'est pas nécessairement suivie d'effets et peut être dominée par l'intempérance. Il s'agit au contraire de montrer la spécificité, la spontanéité et l'efficacité du raisonnement pratique et, plus généralement, de la conjonction du désir et des opérations cognitives. Le schéma, en ce sens, est régressif plutôt que déductif. La question n'est pas : étant données une intention *I* et une action possible *A ;* quelles sont les conditions *x, y, z* pour que *I* produise *A* ? mais plutôt : étant donnée l'action réelle *A*, quelles sont les conditions *x, y, z* de *I*, en tant que cause effective de *A* ? Quant à l'empêchement envisagé à la ligne 701a16 (« à moins que quelque chose ne nous en empêche ou nous contraigne »), il est évoqué dans les termes de la contrainte externe. Il fait donc probablement allusion à la contingence liée aux conditions objectives de l'action, et non pas à un échec interne du processus pratique, c'est-à-dire à la faiblesse d'une volonté qui ne parviendrait pas à se traduire en actes.

Rien n'empêche, par ailleurs, que l'agent ait consciemment recours à un syllogisme pour ordonner son action, dans des circonstances où il lui paraîtrait nécessaire de se représenter un lien de type logique entre les éléments de la délibération. Toutefois, ce n'est certainement pas dans ces cas d'exception qu'Aristote voit le modèle de l'efficacité pratique.

En conclusion, l'analyse du raisonnement pratique ne se limite pas, dans notre texte, au cas de la délibération humaine. Corrélativement, elle n'a pas une vocation normative mais une destination descriptive, et elle vaut non pas comme un modèle de déduction pratique mais comme un modèle d'intelligibilité de l'action en général, humaine ou animale.

Il apparaît ainsi que la finalité poursuivie dans l'activité animale est double : elle est non seulement dans le terme objectif des actions – se saisir de la proie, fuir un danger, réaliser une action juste –, mais également dans l'animal lui-même, c'est-à-dire dans l'accomplissement des mouvements et des activités qui concourent à son unité organique et à sa préservation.

L'articulation entre les deux manières d'entendre la cause finale qui meut l'animal est cependant problématique. Le chapitre 6 opère en effet, entre les lignes 700b17 et 700b29, un glissement que l'on peut reconstituer en ces termes :

– (a) l'animal se meut par représentation[2] et désir (*orexis*) ;

1. VII, 5, 1147a35-b5.

2. Entendue ici au sens large, incluant l'ensemble des opérations cognitives qu'Aristote associe au désir. Voir ci-dessous *Intention et représentation*.

– (b) or le désir n'est moteur qu'en tant qu'il se rapporte au désirable (*orekton*) ;
– (c) or le désirable nous apparaît comme un bien et comme une fin motrice ;
– (d) donc le moteur, c'est le désirable.

Notons dès à présent que la proposition (b) est implicite et qu'Aristote ne formule pas explicitement cette restriction. Nous aurons à y revenir. Toutefois les propositions (c) et (d) sont explicites et, en tant que telles, elles suffisent à créer la difficulté : peut-on dire à la fois avec (a) que le désir est moteur, et avec (d) que le moteur est le désirable ? Cela revient, en effet, à dire tout d'abord que le moteur est une faculté de l'animal, puis que le moteur est un bien externe. Le chapitre 8 confirme l'embarras, en indiquant que « le principe du mouvement est dans ce qui est à poursuivre ou à fuir dans le domaine de ce que l'on peut accomplir » [1].

Du reste, il ne s'agit pas d'une bizarrerie du *MA*, puisque le *DA* pose la même difficulté, situant alternativement le principe du mouvement et de l'action dans l'âme et dans le désirable. Ainsi, selon le texte du *DA*, tel qu'il est établi par Ross [2], nous lisons d'abord : « le désirable meut et c'est par lui que la réflexion meut parce que son principe c'est le désirable » [3]. Puis, en 433a21 : « il y a une seule chose qui est motrice, c'est le désirant (τὸ ὀρεκτικόν). » En effet, à la ligne 20, le texte précise que « quand la *phantasia* meut, elle ne le fait pas sans désir ». Le mouvement du texte invite donc à privilégier la motricité de la faculté désirante par rapport à l'objet du désir. En réalité, en 433a21, à la leçon ὀρεκτικόν des manuscrits CUX (= C), et qui figure dans une citation du commentaire de Simplicius, on peut opposer la leçon ὀρεκτόν donnée par les manuscrits EL (= E) et une variante de Simplicius. Aussi plusieurs éditeurs et traducteurs préfèrent-ils la seconde leçon [4]. Du reste, dans la suite du texte, la leçon ὀρεκτόν n'est pas contestée. Ainsi, en 433a28-29 : « c'est toujours le désirable (ὀρεκτόν) qui meut, mais cet objet est soit le bien, soit l'apparence du bien » ; puis, en 433b11 : « le premier de tous les moteurs, c'est le désirable (ὀρεκτόν). » La faculté motrice, le désirant, est donc un moteur, mais un moteur mû [5].

1. Ἀρχὴ μὲν οὖν, ὥσπερ εἴρηται, τῆς κινήσεως τὸ ἐν τῷ πρακτῷ διωκτὸν καὶ φευκτόν, 8, 701b33-34.

2. Oxford, 1956.

3. τὸ ὀρεκτὸν γὰρ κινεῖ, καὶ διὰ τοῦτο ἡ διάνοια κινεῖ, ὅτι ἀρχὴ αὐτῆς ἐστι τὸ ὀρεκτόν, III, 10, 433a18-19.

4. C'est par exemple le cas de A. Jannone et E. Barbotin, *Aristote. De l'âme*, texte établi et traduit, Paris, Les Belles Lettres, 1966, et de R. Bodéüs, *Aristote. De l'âme*, trad. fr., présentation et notes, Paris, GF-Flammarion, 1993.

5. *DA*, III, 10, 433b15-17.

Une fois encore, la convergence avec le *MA* est confirmée, puisque celui-ci, au chapitre 6, définit précisément le désir comme un « moteur mû ».

En d'autres termes, l'animal est un être automoteur, au sens où ses divers mouvements particuliers dépendent de sa capacité à se mouvoir lui-même. Cependant, son mouvement est causé par le moteur externe que constitue le désirable en tant que tel. La difficulté est cruciale, parce qu'elle conduit à se demander, comme Aristote le fait lui-même au livre VIII de la *Physique*, si l'animal n'est pas tout à la fois agent et patient sous le même aspect, ce qui serait absurde. Tout au moins doit-on reconnaître qu'il est agent et patient dans l'accomplissement d'une même activité. Lorsque l'animal se meut vers une proie, on peut supposer qu'il est mû par une impression sensorielle et par le processus physiologique incontrôlable qui produit en lui la sensation de faim. Néanmoins, c'est *lui* – l'animal en personne – qui poursuit sa proie; il est donc l'agent de son propre déplacement. Sous sa formulation générale, le problème est bien connu des commentateurs d'Aristote, notamment sous sa dénomination anglaise, comme problème des *self-movers* [1]. Curieusement, la contribution du *MA* à sa formulation et à sa résolution a été moins étudiée [2] et c'est précisément sur ce point que doit porter notre analyse, non seulement pour clarifier ce dossier, mais aussi pour saisir un point central dans l'argumentation d'ensemble du *MA* lui-même. En effet, au-delà du problème des automoteurs, se pose plus généralement le problème de la capacité de l'âme à demeurer un agent, tout en étant en un sens mue, c'est-à-dire tout en étant d'une certaine manière un patient. Or telle est la difficulté centrale du *MA*, à partir du chapitre 6 : comment l'âme, dont Aristote dit ailleurs qu'elle est impassible et immobile [3], peut-elle être *impressionnée* par les formes des objets perçus, subir les effets physiques qui résultent de ces impressions et mouvoir le corps en fonction d'événements extérieurs et de passions ? Comme nous l'avons vu, le début du chapitre 6 semble se satisfaire des acquis des investigations antérieures sur la question de l'immobilité de l'âme, mais il annonce aussi qu'il reste encore à savoir comment l'âme

1. Voir ci-dessus, p. 16-17.

2. Voir, pour une première présentation de l'interprétation que je soutiens, P.-M. Morel, « Les *Parva naturalia* d'Aristote et le mouvement animal »..., 2002. Dans une orientation comparable, voir également B. Morison, « Self-motion in *Physics* VIII », dans *Aristote et le mouvement des animaux*, *op. cit.*, p. 67-79, p. 77.

3. *DA*, I, 4, 408b1-18. Aristote s'oppose très clairement à la thèse de la mobilité de l'âme en *DA*, I, 3, contre Démocrite et contre la doctrine platonicienne de l'automotricité psychique. Il ne fait guère de doute que sa doctrine, sur ce point, est fermement établie. Voir en ce sens C. Witt, « Dialectic, Motion, and Perception : *De Anima*, Book I », dans *Essays on Aristotle's De Anima*, M.C. Nussbaum and A.O. Rorty (ed.), Oxford, Oxford University Press, 1992, p. 169-183; S. Menn, art. cit.

meut le corps [1]. Or nous ne pouvons donner de réponse qu'en comprenant le statut équivoque de « moteur mû », qui est celui du désir, c'est-à-dire, précisément, comment l'animal peut être agent et patient dans l'exercice d'une même activité [2].

INTENTION ET REPRÉSENTATION

La solution – ou tout moins l'une des solutions les plus intéressantes parmi celles qui ont été avancées – se trouve dans l'élucidation du point (b), dont j'ai dit qu'il n'était qu'implicite dans le texte du *MA* : « le désir n'est moteur qu'en tant qu'il se rapporte au désirable. » Toute la question tient en effet aux modalités de ce rapport. Il est clair que si ce rapport est purement passif, si l'animal n'a aucune fonction d'agent dans le processus en question, il devient impossible de lui attribuer la qualification d'auto-moteur. Or Aristote n'y renonce manifestement pas. Non seulement il la maintient, malgré les difficultés qu'elle suscite, dans le livre VIII de la *Physique* [3], mais encore il y fait allusion dès les premières lignes du *MA* [4]. Il faut donc, paradoxalement, que l'animal puisse demeurer l'agent de l'influence qu'il subit de la part du désirable.

Pour lever ce paradoxe, la critique récente a souvent procédé en deux temps, dont le premier consiste à déplacer en quelque sorte le désirable vers l'intériorité du désirant, et le second à montrer que la médiation de la *phantasia* est essentielle à ce déplacement. Le premier temps est bien décrit dans l'article justement fameux de D. Furley, « Self-movers » [5]. Son argumentation peut être ainsi résumée. On résoudra la difficulté que représente l'identification du premier moteur au désirable, c'est-à-dire à un objet extérieur à l'animal, en comprenant que cet objet n'est précisément pas extérieur, mais intentionnel, c'est-à-dire qu'il est un objet *de* désir : la cause externe du mouvement n'est une cause motrice que parce qu'elle est perçue comme telle par une faculté de l'âme, qui demeure ainsi le véritable

1. 700b9-10.

2. J'entends ici « activité » au sens d'une action complexe, par opposition à une « action de base », comme lever un bras, sans autre spécification. Ainsi, lever un bras pour arrêter un taxi est une action complexe, qui englobe à la fois la perception du taxi, l'intention de l'arrêter et le mouvement physique du bras qui se lève.

3. Voir notamment *Phys.*, VIII, 4, 254b15-16 : « l'animal en effet se meut lui-même par lui-même » (κινεῖται γὰρ τὸ ζῷον αὐτὸ ὑφ' αὑτοῦ). Voir encore VIII, 2, 252b22-23 ; VIII, 4, 254b28.

4. 1, 698a8.

5. D. Furley, « Self-movers », dans *Aristotle on Mind and the Senses*. Proceedings of the Seventh Symposium Aristotelicum, G.E.R. Lloyd and G.E.L. Owen (ed.), Cambridge, Cambridge University Press, 1978, p. 165-179.

principe du mouvement animal. Dès lors, il devient inutile de préférer ὀρεκτικόν à ὀρεκτόν dans les passages problématiques du *DA*, parce que le désirable n'aliène pas *réellement* la motricité animale. Il faut toutefois caractériser plus précisément le mouvement de l'âme qui permet d'établir le rapport actif et intentionnel que pense déceler Furley dans la théorie aristotélicienne de l'action animale. C'est ici qu'intervient le second temps de la solution. Cette transition est clairement présentée par J.-L. Labarrière, qui propose de retenir la leçon ὀρεκτόν en *DA*, III, 10, 433a21 : « on sait que ces deux principes [le désir et l'intellect] seront ramenés à un seul : le désirable (τὸ ὀρεκτόν), c'est-à-dire ce vers quoi nous tendons, ce que nous nous représentons et ce qui nous met en mouvement afin d'assouvir notre désir. Or c'est à la *phantasia* qu'il revient de (re)présenter au vivant mobile ce qu'elle "imagine" être un bien pour lui, bien qui pourra alors n'être qu'apparent (φαινόμενον), car, pratique, il ne relève en rien de la σοφία, ou de l'intellect théorique dont sont *a fortiori* privés les animaux [1]. »

Le *MA*, parce qu'il met en scène l'articulation « désir / représentation / désirable », est au cœur de cette question. De fait, pour comprendre comment l'animal peut atteindre certaines fins et susciter les mouvements qui lui permettront de le faire, il faut d'abord comprendre comment il se représente ces fins. Parmi l'ensemble de ces formes de représentations, l'imagination (φαντασία) joue un rôle particulier, parce qu'elle semble être la seule faculté capable d'identifier l'objet désirable comme désirable et, du même coup, le bien comme tel. C'est en tout cas l'une des thèses les plus fortes qu'a soutenues M. Nussbaum dans son commentaire de notre traité [2]. La *phantasia* constituerait ainsi une faculté de plein droit, une faculté proprement « interprétative », et cette fonction, parce qu'elle est intentionnelle, ferait de la *phantasia* le véritable critère de l'automotricité animale. Cette interprétation peut s'autoriser des passages du *DA* sur la fonction pratique de la *phantasia*. La conclusion de III, 10, 433b28-29 est sur ce point sans équivoque :

> ainsi, d'une manière générale, comme nous l'avons dit, c'est en tant qu'il est capable de désirer que l'animal est capable de se mouvoir lui-même ; or il n'est pas capable de désirer sans imagination.

De même, un passage du chapitre 8 du *MA* évoque une articulation sérielle des différentes formes de représentations et des affections :

1. J.-L. Labarrière, « Imagination humaine et imagination animale chez Aristote », *Phronesis* 39, 1984, p. 17-49, p. 26. Voir également les prolongements plus récents de cette étude, dans J.-L. Labarrière, *Langage, vie politique et mouvement des animaux*, *op. cit.*, notamment p. 232-240.

2. Voir notamment M. Nussbaum, *op. cit.*, Essay 5, p. 221-269 ; p. 322.

En effet, les affections préparent les parties organiques de manière adéquate, le désir fait de même avec les affections, et l'imagination avec le désir[1].

Ainsi, la *phantasia*, produite par la sensation ou par la pensée, « prépare » le désir comme le désir lui-même prépare les affections, ce qui peut laisser penser que c'est par la *phantasia* et par elle seule que le désir est mû de manière à mouvoir. Je reviendrai cependant plus loin sur ce texte, beaucoup moins clair en réalité qu'il n'y paraît d'abord. Tenons-nous en, pour l'instant, aux arguments *pro* : si nous réservons à l'imagination l'exclusivité en matière d'orientation du désir, nous pouvons dire de la *phantasia*, en suivant la ligne interprétative ouverte par Nussbaum, que, « (re)présentant le désirable, elle prépare le désir »[2]. Ajoutons que la *phantasia* ne saurait être réduite à une simple reproduction de l'objet en son absence ni à une sensation dégradée ou dérivée. Il suffit de considérer le cas du souvenir pour s'en rendre compte : celui-ci ne consiste pas seulement à reproduire la trace antérieurement déposée par la sensation, mais encore à identifier cette empreinte *comme* une reproduction ou une copie, c'est-à-dire *comme* une représentation et non comme la chose même. L'image-souvenir a une sorte d'aptitude intentionnelle immédiate, comparable à la fonction qu'elle remplit auprès du désir dans le domaine pratique, lorsqu'elle représente le bien *comme* désirable. Ainsi, en me souvenant de Coriscos, je considère son image comme une reproduction de Coriscos et non comme étant Coriscos lui-même[3].

Toutefois, sans qu'il soit besoin d'examiner l'ensemble du dossier de la fonction pratique de la *phantasia*, force est d'admettre que le texte du *MA* offre un soutien très médiocre à la tendance interprétative qui vient d'être évoquée. En premier lieu, Aristote n'entend pas ici mettre l'accent sur un type particulier de représentation ou d'opération cognitive[4], pas plus qu'il n'insiste sur un type particulier de désir, comme l'atteste la méthode de régression vers le genre qu'il adopte dans ce passage[5]. L'ensemble des représentations – réflexion, imagination ou sensation – peut se ramener au genre « intellect » (νοῦς)[6]. Assurément, la réduction à l'intellect est métonymique, voire métaphorique, puisque les animaux autres que l'homme, qui ne possèdent pas d'intellect à proprement parler mais tout au plus une sorte de *phronèsis* naturelle, sont également capables de mouvements. Elle

1. 702a18-19.
2. J.-L. Labarrière, art. cit., p. 28.
3. *De Mem.*, 1, 450b20-451a2.
4. Ainsi que le note d'ailleurs M. Nussbaum, *op. cit.*, p. 333.
5. Les différents types de désir se ramènent à l'*orexis* : 6, 700b17-19 ; 22.
6. Voir également *DA*, III, 10, 433a9.

démontre en tout cas que la sensation et l'imagination ont la même fonction que celle de l'intellect dans la délibération : « l'imagination et la sensation tiennent la même place que l'intellect »[1]; or cette fonction consiste à discriminer (l. 700b20), c'est-à-dire très probablement à discerner parmi les objets potentiellement désirables quels sont ceux qui le sont actuellement. Or, selon le *DA*, l'imagination n'est pas la seule à pouvoir discriminer, car la sensation dispose elle aussi, immédiatement, de la capacité de discerner : chaque sens « discerne » (κρίνει) les différences des sensibles qui le concernent[2]; dans la pensée, comme dans la sensation, « l'âme discerne et connaît quelque chose de ce qui est »[3]; la sensation distingue entre l'agréable et le pénible et, ainsi, provoque la poursuite ou la fuite[4]. Les *PN* précisent le rôle du goût dans le discernement de l'agréable et du désagréable, en insistant sur ses conséquences comportementales immédiates : « c'est en effet ce sens qui distingue (διακρίνειν) entre le plaisant et le désagréable dans la nourriture, de sorte que (ὥστε) l'on se détourne de l'un et que l'on recherche l'autre[5] [...] »

La réduction des facultés de représentation à l'intellect – ou plutôt à la *fonction* qui est aussi celle de l'intellect – est confirmée dans la suite du *MA*. Ainsi, en 6, 701a5-6, sensation et imagination sont mises sur le même plan, pour les modifications qu'elles produisent et qui sont susceptibles de provoquer une décision : « l'animal est mû et se déplace par désir ou par décision, après avoir subi quelque modification en vertu de la sensation ou de l'imagination » (κινεῖται γὰρ καὶ πορεύεται τὸ ζῷον ὀρέξει ἢ προαιρέσει, ἀλλοιωθέντος τινὸς κατὰ τὴν αἴσθησιν ἢ τὴν φαντασίαν). De même, en 7, 701b16, « les imaginations, les sensations et les pensées produisent des modifications » (ἀλλοιοῦσι δ' αἱ φαντασίαι καὶ αἱ αἰσθήσεις καὶ αἱ ἔννοιαι). Plus clairement encore, en 7, 701a29-30, Aristote précise que l'on agit « en vue de la fin sous l'effet de la sensation, de l'imagination ou de l'intellect » (ἢ τῇ αἰσθήσει πρὸς τὸ οὗ ἕνεκα ἢ τῇ φαντασίᾳ ἢ τῷ νῷ); il indique, en 701a35-36, que le désir se produit « par l'intermédiaire de la sensation, ou de l'imagination, et de la pensée » (ἢ δι' αἰσθήσεως ἢ διὰ φαντασίας καὶ νοήσεως). Enfin, l'égale capacité de discrimination de ces trois opérations est manifeste dans le raisonnement

1. καὶ γὰρ ἡ φαντασία καὶ ἡ αἴσθησις τὴν αὐτὴν τῷ νῷ χώραν ἔχουσιν, 6, 700b19-20.

2. II, 6, 418a14; III, 2, 426b10. Voir également *Sec. an.*, II, 19, 99b35 : la sensation est la « puissance de discernement connaturelle » (δύναμιν σύμφυτον κριτικήν) des animaux.

3. III, 3, 427a20-21 ; voir aussi III, 9, 432a16.

4. III, 7, 431a8-10.

5. *De Sens.*, 1, 436b15-17. Sur le caractère immédiatement discriminant de la sensibilité, et contre l'interprétation *herméneutique* de M. Nussbaum, voir par exemple R. Lefebvre, « Aristote, l'imagination et le phénomène : l'interprétation de Martha Craven Nussbaum », *Phronesis* 37, 1992, p. 22-45 et « La *phantasia* chez Aristote : subliminarité, indistinction et pathologie de la perception », *Les Études Philosophiques*, 1997/1, p. 41-58.

pratique, où l'on voit que toutes trois sont en mesure d'identifier la mineure : « "Il faut que je boive", dit l'appétit ; "voici quelque chose à boire", dit la sensation, l'imagination ou l'intellect, et l'on boit directement[1]. » Ces opérations cognitives, malgré leurs différences, ont toutes en commun d'être *critiques* et non pas en elles-mêmes *orectiques* et c'est sur ce seul point qu'Aristote veut insister ici.

Nous savons par ailleurs que la *phantasia*, bien qu'elle ne soit pas identique à une sensation au sens strict, c'est-à-dire à la perception en acte d'un sensible effectivement présent, n'est pas originellement distincte de la faculté sensible. Elle est, selon le *DA* lui-même, une activité ou un mouvement qui dérive de la sensation, un « mouvement qui se produit sous l'effet de la sensation en acte »[2], ce qui suggère que la *phantasia* est une modalité particulière – un certain type de mouvement – de la faculté sensible plutôt qu'une faculté par elle-même[3]. Aristote invite implicitement à ne pas hypostasier la *phantasia* par rapport à la faculté sensible, lorsqu'il analyse l'image onirique : « le fait de rêver relève de la faculté sensible, mais en tant qu'elle est imaginative[4]. » D'une manière générale, la *phantasia* ne se confond pas avec la sensation, mais il est assez probable qu'Aristote ne lui attribue pas toujours la même consistance psychologique et qu'il l'entend également en un sens générique, correspondant au sens large de *phainesthai*[5]. Ainsi, nous ne pouvons pas exclure *a priori* que la fonction – indirectement – motrice de la *phantasia* tienne au simple fait que quelque chose nous apparaît, que cette apparition soit une figuration de notre cru (je me rends à l'université pour faire mon cours en me figurant par anticipation les étudiants dans la salle), ou qu'elle soit le fait d'une sensation proprement dite (une fois arrivé, je constate qu'il y a des étudiants dans la salle). Disons tout au moins que la fracture conceptuelle entre la *phantasia* et l'*aisthèsis* n'est pas si nette[6] que l'on

1. 7, 701a32-33.

2. *DA*, III, 3, 429a1-2 et *De Ins.*, 1, 459a17-18. Voir également *DA*, III, 3, 428b11-12.

3. Voir en ce sens D. Modrak, *Aristotle. The Power of Perception*, Chicago-London, University of Chicago Press, 1987, p. 81-110 ; M. Wedin, *Mind and Imagination in Aristotle*, New Haven, Yale University Press, 1988, p. 45-57 ; P.-M. Morel, *Aristote. Petits traités d'histoire naturelle (Parva naturalia)*..., 2000, Intr., p. 36-49. M. Nussbaum, *op. cit.*, p. XXVII-XXVIII, dans la note de la seconde édition de son commentaire, prend acte de cette difficulté, en quelques lignes.

4. *De Ins.*, 1, 459a21-22.

5. Voir en ce sens M. Burnyeat, Review <de Nussbaum, M.C. : Aristotle's *De Motu Animalium*>..., 1981, p. 186.

6. Comme le confirme la notion équivoque de *phantasia aisthètikè*, par opposition à une *phantasia bouleutikè*, et ainsi la distinction entre une imagination sensitive présente chez tous les animaux et une imagination délibérative propre aux animaux capables de raisonnements (*DA*, III, 11, 434a5-7).

puisse priver absolument la seconde de certaines aptitudes pratiques qui appartiennent à la première.

Qu'en est-il, enfin, de l'idée selon laquelle la *phantasia* « prépare » le désir ? La notion très générale de « préparation » n'apporte en réalité rien de nouveau ni de précis sur le plan de l'étiologie physiologique, et elle ne saurait en aucun cas qualifier l'œuvre propre de la *phantasia*, puisqu'elle concerne tout autant les effets respectivement produits par les affections sur les organes et par le désir sur les affections. De plus, le verbe παρασκευάζειν apparaît rarement dans le *corpus* biologique et psychologique, et sous des sens très divers : à propos de la « préparation » des parfums (*De Ins.*, 2, 460a28) ; de la nourriture, en tant qu'elle « permet » l'exercice de la faculté nutritive (*DA*, II, 4, 416b19) ; de la chaleur que le générateur « fournit » par l'intermédiaire de la semence (*GA*, II, 6, 743a34) ; de la nature, en tant qu'elle « inspire » le sentiment maternel (*GA*, III, 2, 753a9). Rien ne justifie donc que l'on attribue à cette expression un sens technique susceptible de définir la fonction spécifique de la *phantasia* dans la réalisation de l'action.

Il reste à expliquer le relatif privilège que certains textes – notamment dans le *DA* – accordent à l'imagination dans l'explication du mouvement animal. Il tient peut-être à la capacité qui lui est propre de figurer un objet en son absence, par souvenir ou par anticipation. Elle assure ainsi une forme de continuité temporelle à la succession des expériences. Elle peut en effet accompagner une sensation en acte : le chien se cache sous la table à la seule vue du bâton, au souvenir des punitions antérieures et par anticipation de la punition à venir. La *phantasia* permet encore de comprendre que l'on puisse désirer un objet que nous ne pouvons pas actuellement percevoir ou un objet auquel nos passions attribuent des qualités que nous ne constatons pas actuellement. Il est possible également que le rôle dévolu à la *phantasia* soit lié aux situations proprement humaines, puis étendu à des situations analogues : dans la mesure où l'on ne pense pas sans images[1], qu'il s'agisse d'activités théorétiques ou de réflexions pratiques, la *phantasia* accompagne immédiatement et nécessairement la *praxis* humaine moralement significative. Il est d'ailleurs remarquable que, dans une des versions les plus complètes de l'explication du mouvement par la corrélation de la *phantasia* et du désir, Aristote soit tenté de réserver l'usage pratique de l'imagination à l'animal rationnel : « l'âme réfléchissante, pour sa part, dispose d'images qui sont comme des impressions sensibles[2]. » Il résiste, il est vrai, plus loin à cette tentation, en accordant la

1. Voir notamment *DA*, III, 7, 431a16-17 ; *De Mem.*, 1, 449b31.

2. *DA*, III, 7, 431a14-15.

phantasia aux animaux privés de pensée et de raisonnement[1]. Le livre III du *DA* trahit en tout cas une oscillation, du zoologique à l'anthropologique, qui n'est peut-être pas sans incidences sur l'idée qu'il faut se faire de la fonction pratique de la *phantasia*.

Pour le dire autrement, les animaux rationnels agissent, non seulement en fonction ou en vue d'objets absents, mais aussi en fonction d'objets effectivement présents et, pour cette raison, susceptibles d'être donnés dans une sensation. Si l'on admet, en vertu des indications expresses du *DA*, que la sensation est déjà discriminante, ces objets peuvent nous apparaître immédiatement comme un bien ou un mal, c'est-à-dire comme quelque chose que nous devons poursuivre ou fuir. Par ailleurs, comme le montre le chapitre 7 du *MA*, nous agissons en vertu de raisonnements pratiques, raisonnements soutenus et secondés par la *phantasia*, mais irréductibles à de simples présentations d'images. Nous ne pouvons faire en tout cas comme si la doctrine était sur ce point parfaitement systématique et comme si un schème dominant pouvait s'imposer de manière unilatérale à tous les textes traitant de l'imagination. Ce défaut, néanmoins, a peut-être un revers positif : les variations, voire les imprécisions, du *MA* à propos des fonctions cognitives, tout comme ses dissonances par rapport au *DA*, reflètent finalement assez bien la diversité des représentations et opérations qui peuvent, selon les circonstances et selon les facultés des agents concernés, susciter le désir par des motifs.

Nous devons cependant franchir un pas de plus en direction de la sensation elle-même. Si la *phantasia* était la condition cognitive nécessaire à l'action humaine et au mouvement animal en général, nous pourrions nous attendre à ce qu'elle spécifie l'animal en tant que tel. Or, Aristote ne dit pas que l'animal – le seul être naturel du monde sublunaire qu'il présente explicitement comme automoteur – se définit par la *phantasia*. Il affirme en revanche, à de multiples reprises, qu'il se définit par la sensation[2]. On objectera peut-être que certains animaux ne se déplacent pas, comme les éponges ou les coquillages[3], et qu'ils ne sont pas soumis pour cette raison aux conditions qui régissent le mouvement local. En ce sens, la sensation ne serait définitionnelle que parce qu'elle est la faculté cognitive la plus commune et non pas par rapport à la faculté de changer de lieu. Les animaux immobiles ne feraient donc pas partie des automoteurs au sens strict et ces derniers nécessiteraient une définition plus fine, qui comprendrait la *phantasia*. Toutefois, nous avons vu que la sensation elle-même disposait de capacités de discriminations non seulement nécessaires,

1. III, 10, 433a12.

2. Voir ci-dessus, p. 74.

3. *PA*, IV, 7, 683b4-24; *HA*, I, 1, 487b6; *DA*, I, 5, 410b19-20; II, 2, 413b2-4; III, 9, 432b19-21.

mais aussi suffisantes pour susciter le désir de changer de lieu. D'autre part, et c'est un point sur lequel nous allons revenir, il n'est pas certain qu'Aristote restreigne le mouvement autonome – entendons par là le mouvement dont l'animal est lui-même le principe – au seul mouvement local[1].

Pour conclure sur cette question, la *phantasia* n'est pas la seule fonction cognitive capable de caractériser le désirable et il est, pour cette raison, très réducteur de la considérer comme le critère de l'automotricité animale[2]. Nous pouvons donc fort bien accepter la solution de Furley, sans pour autant réserver à la *phantasia* le privilège de l'intentionnalité pratique, et admettre que l'animal demeure un automoteur, malgré l'extériorité de l'objet du désir, dans la mesure où ses représentations – au sens large – lui permettent de discriminer activement[3] les mobiles de ses propres activités.

1. Contrairement à ce qu'affirme M. Nussbaum, *op. cit.* Ainsi, p. 327 : « *local motion is the only genuine self-motion in animals.* » L'auteur paraît cependant se rétracter quelques lignes plus loin : « *local motion is the primary kind of self-motion* » (p. 328).

2. Voir, *contra*, M. Nussbaum, *op. cit.*, p. 233 ; 322.

3. Il ne fait pas de doute que, pour Aristote, la sensation est une faculté active, même si elle s'exerce grâce à la présence d'un sensible : la faculté sensible peut s'entendre en deux sens, en puissance et en acte et, pour elle comme pour le savant qui exerce sa science, pâtir et être mue – par le sensible – est identique à être en acte (*DA*, II, 5, 417a14-16).

CHAPITRE IV

UNITÉ ORGANIQUE ET AUTOMOTRICITÉ

La question de la mobilité animale ne concerne pas seulement les mouvements locaux et expressément voulus. Nous avons déjà pu constater que les mouvements internes ou organiques faisaient l'objet de la plus grande attention de la part d'Aristote dans le *MA*. Ainsi, le début du chapitre 6 élargit la problématique du traité à la question de savoir « comment l'âme meut le corps » sans restreindre la problématique aux seuls déplacements, qui sont pourtant analysés par la suite, à partir de 700b15. Ce texte ne reprend d'ailleurs pas l'énumération des mouvements locaux, qui semblait initialement caractériser la notion de « cause commune » du mouvement et ainsi l'objet même du *MA*[1]. En introduisant la question générale de la causalité motrice de l'âme sur le corps et du principe du mouvement animal, Aristote fait place, tout aussi bien, aux divers mouvements internes, jusqu'aux mouvements non intentionnels et non souhaités. Il s'agit des mouvements involontaires et des mouvements non volontaires. Le chapitre 11, qui a pour objet d'expliquer ces derniers, montre bien que le *MA* ne se limite pas à l'explication du mouvement volontaire ou intentionnellement provoqué[2]. Ainsi, le problème que doit résoudre le traité prend une ampleur inattendue et il devient le suivant : en quel sens et jusqu'à quel point l'animal est-il le principe de l'ensemble de ses mouvements, y compris ses mouvements internes, que ceux-ci soient volontaires ou non[3] ?

1. 1, 698a4-7.

2. Telle est, pourtant, l'interprétation de M. Nussbaum. Voir M. Nussbaum, *op. cit.*, p. 278 et, déjà, son étude « The "Common Explanation" of Animal Motion », dans *Zweifelhaftes im Corpus Aristotelicum*, *op. cit.*, p. 116-156.

3. Ce qui justifie qu'à la suite de S. Waterlow, *Nature, Change, and Agency in Aristotle's* Physics, Oxford, Oxford University Press, 1982, on élargisse le problème des *self-movers* entendus au sens strict (êtres capables de déplacement autonome) à celui des *self-changers*.

Pour comprendre cette question, il faut revenir au livre VIII de la *Physique*, dans lequel elle est clairement formulée, à défaut d'être intégralement traitée. Elle est suscitée par les objections qui peuvent être opposées à la thèse de l'éternité et de la continuité du mouvement, affirmée au chapitre 1. Parmi ces objections, on pourrait faire valoir ce qui est à la fois un fait d'expérience et une thèse admise par Aristote lui-même, à savoir que l'animal est un être capable de se mouvoir lui-même de lui-même, c'est-à-dire de passer du repos au mouvement sous l'effet de sa propre impulsion. Ainsi, le mouvement ne serait pas nécessairement premier par rapport au repos et il n'y aurait aucune nécessité à poser son éternité et sa continuité. De fait, nous nous mettons parfois en mouvement, sans que rien d'extérieur ne nous y contraigne, de sorte que l'*archè* du mouvement – tout à la fois son commencement et son principe – est manifestement en nous [1]. Aristote répond à cette objection, quelques lignes plus loin, en indiquant d'une part que les mouvements locaux sont précédés de mouvements internes à l'organisme ou qui affectent ses constituants naturels [2] et, d'autre part, que ces mouvements ont pour cause, non pas l'animal lui-même, mais son environnement immédiat. La formation des rêves et le réveil en donnent l'exemple [3]. Cette réponse est reprise au chapitre 6 et complétée par d'autres exemples de fonctions organiques dépendant de facteurs extérieurs : l'augmentation, la diminution, la respiration, la nutrition et la digestion ainsi que l'endormissement qui en résulte [4].

En réalité, il est peu probable qu'Aristote remette sérieusement en cause l'aptitude des animaux à se mouvoir par eux-mêmes, au moins sous certaines conditions. Il ne faut pas, en effet, surestimer les objections adressées à la thèse des automoteurs. Comme l'a bien montré D. Furley [5], l'aporie de *Physique* VIII, 2 et 6 relève d'un effet de contexte : Aristote souhaite montrer que l'animal n'inaugure pas absolument le mouvement dont il est le principe, parce qu'il y a toujours un mouvement antérieur. Il ne met donc en doute la continuité du mouvement animal que pour mieux établir la continuité cosmique qui sous-tend l'ensemble des mouvements

1. VIII, 2, 252b18-23.
2. 253a12.
3. VIII, 2, 253a11-20.
4. VIII, 6, 259b3-14.
5. Voir D. Furley, « Self-movers »..., 1978. De même, S. Sauvé-Meyer, « Self-Movement and External Causation », dans *Self-Motion from Aristotle to Newton*, M.L. Gill and J.G. Lennox (ed.) Princeton, Princeton University Press, 1994, p. 65-80, estime, p. 73 n. 12, qu'il s'agit d'une objection « *ad hominem* ». S. Waterlow, *op. cit.*, p. 216, rappelle que le propos du livre VIII n'est pas d'élucider pour elle-même la notion d'être vivant comme *self-changer*, mais de conclure à l'existence d'un premier principe éternel de changement, dans l'univers compris comme un tout.

particuliers. Il précise ainsi, à propos des exemples donnés aux chapitres 2 et 6 : « le premier principe <du mouvement> est extérieur ; c'est pourquoi <les animaux> ne se meuvent pas toujours continûment par eux-mêmes [1]. » Or dire que les animaux ne se meuvent pas *continûment* par eux-mêmes ne revient pas à dire qu'ils ne se meuvent jamais par eux-mêmes. Il y a même quelque chose de spécieux à vouloir faire un problème de la *thèse* de l'automotricité animale, alors que seules ses *modalités* sont en cause : comment l'animal pourrait-il, par exemple, se mouvoir lui-même sans dépendre de son environnement, c'est-à-dire sans respirer, se nourrir ou s'informer des buts possibles ou des conditions environnantes de son mouvement ? Ainsi, Aristote peut très bien admettre que l'animal n'est pas un automoteur parfait – de fait, il ne l'est pas, puisqu'il dépend d'un certain nombre de facteurs externes pour vivre en tant qu'animal – et qu'il n'est pas, en tout cas, un automoteur *intégral*. Il suffit qu'il soit un automoteur *global* [2].

Le propos du livre VIII est plutôt de montrer que l'animal n'est pas un premier moteur absolu, non seulement parce qu'il subit des influences extérieures et qu'il ne provoque pas tous les mouvements qui se produisent en lui, mais encore parce qu'il est en un sens moteur et en un sens mû. Aussi Aristote prend-il soin, au chapitre 4, de préciser quelle est la question qui mérite, selon lui, d'être posée : non pas si les animaux sont mus, mais comment distinguer, dans les animaux eux-mêmes, entre le moteur et le mû [3]. La distinction du moteur et du mû ne peut être en effet évitée, même dans le cas des automoteurs : il est impossible que ce qui se meut soi-même se meuve « en totalité » [4], ou encore simultanément et sous le même aspect, car il serait simultanément, et tout entier, transportant et transporté, altérant et altéré, enseignant et enseigné, soignant et soigné. Une même chose serait donc à la fois agent et patient sous le même aspect, ce qui contrevient, non seulement à l'intuition commune, mais encore à la définition même de la relation « agent – patient ». Ainsi, comme l'indique la *Métaphysique*, bien qu'en un sens la puissance passive et la puissance active soient une et la même – l'échauffement suppose à la fois et indistinctement la puissance d'être chauffé et la puissance de chauffer –, si l'on considère le patient et l'agent, c'est-à-dire les sujets dans lesquels résident l'une et l'autre de ces puissances, elles sont distinctes : le même *x* n'est pas

1. Τῆς πρώτης ἀρχῆς ἔξωθεν οὔσης, διὸ οὐκ ἀεὶ κινοῦνται συνεχῶς ὑφ' αὐτῶν, 6, 259b13-15.

2. Voir P.-M. Morel, « Les *Parva naturalia* d'Aristote et le mouvement animal »..., 2002. Dans une perspective comparable, J.-L. Labarrière, *op. cit.*, p. 172, évoque « l'autonomie "limitée" des animaux ».

3. VIII, 4, 254b28-30.

4. *Phys.*, VIII, 5, 257b2-6.

simultanément chauffé et chauffant sous le même aspect[1]. Dès lors la puissance de subir un effet – ou puissance passive – sera, dans un être donné, le principe en vertu duquel il peut subir un changement, soit par l'action d'un agent distinct de lui, soit par sa propre action, mais en tant qu'il est autre que lui-même[2]. Si nous transposons ces observations au problème de *Physique* VIII, nous voyons que toute la difficulté consiste à savoir quelle est la signification du « en tant qu'autre » (ᾗ ἄλλο) dans le cas de l'animal. Il faudra donc déterminer, dans l'animal lui-même, ce qui est moteur et ce qui est mû[3].

Cependant, le livre VIII de la *Physique*, s'il parvient à de fermes conclusions sur le plan cosmologique en garantissant la continuité et l'éternité du mouvement par l'existence d'un unique premier moteur immobile éternel, laisse en suspens plusieurs points importants pour la définition de l'animal et du vivant en général. Tout d'abord, il ne précise pas clairement ce que sont, dans l'animal, le moteur et le mû[4]. En conséquence, il ne se prononce pas sur le problème que pose la passivité du vivant : celui-ci subit, non seulement les mouvements qu'il se donne de lui-même, mais encore les mouvements qu'il reçoit de l'extérieur; or, si l'on peut admettre que les mouvements qu'il provoque lui-même sont les effets de l'activité de l'âme sur le corps, les mouvements provenant de l'extérieur affectent non seulement le corps, mais aussi l'âme, en tant qu'âme de ce corps. Or l'âme est, en tant que telle, immobile et impassible. Les exemples des chapitres 2 et 6 sont néanmoins des exemples de fonctions vitales, comme la respiration, l'endormissement ou la digestion, c'est-à-dire d'activités qui sont indissociablement des opérations de l'âme et du corps. Ainsi, le livre VIII de la *Physique* mentionne, mais sans l'expliquer, le fait que l'animal est le sujet de mouvements qu'il n'a pas lui-même provoqués. Pourtant, il y a incontestablement matière à s'interroger sur l'affirmation selon laquelle des mouvements vitaux n'ont pas leur cause dans l'animal lui-même, dont la première caractéristique est précisément d'avoir en lui-même le principe actif de sa croissance et de sa persistance, sous l'espèce de l'âme nutritive-végétative. Même si les fonctions vitales dépendent de conditions externes, et même si le corps est

1. Voir *Mét.*, Θ, 1, 1046a19-29. Comme le dit justement S. Waterlow, *op. cit.*, p. 208-209 : « *the self-changer is a complex whole, in which the agent- and the patient-element are "parts"*. »

2. Θ, 1, 1046a11-13.

3. *Phys.*, VIII, 5, 258a1-27.

4. La mention du corps et de ce qui est en lui, en VIII, 6, 259b18-20, n'est qu'une allusion à la relation moteur-mû entre l'âme et le corps. De même, la difficulté – « métaphysique » au sens le plus général – du rapport de dépendance et de compatibilité entre l'autonomie des substances individuelles et l'effet produit par le premier moteur cosmique reste finalement non élucidée.

en l'occurrence mû, ces fonctions sont d'abord des activités de l'âme et non des états intégralement subis. C'est la raison pour laquelle nous ne pouvons pas nous contenter de l'interprétation restrictive de la notion d'automotricité, et cela malgré certaines indications du livre VIII qui vont incontestablement en ce sens[1]. Si le vivant, conformément à ce qui est établi en *Physique*, II, 1, est un être « par nature » au sens où il possède un principe interne et actif de mouvement et de repos, par essence et non par accident, il doit jouir d'une capacité d'autodétermination qui ne se limite pas au mouvement local, mais qui s'étend également aux changements internes, même s'ils ne sont pas sciemment[2] provoqués et même s'ils dépendent de facteurs extérieurs. C'est également la question de l'unité organique qui se trouve ainsi posée, parce que l'unité organique, dans la conception aristotélicienne de la vie, implique l'immanence du principe vital. D'où, pour résumer la difficulté, cette question : comment l'animal, et le vivant en général, pourrait-il être passif dans l'accomplissement des fonctions dont il est lui-même le principe, non pas par accident, mais en tant qu'être vivant ? Or cette question est précisément la question du *MA*[3].

En premier lieu, le *MA* entend rendre compte des affections subies par le corps sous l'effet de l'âme. Il prend sur ce point le relais des discussions du livre I du *DA* sur la motricité psychique, et notamment de la critique des doctrines antérieures – comme celles de Démocrite ou du *Timée* de Platon –

1. Voir notamment VIII, 2, 253a14-15 ; VIII, 8, 266a1. Notons que le cas des plantes ne peut pas être totalement isolé de celui des animaux. Nous ne pouvons combler totalement les lacunes théoriques qui grèvent sur ce point le texte d'Aristote. Toutefois, même si les plantes de changent pas de lieu, la question de leur aptitude au changement sous l'impulsion de leur principe psychique interne se pose dans des termes analogues à ceux de la question du mouvement animal : en quel sens ce principe est-il un principe *actif* de changement ? Pour une comparaison entre âme animale et âme végétale, voir L. Repici, *Uomini capovolti. Le piante nel pensiero dei Greci*, Roma-Bari, Laterza, 2000, p. 10-13.

2. De ce point de vue, la solution « intentionnelle » de Furley ne permet de résoudre qu'une partie du problème parce qu'elle ne vaut que pour les mouvements sciemment provoqués. En réponse à Furley, C. Freeland, « Aristotle on Perception, Appetition, and Self-Motion », dans *Self-Motion from Aristotle to Newton*, M.L. Gill and J.G. Lennox (ed.), Princeton, Princeton University Press, 1994, p. 35-63, a clairement rappelé que la relation d'intentionnalité n'était pas une relation causale expressément identifiée par Aristote. Elle propose donc d'expliquer l'autonomie animale par la téléologie interne qui dirige ses mouvements vers son bien propre. Cette solution présente l'avantage de mettre l'accent sur la prévalence du principe interne – à la fois efficient et final –, mais elle doit également prendre en compte le fait que l'organisme intègre des mouvements sans justification téléologique, c'est-à-dire des mouvements qui ne tendent à aucun « bien ». Voir sur ce point, ci-dessus, p. 53-69.

3. Comme aussi des *PN*, dans la mesure où ils ont pour objet d'expliquer les activités communes à l'âme et au corps et, par conséquent, les mouvements internes du vivant, ainsi que l'influence des conditions extérieures sur ces mêmes mouvements internes. Voir P.-M. Morel, art. cit.

qui supposent à tort que, pour mouvoir, l'âme doit elle-même être en mouvement. Il n'y a en fait nul empêchement à ce qu'un moteur soit immobile et il est même dans certains cas nécessaire qu'il en aille ainsi. La première partie du *MA* vient d'ailleurs de rappeler qu'aucun être du monde sublunaire ne peut se mouvoir s'il n'a pas en lui-même un principe immobile. Nous pouvons avoir l'illusion que l'âme est elle-même mue et qu'elle meut le corps par le mouvement dont elle est elle-même affectée, mais elle meut en réalité le corps sans contact et sans transmission de mouvement, par l'intermédiaire d'une sorte de décision *(proairesis)* et de pensée *(noèsis)*[1]. Le chapitre 7 du *MA* décrit précisément l'action motrice de la décision. Or il le fait de deux manières. Tout d'abord, du point de vue formel, abstraction faite des aspects physiologiques de l'action, en reconstituant le raisonnement pratique, qui associe à la représentation du bien le désir de l'accomplir. Dans un deuxième temps, à partir de 701b2, il privilégie la causalité matérielle, en l'occurrence les modifications élémentaires, en particulier thermiques, qui sous-tendent les réactions physiologiques, comme rougir, pâlir, frissonner ou trembler. C'est ce nouvel angle d'attaque qui justifie la comparaison entre les animaux et les automates.

Le chapitre 8, on l'a vu, poursuit cette analyse en expliquant les passions par la simultanéité de l'agir et du pâtir dans la relation agent-patient[2]. Aristote décrit alors une séquence d'actions ou d'états, dans laquelle chaque moment – imagination (I); désir (D); affection (A); partie du corps (P) – « prépare » (*f*) le suivant. On peut se représenter cette séquence ainsi :

$$I f D f A f P$$

Ce dispositif ne se contente pas de la simple idée d'une action de l'âme sur le corps. Nous pourrions être tentés de faire passer la limite entre le psychique et le somatique, et corrélativement celle de l'agir et du pâtir, entre le désir et les affections. Le désir correspondrait à un type de « préparation » particulier – [*f*] –, qui consisterait à traduire un état mental en altération physiologique ou à produire dans le corps les effets des états mentaux :

$$I f D\ [f]\ A f P$$

Cependant, en vertu de l'hylémorphisme auquel souscrit implicitement le *MA*, les affections sont aussi des états de l'âme, ou des états communs à l'âme et au corps[3], et les parties du corps ne sont mues naturellement que

1. *DA*, I, 3, 406b25.
2. *MA*, 8, 702a10-21.
3. Voir notamment *DA*, I, 1, 403a16-27.

parce qu'elles sont les parties d'un corps animé. Ce n'est donc pas le corps seul qui est mû mais le composé, ce qui signifie que l'âme est mue par accident, en tant qu'âme d'un composé[1]. Nous savons d'autre part que le rapport entre les images et le désir est déjà un événement physiologique, même s'il n'est pas que cela. Enfin, comme nous l'avons vu, le *MA* insiste sur le fait que le désir lui-même est à la fois moteur et mû. Ainsi, la démarcation de l'agent et du patient se situe à l'intérieur de l'*orexis* et non pas entre le désir et ce qu'il meut. Dès lors, c'est le désir lui-même qui doit être à la fois conçu comme agent (D^a) et comme patient (D^p), si bien qu'au lieu d'un passage introuvable entre le psychique et le somatique, nous devons nous représenter un dédoublement à la fois psychique et somatique, du type :

$$I f [D^p / D^a] f A f P$$

On peut dès lors se demander si Aristote apporte là une véritable solution, ou bien s'il ne commet pas une double faute : une pétition de principe, tout d'abord, en exigeant du désir qu'il accomplisse une double fonction, mais sans l'expliquer; une contradiction ensuite, en attribuant simultanément, contrairement à sa propre conception de la relation agent-patient, deux potentialités contraires à une entité simple.

Pourtant, la suite du traité – les chapitres 9 à 11 – va apporter des éclaircissements importants et, avec eux, le principe d'une solution. Or il est tout à fait remarquable que cette solution est donnée par la physiologie et par l'étude des mouvements internes. Elle repose en effet, d'une part sur le rôle et la position du principe organique – le cœur pour les animaux qui en ont un –, et d'autre part sur la fonction et les propriétés du sc. En ce qui concerne le cœur, je rappellerai simplement qu'Aristote lui attribue les fonctions essentielles de l'organisme animal. Il est en effet, dans l'organisme, le point de départ du sang, du souffle interne et la condition première de la respiration. Il est également à l'origine de la semence, le sperme étant un résidu de la coction et de la purification du sang. Il est ainsi, par extension, au principe de toute activité, y compris des activités qui ne sont pas uniquement internes, comme les sensations. Dans ce cas cependant, comme dans celui des affections subies, le cœur n'est plus seulement moteur, mais également récepteur. Les affections sensorielles, conservées sous la forme d'impressions sensibles *(aisthèmata)*, atteignent le cœur, parce qu'elles s'accompagnent d'un échauffement qui se communique de partie à partie[2]. Aussi le cœur peut-il conserver les traces de ces processus et des formes qu'ils transmettent, sous la forme des *phantas-*

1. *DA*, I, 4, 408a30-33.
2. *De Ins.*, 2, 459b2-3.

mata ou images, comme les images oniriques, qui doivent à la fois leur conservation et leur manifestation à la capacité réceptrice de la région cardiaque[1]. Ainsi, le cœur est à la fois un premier moteur interne et le récepteur nécessaire de toutes les informations sensorielles et de toutes les modifications thermiques qui peuvent affecter l'animal. Il a en outre la capacité d'articuler ces deux fonctions, comme l'exemple des passions l'avait déjà implicitement montré. Le chapitre 9 du *MA* est sur ce point très clair :

> la faculté sensible se trouve elle aussi en cet endroit, si bien que, quand le lieu qui entoure le principe est modifié et changé sous l'effet de la sensation, les parties qui lui sont contiguës changent avec lui, en s'étendant et en se contractant, de sorte que, par leur intermédiaire, le mouvement se produit nécessairement chez les animaux. (702b20-25)

On pressent tout le bénéfice qu'Aristote entend tirer de l'analyse proprement physiologique du *MA*. Elle permet à la fois de répondre aux apories de *Phys.*, VIII sur la relation agent-patient et de réaliser ce qui n'est qu'annoncé dans un passage crucial du *DA*, à savoir une enquête sur les fonctions communes à l'âme et au corps et sur ce qui, dans l'animal lui-même, le met en mouvement. Cet objet que le *DA* esquisse sans le nommer, le présentant simplement comme un « moteur instrumental »[2], tel une jointure ou un pivot, n'est autre que le cœur. Il met les parties en mouvement, non seulement parce qu'il est doté d'une capacité motrice immanente, mais encore en fonction des mouvements qu'il reçoit, c'est-à-dire grâce à sa capacité réceptrice.

Dès lors la passivité de l'animal n'est plus un *problème* ou un obstacle pour l'autonomie de l'animal, parce que, loin de contrevenir à l'immanence du principe, elle la suppose au contraire. Il est important de noter à ce propos que le cœur, dans les mouvements reçus eux-mêmes, ne peut être dit intégralement passif, au prétexte que sa fonction motrice serait purement réactive : il reçoit les conditions d'actualisation de sa faculté motrice, au même titre que la faculté sensible reçoit les formes des objets sensibles sans être pour autant purement passive[3]. Le cœur exerce une

1. Voir *De Ins.*, 3, 461b11-21.

2. Ou encore : « qui se sert d'instruments ou d'organes » (ὀργανικῶς), *DA*, III, 10, 433b21.

3. Ainsi, M.L. Gill, « Aristotle on Self-Motion » dans *Self-Motion from Aristotle to Newton*, M.L. Gill and J.G. Lennox (ed.), Princeton, Princeton University Press, 1994, p. 15-34, indique que le vivant est en tant que tel un automoteur – ce qui permet d'inclure les plantes –, parce qu'il associe en lui-même puissances passives et puissances actives; or cela n'exclut nullement qu'il ait besoin de facteurs externes pour produire ses mouvements particuliers. Il en a de fait besoin pour se mettre en mouvement. Il est par ailleurs tout à fait

faculté de réception-transmission, réellement transformatrice, sans laquelle nous ne pourrions pas concevoir comment une forme sensible – par exemple celle du monstre hideux – devient une cause de modification thermique, de pâleur et de fuite. Par l'intermédiaire du cœur, tout mouvement reçu est rapporté à un principe de régulation thermique et cinétique, et inséré dans une séquence de mouvements contigus, de sorte qu'il devient un mouvement proprement organique.

Pour le comprendre, on se reportera au chapitre 11 du *MA* et à l'explication des mouvements involontaires et non volontaires. Les premières lignes du chapitre définissent clairement les coordonnées de l'analyse :

> Nous avons donc dit comment les animaux accomplissent les mouvements volontaires et par quelles causes. Toutefois, certaines parties accomplissent aussi des mouvements involontaires, tandis que la plupart de leurs mouvements sont non volontaires. J'entends par « involontaires », par exemple, celui du cœur et celui du sexe (car souvent, quand quelque chose nous apparaît, ces mouvements se produisent, sans toutefois que l'intellect les ait ordonnés), et par « non volontaires », par exemple, le sommeil, l'éveil, la respiration et tous les autres mouvements de ce type (car aucun d'entre eux n'est à proprement parler sous le contrôle de l'imagination ni sous celui du désir) [1].

Ce chapitre pose implicitement une question essentielle : si l'animal accomplit des mouvements qu'il n'a pas intentionnellement provoqués, comme l'accélération du rythme cardiaque et l'érection (mouvements involontaires) ou l'endormissement, l'éveil, la respiration (mouvements non volontaires), en quel sens et jusqu'à quel point est-il encore un automoteur ? en quel sens et jusqu'à quel point est-il encore le sujet de ses propres mouvements ? On pourrait penser que ce chapitre marque de l'extérieur la borne de l'autodétermination animale et qu'il a pour vocation de définir des cas où l'animal serait purement patient et n'exercerait plus sa faculté d'agent [2]. En réalité, il produit une explication positive des mouvements autres que volontaires. Or cette explication place le cœur au centre de ce phénomène, comme l'illustre le diagramme décrit par Aristote, composé d'un cercle et de son centre (A), les deux points B et Γ étant placés sur le

clair que si la fonction du cœur devait être réduite à une pure réactivité mécanique, c'est l'ensemble de la philosophie aristotélicienne de l'action qui se trouverait hypothéquée, dans la mesure où le désir, et avec lui le cœur, est la condition de toute action volontaire.

1. *MA*, 11, 703b3-11. Pour une analyse plus détaillée de ce chapitre, je renvoie à P.-M. Morel, « Volontaire, involontaire et non volontaire dans le chapitre 11 du *De motu animalium* d'Aristote », dans *Aristote et le mouvement des animaux*, *op. cit.*, p. 167-183.

2. Voir en ce sens l'interprétation de M. Nussbaum, dès son article de 1983 déjà cité, pour qui l'objet du *MA* est le seul mouvement volontaire.

cercle et reliés au centre par un segment[1]. Il montre comment un mouvement peut se produire dans un organe (Γ) par l'intermédiaire du principe interne (A), même s'il résulte d'un mouvement provoqué dans une autre partie (B) que le principe interne. C'est précisément ce schème de causalité transitive qui permet de rendre compte des mouvements involontaires. Ainsi l'érection involontaire[2] est provoquée par la perception d'un partenaire sexuel potentiel, c'est-à-dire par un objet externe, mais elle suppose que l'affection initiale atteigne d'abord le principe interne, à savoir la région du cœur. Le processus est donc fondamentalement organique. C'est pourquoi le fait qu'un tel mouvement se produise ou non ne dépend pas seulement du contenu de la représentation, mais aussi des conditions matérielles internes, de la *pathètikè hulè*, c'est-à-dire des dispositions physiologiques nécessaires à la réception de l'altération initiale :

> Que, d'autre part, le mouvement non raisonné qui s'accomplit dans les parties se produise dans certains cas et pas dans d'autres, alors que l'on pense les mêmes choses, cela s'explique par le fait que, dans certains cas, s'y trouve la matière susceptible de subir cet effet alors que, dans d'autres, elle n'atteint pas la quantité ou la qualité qui conviennent[3].

Ainsi, Aristote laisse de côté les facteurs extérieurs de ces mouvements, pour concentrer leur étiologie sur les facteurs internes, c'est-à-dire sur les rapports entre le cœur et les parties concernées par ces processus. Il est vrai que les mouvements involontaires sont provoqués par la présence d'un moteur immobile externe et que les mouvements non volontaires sont dépendants du milieu extérieur ou de l'alimentation. Toutefois, l'argument illustré par le diagramme constitue une réponse à cette difficulté apparente : comme les mouvements involontaires, les mouvements non volontaires ne peuvent s'effectuer sans l'intervention du principe interne, fût-ce une simple fonction de régulation thermique, voire une fonction initialement passive. Michel d'Éphèse, en commentant le passage, estime d'ailleurs que les mouvements non volontaires ressemblent aussi bien aux mouvements involontaires – dans la mesure où l'intellect ne donne pas son assentiment – qu'aux mouvements volontaires, parce que leur cause se situe en nous[4]. D'une manière générale, le principe de base de la mécanique du *MA* stipule qu'aucun mouvement ne peut se produire sans un point d'appui ou un principe immobile, l'animal devant disposer, non seulement de points d'appuis externes (terre, air, eau), mais aussi d'au moins un point d'appui

1. Voir 11, 703b26-704a2.

2. Michel d'Éphèse envisage le cas de l'érection volontairement provoquée par l'agent qui se figure mentalement un objet de désir, *in MA*, 128.24-28.

3. 11, 703b36-704a2.

4. Michel d'Éphèse, *in MA*, 128.29-129.4.

ou principe interne. Du reste l'âme, et la vie avec elle, est la condition première des mouvements animaux, qu'ils soient volontaires ou non : un cadavre ne connaît ni sommeil, ni respiration, ni tachycardie, ni érection. Le moteur ultime, c'est toujours l'âme[1]. Sur le plan organique, ce moteur n'est autre que le cœur. Ainsi, bien que, dans les mouvements qui ne sont pas volontaires, l'animal n'exerce pas sa fonction d'agent intentionnel, il en demeure néanmoins l'agent organique.

Encore faut-il que la matière du vivant ait la capacité naturelle de subir et de pâtir, qu'elle ne subisse dans la réception passive aucun mouvement violent et qu'elle ait la capacité de passer d'une phase de réception à une phase motrice. En un mot, où se situe la limite de l'agent et du patient dans l'activité cardiaque ? C'est à cette question que répond la doctrine du SC. Comme on l'a vu plus haut, et comme le montrent les chapitres 9 et 10 du traité, le souffle connaturel n'a, dans le *MA*, aucune fonction proprement vitale : il se contente de transmettre une force dont le cœur, ou à la rigueur l'ensemble de la région cardiaque, est le principe. Toutefois, il a pour propriété naturelle de pouvoir se comprimer et s'étirer, réalisant ainsi au niveau cardiaque l'articulation de la poussée et de la traction, articulation nécessaire à tout mouvement local. Il lui est donc parfaitement naturel – c'est-à-dire sans subir de passion sous l'effet d'un mouvement violent – d'être mû et de mouvoir, de pâtir et d'agir, alors même qu'il est un corps simple[2]. Cette situation d'exception résout le problème posé au livre VIII de la *Physique*. Elle lève l'apparente contradiction de l'agir et du pâtir en permettant au cœur, et par conséquent au composé lui-même, d'être aussi bien agent que patient. L'animal est un patient, parce que le cœur a la faculté de recevoir les impressions sensibles et leurs effets, ou encore la chaleur produite par la nourriture. Il est également un agent, parce qu'il peut *se mouvoir* lui-même, en fonction de ce qu'il subit.

1. *MA*, 9, 703a2 ; 10, 703a29.

2. S. Berryman, « Aristotle on *Pneuma* and Animal Self-Motion », *Oxford Studies in Ancient Philosophy* 23, 2002, p. 85-97, clarifie très utilement ce dossier. Elle montre que l'introduction du souffle connaturel dans le *MA* permet de comprendre comment une altération peut donner lieu à un mouvement local, parce que ce corps peut, sans contrainte, produire des changements quantitatifs – par expansion ou contraction – et ainsi des mouvements locaux. On notera néanmoins qu'il s'agit, non pas d'une propriété du souffle connaturel en tant que tel, mais d'une propriété du souffle connaturel en tant qu'il dépend de l'économie globale des mouvements organiques et de la disposition des parties du corps.

TROISIÈME PARTIE

DE LA VIE À L'ACTION

CHAPITRE PREMIER

LA STRUCTURE DE L'ACTION NATURELLE

Le *MA* et les *PN* formulent des thèses décisives concernant l'unité du vivant, en montrant en quel sens chaque composé animé est lui-même le principe de ses propres mouvements. Ils permettent corrélativement de résoudre les difficultés liées au statut d'automoteur qu'Aristote attribue à l'animal. Ce faisant, ils invitent – et le *MA* le fait explicitement en évoquant le raisonnement pratique – à envisager le cas de l'autonomie *pratique*, au sens strict. Entendons par là la capacité humaine de réaliser de soi-même des actions moralement significatives. Pour le *DA*, du reste, le déplacement animal et l'action humaine s'expliquent fondamentalement selon les mêmes principes : la conjonction d'un désir et d'une représentation [1]. Si l'on veut reconstituer la philosophie aristotélicienne de l'action dans son ensemble, il est donc impératif de prendre en compte, non seulement l'éthique et la politique, mais aussi un certain nombre de textes de philosophie naturelle.

Pourtant, le passage de l'activité naturelle – qu'il s'agisse de l'activité interne ou qu'il s'agisse du déplacement – à l'action humaine est problématique. Le fait que les écrits de philosophie pratique soient presque totalement silencieux sur ce point ne facilite pas la tâche. Le problème de la relation entre philosophie pratique et philosophie naturelle chez Aristote est d'ailleurs à l'origine d'un grand nombre de publications et de discussions, pour la plupart assez récentes [2]. Les commentateurs attirent

1. Voir *DA*, III, 9-11. La distinction entre *phantasia* sensitive et *phantasia* délibérative (III, 11) permet de spécifier le cas de l'action humaine délibérée : à la différence de la première forme de *phantasia*, la seconde implique toujours un raisonnement ou un calcul.

2. Pour s'orienter dans cette problématique, voir par exemple J. Annas, *The Morality of Happiness*, Oxford, Oxford University Press, 1993, p. 142-158 ; J.-F. Balaudé, « Nature et norme dans les traités éthiques d'Aristote », dans *Aristote et la notion de nature. Enjeux*

généralement l'attention sur la question de la normativité ou de l'absence de normativité naturelle, ainsi que sur le statut de la fonction propre, ou *ergon*. Le chapitre 6 du livre I de l'*Éthique à Nicomaque* semble en effet suggérer que l'action vertueuse est à penser en termes d'accomplissement de fonction et qu'elle est en ce sens comparable, au moins par analogie, à l'exercice naturel des parties du corps[1]. La question du statut de l'action *(praxis)* est donc au cœur de cette problématique. Pourtant, les spécialistes d'Aristote tiennent généralement l'analyse interne de la *praxis* à l'écart de ce dossier, comme si le sens même de *praxis* allait toujours de soi chez Aristote, comme s'il était sans rapport avec la philosophie naturelle et comme s'il n'était question de *praxis* que dans le sous-*corpus* éthique et politique. Il est vrai que d'importantes études mettent en rapport l'action humaine et la causalité naturelle[2], mais il est rare que l'on attende de la philosophie naturelle de l'action qu'elle apporte un véritable éclairage sur la *praxis* humaine.

Or Aristote parle souvent de *praxis* hors du *corpus* pratique et il lui donne alors une signification qui excède le cas des activités proprement humaines. Ainsi, au livre Θ, chapitre 6, de la *Métaphysique*, Aristote distingue le mouvement de l'action en se référant aux caractères physiques des processus en question. L'examen du *corpus* biologique, psychologie comprise, fait apparaître plusieurs cas où le concept de *praxis* s'applique au comportement animal en général sous certains de ses aspects et même aux

épistémologiques et pratiques, P.-M. Morel (éd.), Bordeaux, 1997, p. 95-129; S. Everson, « Aristotle on Nature and Value », dans *Companions to Ancient Thought 4, Ethics*, S. Everson (ed.), Cambridge, Cambridge University Press, 1998, p. 77-106; M. Vegetti, dans *L'Excellence de la vie. Sur l'*Éthique à Nicomaque *et l'*Éthique à Eudème *d'Aristote*, G. Romeyer Dherbey (dir.) et G. Aubry (éd.), Paris, Vrin, 2002, p. 63-74. En ce qui concerne la politique, voir notamment G.E.R. Lloyd, « L'idée de nature dans la *Politique* d'Aristote », dans *Aristote politique*, P. Aubenque et A. Tordesillas (éd.), Paris, PUF, 1993, p. 135-159.

1. 1097b22-1098a20.

2. Voir en particulier D. Charles, *Aristotle's Philosophy of Action*, Ithaca-London, Cornell University Press, 1984, qui montre que l'activité humaine intentionnelle et délibérée se prête à l'explication causale dans la mesure où elle peut être expliquée dans les termes de la philosophie naturelle, sans que les états mentaux soient directement identifiés ou réduits à des états physiques. D. Charles opte donc pour la lecture fonctionnaliste de la psychologie aristotélicienne. Je voudrais montrer dans les pages qui suivent qu'il est possible d'aborder le problème par un autre biais que par l'intermédiaire du débat, désormais classique, qui oppose les partisans et les adversaires de la lecture fonctionnaliste. Voir en ce sens l'analyse nuancée de C. Natali, *L'Action efficace. Études sur la philosophie de l'action d'Aristote*, Louvain-la-Neuve, Peeters, 2004, p. 199-217. L'étude de D. Charles présente en tout cas le grand intérêt de comprendre la conception aristotélicienne de l'action à partir de sa dimension ontologique et comme un « tout unifié » (*a unified whole*), supprimant ainsi d'emblée la frontière qui sépare traditionnellement les deux analyses, anthropologique et physique, de la *praxis*.

simples fonctions organiques. Il y a donc en ce sens une « action naturelle ». L'argument de l'*ergon*, bien qu'il prenne la forme d'une analogie, semble dès lors se justifier par la possibilité de produire, par extension, une définition *réellement* naturelle de l'action humaine. L'expression la plus radicale de cette hypothèse de lecture consisterait même à assimiler le bien que vise l'action humaine à celui que vise l'action naturelle, dans la mesure où le bien coïncide dans les deux cas avec la cause finale.

On doit objecter, dès à présent, que l'action humaine a un type de fin qui n'est pas réductible à une fin biologique : l'action vertueuse vise le bien et non le plaisir, de sorte qu'elle doit se définir en termes de valeur et pas seulement en termes de réplétion ou de compensation d'un manque. Si l'action procure du plaisir, c'est parce que celui-ci vient en surplus, comme l'achèvement de l'acte, sans être la fin même de l'action[1]. Aussi, bien que tous les plaisirs ne se valent pas, le plaisir n'a pas en tant que tel de valeur morale, parce que celle-ci dépend de l'action qui le produit. L'animal se meut en fonction d'une certaine représentation de l'utile et du nuisible, du plaisant et du douloureux, mais l'homme agit en vue d'un bien proprement humain. Du reste, seuls méritent d'être appelés « plaisirs propres à l'homme » ceux qu'éprouve l'homme moralement accompli[2]. Il n'y aurait donc, en ce sens, qu'une relation d'analogie entre l'accomplissement d'une fonction naturelle et l'accomplissement de cette fonction excellente qu'est la vertu. Ainsi, pour reprendre l'exemple d'Aristote en *EN*, I, 6, la différence entre le cithariste et le bon cithariste n'est pas seulement de degré : le bon cithariste ajoute l'excellence à la fonction du cithariste (1098a10-11). L'œuvre qu'il réalise est dès lors tout autre : il réalise le bien de l'art du cithariste. De ce point de vue, l'exemple des parties du corps – œil, main, pied –, qu'Aristote reprend à Platon[3] pour expliquer la notion d'*ergon*, ne serait qu'un paradigme didactique et provisoire[4] : l'homme a une fonction propre à accomplir – la vertu –, de même que l'œil a la sienne – la vision –, mais la fonction propre de l'homme serait radicalement hétérogène à celles des parties de son corps. Cet exemple aurait donc le même statut que celui qui précède immédiatement dans le texte, celui des techniques : comment concevoir, s'il y a une fonction propre du charpentier ou du cordonnier, que l'homme en tant que tel n'ait aucune fonction à accomplir ? Or la fonction propre de l'homme n'est pas de même ordre que les fonctions techniques,

1. *EN*, X, 4, 1174b31-33.

2. *EN*, X, 5, 1176a26-29.

3. *Rép.*, I, 352 D *sq.*

4. Voire essentiellement dialectique, comme le soutient P. Destrée, « Comment démontrer le propre de l'homme ? Pour une lecture "dialectique" de *EN*, I, 6 », dans *L'Excellence de la vie*, *op. cit.*, p. 39-61.

puisqu'il s'agit d'une fonction pratique et non « poiétique » : une activité rationnelle de l'âme en accord avec la vertu la plus parfaite [1].

L'hypothèse naturaliste ne peut en outre ignorer le discours fortement anthropocentriste qui est celui d'Aristote lorsqu'il caractérise l'action dans les traités éthiques. En affirmant que « la décision est le principe de l'action » [2], Aristote nous invite à ne parler d'action que dans la sphère, proprement humaine, de l'éthique et de la politique. Il n'y aurait *praxis*, de ce point de vue, que lorsqu'il y a eu délibération et décision (ou choix), c'est-à-dire réflexion et désir [3]. L'action serait donc, en toute rigueur, spécifiquement humaine car « ...la décision est ou bien un intellect désirant ou bien un désir raisonnant, et un tel principe est un homme » [4]. De même, selon l'*Éthique à Eudème*, l'homme est le seul vivant qui soit principe de certaines actions, si bien que « nous ne pourrions dire d'aucun autre vivant qu'il agit » [5]. Le naturalisme de la première hypothèse, qui établit une identité de structure, voire d'objet, entre l'action humaine et l'accomplissement de toute fonction naturelle, est ainsi contredit par le caractère proprement humain de l'objet visé.

Nous éprouvons du reste quelques difficultés à parler aujourd'hui d'*action* pour qualifier un acte non-délibéré ou, plus généralement, le comportement animal. De fait, parler d'action pour ce qui ne délibère pas a-t-il un sens pour nous ? Nous concevons l'action comme une démarche et non comme un simple processus ou un simple acte, comme une attitude consciente et volontaire, de telle sorte que ses conséquences nous sont imputables. Si l'on peut à la rigueur « ne pas être responsable de ses actes », on conçoit mal que l'on puisse ne pas être responsable de ses actions. Certains héritiers modernes de l'éthique aristotélicienne, tels G. Gadamer ou R. Bubner, caractérisent d'ailleurs l'action par la rationalité qui lui est immanente et par sa dimension réflexive. Ils s'opposent ainsi à une analyse étiologique ou scientifique des comportements moraux qui seraient alors réductibles à des relations causales [6].

1. *EN*, I, 6, 1098a16-18.
2. *EN*, VI, 2, 1139a31.
3. *EN*, III, 5, 1113a10-11.
4. *EN*, VI, 2, 1139b4-5.
5. *EE*, II, 6, 1222b19-20.
6. Voir par exemple R. Bubner, « Aristote et la philosophie pratique de nos jours », dans *Nos Grecs et leurs modernes*, B. Cassin (éd.), Paris, Seuil, 1992, p. 402-414, qui oppose, aux tentatives d'explication causale de l'action, l'attitude d'*interprétation* qui, seule, permettrait de définir l'agir humain dans sa spécificité. Voir encore, dans la tradition gadamérienne de lecture d'Aristote, et pour une compréhension de la *phronèsis* comme « perception morale » et comme phénoménologie effective de l'action, P. Kontos, *L'Action morale chez Aristote. Une lecture phénoménologique et ses adversaires actuels*, Paris, PUF, 2002. Pour un état de la question global, voir E. Berti, « La philosophie pratique d'Aristote et sa "réhabilitation"

Ne peut-on toutefois envisager, entre un naturalisme pur et une sorte d'artificialisme pratique, une voie médiane qui permettrait de comprendre à la fois la spécificité de la *praxis* humaine et son appartenance à un genre qui engloberait aussi les *praxeis* naturelles et non humaines ? Cette hypothèse suppose que la comparaison de *EN*, I, 6 n'apparaisse pas comme une pure analogie, exclusive de tout rapport de continuité entre les fonctions organiques et la vertu propre à l'homme. Plus généralement, n'y a-t-il pas dans la *praxis* humaine un aspect sous lequel elle relève d'une sorte d'invariant structurel qui la rapprocherait, non seulement du comportement animal, mais aussi de toute forme de *praxis* ? Si tel est le cas, il faut alors admettre que les diverses acceptions de *praxis* correspondent à un même schème et que cela n'est pas sans conséquence sur l'explication de l'agir humain. S'il se confirme en effet que l'action délibérée n'est pas le paradigme de toute action, il y a fort à parier que l'étude de l'action naturelle contribue à l'élucidation des problèmes – ou du moins de certains d'entre eux – que pose l'action proprement humaine.

Si nous partons des caractérisations littérales de la *praxis* chez Aristote, nous constatons tout d'abord que celle-ci ne présuppose pas nécessairement la délibération. Tel est en particulier le cas en *Métaphysique*, Θ, 6, 1048b18-36[1]. Le texte commence par distinguer entre la *praxis* au sens large et la *praxis* au sens strict. Nous rangerons sous la première catégorie les actions qui ont une limite *(peras)* et qui ne sont pas des fins mais ont rapport à une fin *(peri to telos)*[2]. Il faut comprendre : les actions inachevées[3], actions après lesquelles on trouve encore la fin (comme l'amaigrissement) ou l'œuvre *(ergon)*. Le passage, manifestement connexe, de Θ, 8, 1050a23-b3 montre qu'il s'agit, d'une manière générale, des productions[4].

Il y a donc un genre « action » qui englobe aussi bien les actes distincts de leur résultat que les actions au sens strict. Aristote procède à cet ajustement sémantique à partir de la ligne 1048b21 :

récente », *Revue de Métaphysique et de Morale*, 1990/2, p 249-266; C. Natali, *op. cit.*, principalement p. 131-217.

1. Les lignes 18 à 35 sont manquantes dans la plupart des manuscrits, ainsi que dans les traductions de Guillaume de Mœrbeke et de Bessarion (1450), mais Tricot par exemple les conserve, à la suite de Bonitz et de Ross. Voir sur ce point R. Brague, *Aristote et la question du monde. Essai sur le contexte cosmologique et anthropologique de l'ontologie*, Paris, PUF, 1988, p. 454-456. Sur ce passage et ses diverses interprétations, on se reportera également à C. Natali, *op. cit.*, p. 31-52.

2. 1048b18-19.

3. 1048b22 : οὐ τελεία.

4. Voir également *Magn. Mor.*, I, 34, 1197a3 *sq.* et *EN*, I, 1, 1094a3-6.

> Dans ces cas-là, ce n'est pas une action, ou, tout au moins, pas une action achevée, car ce n'est pas une fin, mais seul ce <mouvement> dans lequel est contenue la fin est aussi une action. Par exemple, on voit et en même temps on a vu, on pense et on a pensé, on conçoit et on a conçu ; mais on n'a pas appris en même temps que l'on apprend, pas plus que l'on a guéri en même temps que l'on guérit[1].

La suite montre que le concept de mouvement doit, à son tour, faire l'objet d'une réduction : Aristote restreint le sens de « mouvement » à deux reprises, en 1048b28 et 35-36, en l'opposant à l'acte : toute *kinèsis* est imparfaite *(ateles)*, c'est-à-dire inachevée (b29), et s'oppose ainsi à l'*energeia*. Le texte opère donc une double réduction croisée des termes désignant le processus d'accomplissement de l'acte, mouvement et action passant l'un et l'autre d'une occurrence générique à une occurrence spécifique. L'argumentation peut être résumée par le schéma suivant, dans lequel les flèches symbolisent les réductions conceptuelles :

kinèsis [1] (= processus) ⇒ *kinèsis* [2] (= processus imparfait)
praxis [1] (= processus) ⇒ *praxis* [2] (= processus parfait)

Au premier stade de la définition, *praxis* et *kinèsis* sont interchangeables mais, au second stade, ils s'opposent clairement. Ainsi, la *praxis* [2] est une espèce du genre *kinèsis* [1] mais s'oppose à *kinèsis* [2]. Il devient dès lors tentant d'assimiler purement et simplement *praxis* [2] à l'acte *(energeia)*. De fait, à partir de la ligne 28, Aristote ne parlera plus explicitement de *praxis*, mais d'*energeia*. Cependant « acte » s'entend lui-même en deux sens : « <Parmi les actes>, en effet, les uns sont <compris> comme mouvement par rapport à la puissance et les autres comme substance par rapport à quelque matière »[2]. Ce deuxième sens correspond en fait à l'*eidos*, comme le montre un passage du chapitre 8 :

> Ainsi, dans tous les cas où quelque chose d'autre est engendré en dehors de l'activité *(chrèsis)*, l'acte est dans ce qui est produit ; par exemple, <l'acte> de bâtir est dans ce qui est bâti, <l'acte> de tisser, dans ce qui est tissé ; il en va de même pour les autres <actes>, et, d'une manière générale, le mouvement est dans ce qui est mû. Par contre, dans tous les cas où aucune œuvre *(ergon)* n'est produite en dehors de l'acte, l'acte réside dans <l'agent> lui-même, comme la vision dans celui qui voit, la science dans le savant, et la vie dans l'âme, et c'est pourquoi le bonheur aussi est dans l'âme, car il est un

1. οὐκ ἔστι ταῦτα πρᾶξις ἢ οὐ τελεία γε· οὐ γὰρ τέλος· ἀλλ' ἐκείνη <ᾗ> ἐνυπάρχει τὸ τέλος καὶ [ἡ] πρᾶξις. οἷον ὁρᾷ ἅμα <καὶ ἑώρακε,> καὶ φρονεῖ <καὶ πεφρόνηκε,> καὶ νοεῖ καὶ νενόηκεν, ἀλλ' οὐ μανθάνει καὶ μεμάθηκεν οὐδ' ὑγιάζεται καὶ ὑγίασται (1048b21-25). Je suis, d'après les indications de Jaeger (Oxford, 1957), le texte de Bonitz.

2. 1048b8-9.

> certain genre de vie. Par conséquent il est clair que la substance, la forme, est acte [1].

L'acte relève donc de la *kinèsis* [1] s'il s'agit d'une action, c'est-à-dire d'un processus contenant sa propre fin – vision, science, vie –, mais il n'est plus du tout un mouvement lorsqu'il s'agit du résultat d'une production. L'acte, ou la réalisation ultime, est alors dans le mû – le bâti, le tissé. Dans tous les cas, il coïncide avec la forme, au sens de ce qu'accomplit la fin, que ce soit l'homme exerçant la science ou la maison. Il n'en demeure pas moins que tout acte ne suppose pas la mobilité de ce dont il est l'acte. La maison est immobile tout en étant, en acte, ce qu'elle devait être lorsqu'elle n'était encore qu'en puissance. L'acte pur que constitue l'activité noétique du Premier moteur immobile est, quant à lui, absolument sans mouvement. En ce qui concerne l'action, nous dirons donc que *praxis* [2] équivaut à ce que nous pourrions appeler « l'acte mobile » [2], mais qu'elle ne peut être assimilée à l'acte pur, exclusif de tout mouvement, ni à l'acte qui réside dans la chose produite. La maison achevée n'est certes pas hors du temps et elle subira, dans le temps, la corruption de ses matériaux [3]. Toutefois l'information particulière que réalise l'action entretient avec le temps un rapport bien plus étroit. Le fait d'être dans le temps est en effet, pour l'action, positif ou constitutif, parce que l'action au sens strict, bien qu'elle s'oppose au mouvement, s'accomplit sur le mode de la durée. Plus précisément, alors que le travail du bâtisseur a cessé lorsque la maison est achevée, et qu'elle vit en quelque sorte une autre histoire – celle de son usage –, l'agent continue d'agir dans l'action qu'il accomplit. L'extension du concept d'action n'est donc pas identique à celle du concept d'acte car *praxis* désigne toujours un processus [4].

Le texte de Θ, 6 a en tout cas une portée qui excède le cadre anthropologique puisqu'il étend le concept de *praxis* – au sens restreint – à des processus qui ne font pas nécessairement l'objet d'une délibération.

1. 1050a30-b3.

2. Comme le montre S. Waterlow, *Nature, Change, and Agency in Aristotle's* Physics, Oxford, Oxford University Press, 1982, p. 189-190, ce n'est pas parce que les actes ne sont pas des mouvements qu'ils sont hors du temps ou que leur sujet est statique. Ce problème est analysé en détail dans C. Natali, *op. cit.*, p. 31-52.

3. Voir *Phys.*, IV, 12, 221b1-2 et 13, 222b16-29.

4. R. Heinaman, « Activity and *Praxis* in Aristotle », *Proceedings of the Boston Area Colloquium in Ancient Philosophy*, John J. Cleary and William Wians (ed.), volume XII, 1996, p. 71-111, tire argument de cette constatation pour établir que la *praxis* n'est pas *energeia* mais mouvement. Sans doute serait-il plus juste de dire que l'action est un acte qui suppose encore le mouvement comme sa matière, ou entendu au sens large de processus. Notons que Heinaman, bien qu'il signale qu'Aristote fait des usages différents du concept d'action, ne retient, pour le définir, que ses occurrences éthiques et ne mentionne pas les occurrences physiques et biologiques.

C'est le cas de la vue et, plus encore, de la vie : si Aristote évoque d'abord la vie au sens éthique, le bien vivre [1], il ne parle plus à la ligne 27 que de la vie en général, ou du simple fait de vivre. Cet exemple confirme, avant même que nous examinions les textes biologiques, qu'il y a bien une action du vivant en tant que tel, et pas seulement de l'animal, une action qui ne serait la conséquence ni de la délibération, ni de la sensation. En effet, Aristote parle aussi d'action à propos des plantes et des astres [2], ce qui exclut que cette propriété soit réservée, non seulement aux êtres capables de délibération, mais encore aux animaux dans leur ensemble, c'est-à-dire aux êtres capables de sentir et de se mouvoir en fonction d'une représentation [3].

Dans le *corpus* biologique, la notion de *praxis* se définit par rapport à trois concepts approchants : non seulement celui de mouvement, mais aussi ceux de fonction et de vie. L'apposition à celui de mouvement *(kinèsis)*, déjà pertinente en *Mét.*, Θ, 6, se retrouve dans différents textes du *corpus* de philosophie naturelle. Il ne s'agit donc pas d'un rapprochement accidentel ou marginal. *Kinèsis* est du reste le premier sens relevé par Bonitz [4] dans son article « πρᾶξις ». Ainsi, « le mouvement est continu et l'action est un mouvement » [5]. Le traité *Du ciel* établit pour sa part que toute action exige un temps minimum déterminé, comme le mouvement du ciel [6]. On retrouve la conjonction des deux termes dans les *Parties des animaux*, pour caractériser la *praxis* organique :

> Les êtres vivants se composent donc de ces deux espèces de parties : mais les homéomères existent en vue des anhoméomères. À ces dernières appartiennent les fonctions et les actions *(erga kai praxeis)*, par exemple à l'œil, aux narines, au visage tout entier, au doigt, à la main, au bras dans son ensemble. Mais comme les actions *(praxeis)* et les mouvements *(kinèseis)* propres aux animaux tout entiers et aux parties dont il vient d'être question revêtent de multiples formes, il est nécessaire que les éléments qui les composent aient des propriétés *(dunameis)* différentes [7].

1. « on vit bien et on a bien vécu en même temps, et on est heureux et on a été heureux <en même temps> », 1048b25-26.

2. En *PA*, II, 10, 656a2 ou dans le *DC*, II, 12, 292a21 *sq.*

3. Sur le rapport entre les opérations cognitives et l'action, voir ci-dessus, p. 129-136.

4. *Index aristotelicus*, Berlin, Academia Regia Borussica, 1870, 630a20.

5. *EE*, II, 3, 1220b27. Voir encore II, 6, 1222b29 : « l'homme est principe d'un certain type d'action, car l'action est un mouvement. »

6. II, 6, 288b33. Voir encore *Catégories*, 6, 5b2 : on dit « l'action longue ou le mouvement long parce que le temps <pendant lequel ils s'accomplissent> est long ».

7. II, 1, 646b11-17. De même, en 647a29, *praktikon* est apposé à *kinètikon* à propos du cœur. Voir encore *De Som.*, 2, 455b28 : « Il faut encore dire après cela par quels types de mouvements et d'actions internes aux corps se produisent la veille et le sommeil chez les

Les parties simples ou homéomères constituent la matière des autres parties, conformément à l'idée selon laquelle chaque niveau d'organisation est matière du niveau immédiatement supérieur[1]. Elles n'atteignent pas ce degré de détermination formelle qui s'accompagne de la détermination finale et d'une motricité déterminée : le fait d'effectuer certains mouvements et d'avoir une certaine fonction. Il n'y a donc *praxis* que pour les parties dont la morphologie et les opérations sont déterminées, c'est-à-dire proprement *animées*, conformément à la définition de l'âme au livre II, chapitre 1 du traité *De l'âme* : l'entéléchie première d'un corps naturellement organisé. L'âme définit en effet le mode de vie spécifique dont est capable le corps qu'elle informe et elle n'est pas autre chose, comme entéléchie première, que l'ensemble des facultés du composé[2]. Par ailleurs, lorsqu'elle actualise ses potentialités, l'âme se réalise comme *ergon, praxis* ou *kinèsis*, qui désignent donc les fonctions dans leur actualité par opposition aux simples facultés d'accomplir ces fonctions. Or les facultés caractéristiques des vivants, par opposition aux propriétés générales des corps, ne s'accomplissent ou ne s'achèvent qu'au niveau des parties anhoméomères. L'étude des *praxeis* est donc indispensable à un double titre : comme un principe de classification des animaux et comme principe de l'explication des mouvements internes du vivant, à la jonction des différents niveaux de fonctionnalité[3].

La conjonction de la *praxis* et de la *kinèsis* est-elle finalement explicative ou distinctive ? Si *kinèsis* désigne, comme en *Mét.*, Θ, 6, une phase préparatoire ou intermédiaire par opposition à l'action achevée, on ne peut l'assimiler purement et simplement à cette dernière. Il n'en demeure pas moins que les mouvements naturels qui caractérisent les parties anhoméomères jouissent d'une autonomie relative et constituent en ce sens des actions. Tel est par exemple le cas du cœur[4]. Celui-ci, principe de la sensation, de la motricité et de la nutrition, est lui-même une partie homéomère, comme les autres viscères – car il est, comme les autres viscères, constitué de sang –, mais il est en même temps une partie

animaux. » Le contexte immédiat de cette phrase ne donne aucune indication sur une éventuelle distinction entre mouvement et action. Les deux termes semblent donc ici se recouper très étroitement.

1. *GA*, I, 1, 715a9-11.

2. Les parties homéomères sont également « animées », dans la mesure où elles sont les parties d'un vivant. Il semble toutefois que leurs propriétés ne varient pas en fonction des caractères spécifiques de l'animal dont elles sont les parties.

3. Les *PN*, comme on l'a vu, réalisent ce double projet et c'est pourquoi Aristote en définit ainsi le propos : « examiner, à propos des animaux et de tous les êtres qui possèdent la vie, quelles sont les actions *(praxeis)* qui leur sont propres et quelles sont celles qui leur sont communes » (*De Sens.*, 1, 436a2-4).

4. *PA*, II, 1, 647a24 *sq.*

anhoméomère, « par sa configuration »[1]. En effet, « en tant qu'il est apte à recevoir toutes les sensations, il est une partie simple et en tant qu'il est capable de mouvement et d'action *(kinètikon kai praktikon)*, une partie anhoméomère »[2]. Tout en étant homogène par ses tissus, le cœur a une fonctionnalité propre, qui justifie sa configuration. Il est donc en ce sens anhoméomère et capable d'action. Ainsi, dans les organes sensoriels, chaque sensation propre est l'unique actualisation possible de la puissance élémentaire[3]. Mais dans son processus global, incluant la sensibilité première dont le cœur est à la fois le lieu et le principe, elle est bien une action[4].

L'apposition au concept de fonction *(ergon)*, dont je viens de signaler quelques exemples, est une des plus significatives et des plus fréquentes, en particulier dans le traité des *Parties des animaux*. C'est par exemple le cas en I, 5, 645b19-22 :

> Le corps existe d'une certaine manière en vue de l'âme et les parties en vue des fonctions *(erga)* qui reviennent naturellement à chacune. Il faut donc traiter des actions *(praxeis)* communes à tous <les animaux>, aussi bien selon le genre que selon l'espèce.

Cette apposition *praxis-ergon* apparaît également au début du livre VIII de l'*Histoire des animaux*[5]. Les plantes, précise alors Aristote, n'ont pas d'autre fonction que la reproduction, comme certains animaux. Aussi – on le note au passage – les actions se rapportant à la reproduction sont-elles communes à toutes les espèces de vivants, plantes comprises. Le concept de *praxis* est donc très proche d'*ergon*, sans toutefois souffrir de l'équivoque inhérente à celui-ci, qui fait qu'il peut désigner à la fois la faculté, la fonction dans son accomplissement, mais aussi le résultat, l'œuvre qui clôt le processus. *Praxis* a toujours un sens à la fois actuel et dynamique.

Il arrive enfin que le terme *praxis* soit étroitement associé à la vie elle-même, *zôè* ou *bios*. Nous en avions déjà un exemple dans le texte de *Mét.*, Θ, 6. Le traité *Du ciel*, on l'a dit, indique que les astres, comme les plantes, participent de la *praxis* et de la vie de la manière la plus simple : plus les êtres visent de biens différents, plus leurs activités sont diverses. C'est toutefois le *corpus* biologique qui, une fois encore, est le plus éclairant. Ainsi, selon l'*Histoire des animaux*, « Les actions et les modes de vie des

1. 647a33 : δὶα δὲ τὴν τοῦ σχήματος μορφὴν.

2. 647a27-29.

3. Le toucher constitue une exception relative car, bien qu'il se situe dans une partie homéomère, il peut saisir différents types de sensibles, comme le chaud et le froid ou le sec et l'humide (647a14-21).

4. Voir ci-dessus, p. 71-89.

5. *HA*, VIII, 1, 588b23 *sq.*

animaux diffèrent selon leurs mœurs et leur nourriture [1]. » Activité vitale en tant qu'accomplissement de propriétés organiques, l'action animale est aussi bien une activité de l'organisme total dans son rapport avec le milieu. Elle caractérise alors le comportement de l'animal.

Cette diversité d'occurrences ne doit pas masquer la cohérence fondamentale de l'usage de *praxis* dans le *corpus* de philosophie naturelle, comme on peut le voir dans les *Parties des animaux*, livre I, chapitre 5, 645b14-646a4. L'action animale est cette fois présentée comme la fin ou la cause finale :

> Puisque tout instrument est en vue de quelque chose, et que chaque partie du corps est en vue de quelque chose ; que, d'autre part, ce qui est en vue de quelque chose est une action ; il est clair que le corps tout entier est constitué en vue d'une action complète. En effet, <l'action de> scier ne s'effectue pas en vue de la scie, mais c'est la scie qui est faite en vue de <l'action de> scier, car celle-ci est une sorte d'utilisation. Par conséquent, le corps lui aussi est en quelque sorte en vue de l'âme, et les parties sont également en vue des fonctions qui reviennent naturellement à chacune d'elles [2].

Chaque partie du corps existe en vue d'une fin, or la fin est une certaine action, donc l'ensemble du corps est constitué d'une action globale ou complète [3]. En effet, l'unification des diverses fonctions du corps par une action complète est directement liée à l'unification *psychique* des parties du corps.

La suite du passage (645b28-33) expose le principe de cette unification par l'action totale. Les activités et les organes sont en effet, pour la plupart,

1. αἱ δὲ πράξεις καὶ οἱ βίοι κατὰ τὰ ἤθη καὶ τὰς τροφὰς διαφέρουσιν, *HA*, VIII, 1, 588a17. Voir encore 588b23 : « les actions de la vie. » Voir aussi *Pol.*, I, 4, 1254a7 : « la vie est action et non production » (ὁ δὲ βίος πρᾶξις, οὐ ποίησις, ἐστιν). Je reviendrai plus loin sur ce passage, dans lequel Aristote montre que l'esclave est un instrument dans l'ordre de l'action.

2. ἐπεὶ δὲ τὸ μὲν ὄργανον πᾶν ἕνεκά του, τῶν δὲ τοῦ σώματος μορίων ἕκαστον ἕνεκά του, τὸ δ' οὗ ἕνεκα πρᾶξίς τις, φανερὸν ὅτι καὶ τὸ σύνολον σῶμα συνέστηκε πράξεώς τινος ἕνεκα πλήρους. Οὐ γὰρ ἡ πρίσις τοῦ πρίονος χάριν γέγονεν, ἀλλ' ὁ πρίων τῆς πρίσεως· χρῆσις γάρ τις ἡ πρίσις ἐστίν. Ὥστε καὶ τὸ σῶμά πως τῆς ψυχῆς ἕνεκεν, καὶ τὰ μόρια τῶν ἔργων πρὸς ἃ πέφυκεν ἕκαστον, *PA*, I, 5, 645b14-20.

3. J'adopte la leçon πλήρους, proposée par la plupart des manuscrits, suivant en cela D. Balme, *Aristotle's De Partibus Animalium I and De Generatione Animalium I*, Translated with notes, Oxford, Oxford University Press, 1972, p. 124. P. Louis, *Aristote. Les Parties des animaux*, texte établi et traduit, Paris, Les Belles Lettres, 1956, préfère, quant à lui, la leçon du seul manuscrit P : πολυμεροῦς (complexe). La suite de cette analyse devrait confirmer le bien-fondé de l'option de Balme. L'action dont il s'agit peut être dite « complexe », mais on peut tout aussi bien la dire « complète », sans avoir à choisir la leçon minoritaire, car elle réalise l'unité des multiples activités internes de l'animal.

subordonnés à d'autres, comme les instruments le sont aux fins. Ainsi, pour reprendre les exemples proposés par David Balme, la respiration et les poumons sont fonctionnellement subordonnés, respectivement, au refroidissement et au sang. De même, la vue et l'œil sont fonctionnellement subordonnés à la connaissance [1]. Ajoutons à cela les attributs nécessaires, le fait que l'existence de certains organes soit la conséquence nécessaire de celle d'autres organes (l. 32-33). Il est par exemple nécessaire que l'œil soit humide et ainsi intérieurement diaphane, afin que passe la lumière grâce à laquelle s'opère la vision [2]. Nous sommes donc devant une série hiérarchisée d'activités, depuis la première activité des parties anhoméomères, jusqu'à l'activité totale du vivant.

On comprend dès lors qu'il puisse y avoir des *praxeis* qui ont, en tant que *praxeis*, une fin immanente mais aussi, en tant que *praxeis* subordonnées, une fin supérieure et en ce sens différente d'elles, bien qu'elles ne soient pas pour autant des productions. Ces actions, en s'accomplissant elles-mêmes, concourent à l'accomplissement d'une action supérieure. Tout en ayant en elles-mêmes une fin, les activités subordonnées relèvent aussi de la nécessité hypothétique ou conditionnelle [3] puisqu'elles trouvent leur fin ultime dans leur intégration à une totalité pratique.

Plus encore, il n'y a pas de discontinuité, dans l'*Histoire des animaux*, entre les processus organiques qui œuvrent à la nutrition ou à la reproduction et le niveau comportemental, celui des *praxeis* qui engagent le genre de vie *(bios)* ou les mœurs [4]. Ce qui relèverait aujourd'hui d'une « éthologie » est aussi une activité organique. On le voit notamment dans un passage du début du livre VIII :

> Les modes de nutrition diffèrent surtout par la matière dont <les animaux> sont constitués. La croissance de chaque animal, en effet, s'effectue naturellement à partir de cette matière. Ce qui est conforme

1. Selon Balme, à la connaissance et à l'âme *(cognition and soul)*. Toutefois, la respiration et le poumon servent tout autant à l'âme, dans la mesure où elle est également le principe de la vie et de la croissance.

2. *De Sens.*, 2, 438a6 *sq.*

3. La nécessité hypothétique, rappelons-le, ne réside pas uniquement dans la matière par rapport à la fin que définit la fonction, comme le métal de la scie par rapport au sciage; elle réside aussi dans les mouvements de ce qui vaut comme matière *(Phys.*, II, 9, 200a30-32*)*. Si l'on admet que la *praxis* est un mouvement au sens large et que les niveaux inférieurs d'organisation valent comme matière pour le niveau supérieur, nous devons également admettre que la *praxis* d'un organe particulier relève, vis-à-vis de l'action totale, de la nécessité hypothétique.

4. Voir en ce sens J.-L. Labarrière, « Aristote et l'éthologie », *Revue Philosophique de la France et de l'Étranger*, 1993/2, p. 281-300.

> à la nature est agréable, et tous les êtres poursuivent le plaisir conforme à leur nature[1].

De même, comme le montrent les lignes qui suivent ce passage, l'habitat de l'animal sera terrestre ou aquatique selon que sa constitution naturelle a besoin d'air ou d'eau. Connaître les mœurs animales impose donc que l'on étudie les conditions matérielles des actions, c'est-à-dire les éléments constitutifs de l'animal, le fonctionnement et l'organisation de ses parties.

Ainsi la *continuité* pratique implique également une *cohérence* pratique, c'est-à-dire l'interdépendance des actions. Il y a en effet, au niveau de la *praxis* d'une partie anhoméomère, une pluralité de propriétés qui se « combinent les unes aux autres » (συγκειμένας ἀλλήλαις)[2]. Aristote entend ainsi montrer que les parties homéomères ont chacune une *dunamis* déterminée – mollesse, dureté, humidité, etc. –, alors que les anhoméomères ont plusieurs propriétés déterminées : la main peut serrer ou saisir. Peut-être est-ce d'ailleurs l'indice d'une différence significative entre *praxis* et *energeia* : la notion de *praxis* implique immédiatement, dans le cas présent, la corrélation avec d'autres *praxeis* parce qu'elle suppose une pluralité de propriétés compatibles entre elles. Or tel n'est manifestement pas le cas de la notion d'acte prise en elle-même. Les sphères et les plantes font il est vrai exception, mais c'est parce qu'elles sont si bien reliées à leur fin qu'elles n'ont besoin que d'une seule et unique action pour l'accomplir. D'une manière générale, la capacité *pratique* d'une partie n'apparaît que si nous l'intégrons à ce que l'on pourrait appeler un réseau d'interactions fonctionnelles.

1. *HA*, VIII, 1, 589a5-7.

2. *PA*, II, 1, 646b23. La traduction de P. Louis (« s'ajoutent ») appauvrit le texte en effaçant l'idée de solidarité fonctionnelle.

CHAPITRE II

ACTION HUMAINE ET ACTION NATURELLE

Le fait que l'usage du concept de *praxis* soit cohérent dans le *corpus* de philosophie naturelle signifie-t-il qu'il en aille de même si nous considérons l'ensemble du *corpus* aristotélicien ? Jusqu'à quel point pouvons-nous assimiler l'action humaine, celle dont il est question dans les œuvres éthiques et politiques, à l'action telle que la comprennent les textes cités dans les pages précédentes ? La première objection que rencontre mon hypothèse de départ consiste à voir dans l'usage biologique de *praxis* une métaphore anthropocentriste [1]. De fait, l'article « πρᾶξις » du Liddell-Scott-Jones [2] donne une très large place aux occurrences anthropologiques : transaction marchande, affaire, action morale, recouvrement de dettes, acte de vengeance, office public, discours ou lecture d'un orateur ou d'un philosophe. L'occurrence la plus « biologique » du concept, celle qui renvoie à l'activité sexuelle – qui n'est manifestement pas le privilège de l'homme –, est d'ailleurs authentifiée dans un passage de l'*Histoire des*

1. Voir sur ce point la position nuancée de J.L. Labarrière, art. cit. Une autre objection consiste à considérer que la notion de finalité naturelle, essentielle à la définition de la *praxis* naturelle, est elle-même tributaire d'un modèle anthropocentriste ou intentionnel. Sur cette question discutée, je ne peux ici que renvoyer, en faveur de la lecture anthropocentriste, aux arguments de D. Sedley, « Is Aristotle's Teleology anthropocentric ? », *Phronesis* 36, 1991, p. 179-196, et de H. Granger, « Aristotle on the Analogy between Action and Nature », *Classical Quarterly* 43, 1993, p. 168-176. Contre cette ligne d'interprétation, voir notamment J. Cooper, « Aristotle on natural Telelogy », dans *Language and Logos*, M.C. Nussbaum and M. Schofield (ed.), Cambridge, Cambridge University Press, 1982, p. 197-222 ; A. Petit, « "L'art imite la nature" : les fins de l'art et les fins de la nature », dans *Aristote et la notion de nature. Enjeux épistémologiques et pratiques*, P.-M. Morel (éd.), Bordeaux, Presses Universitaires de Bordeaux, 1997, p. 35-43.

2. *Greek-English Lexicon*, 9e éd., with a Revised Supplement, Oxford, 1996.

animaux[1]. Toutefois, ce qui peut initialement paraître métaphorique à un lecteur grec d'Aristote ne l'est sans doute plus pour lui, étant donné le caractère systématique de l'usage qu'il fait de la notion[2]. Quand bien même ce serait le cas, il faudrait alors se demander ce qui justifie une telle métaphore. Or cette justification ne saurait tenir au sens proprement anthropologique, puisque la *praxis* biologique ne conserve pas ce qui fait la spécificité de l'action proprement humaine, à savoir la délibération. Dans une perspective encore plus générale, enfin, l'analyse platonicienne du langage entend par « πρᾶξις » l'action désignée par le verbe, quel qu'il soit[3], sans restriction donc au sens anthropologique.

Il y a une seconde objection, plus sérieuse : peut-on précisément identifier un genre commun dont la *praxis* humaine serait l'espèce ? En effet, l'action humaine n'est pas seulement une action délibérée. Elle est aussi, selon certains textes, une action inconditionnelle, ou absolue *(haplôs)*, en raison du caractère absolu de la fin qu'elle atteint en elle-même, à savoir le bien[4]. Comment peut-elle dès lors être conçue selon le même modèle que la *praxis* biologique qui, nous l'avons vu, se justifie dans de nombreux cas par une fin supérieure, parce qu'elle sert de moyen pour la réalisation d'une *praxis* plus élaborée ? Comment l'action pourrait-elle être à la fois fin et moyen, inconditionnelle et relative ?

Or ce problème se pose à l'intérieur même de la théorie aristotélicienne de l'action morale : alors que la *praxis* se caractérise essentiellement par l'immanence de sa fin – ce qui confère à celle-ci son inconditionnalité –, l'action singulière n'est pas le terme de l'activité pratique. En effet, parce que nos délibérations portent sur les moyens et non sur les fins, « nos actions tendent vers d'autres fins qu'elles mêmes »[5]. De même, au livre X de l'*Éthique à Nicomaque*, Aristote oppose sur ce point précis la *praxis* à la *theôria* : l'activité du politique est étrangère au loisir *(skholè)* parce qu'elle vise une fin qui est distincte d'elle-même, en particulier le bonheur de la cité[6]. L'activité contemplative, à l'inverse, ne vise rien d'autre qu'elle-

1. V, 1, 539b20.

2. Notons que le *corpus* hippocratique emploie parfois πρῆξις, pour πρᾶξις, en un sens physiologique. Voir *Du régime*, IV, 640.6; 9, qui parle des « actions du corps », dans lesquelles l'âme est partiellement présente – à l'état de veille – ou qu'elle administre – pendant le sommeil.

3. Voir Platon, *Sophiste*, 262 A 3-4 : « Ce qui rend les actions manifestes, nous l'appelons verbe » (τὸ μὲν ἐπὶ ταῖς πράξεσιν ὂν δήλωμα ῥῆμα που λέγομεν).

4. Voir en particulier *EN*, VI, 2, 1139b1-4 et A. Petit, « L'*eupraxia*, fin inconditionnelle », *Philosophie* 73, 2002, p. 58-72. En VI, 12, 1143a32-35, Aristote montre que ce qui est à accomplir *(ta prakta)* fait partie des choses particulières *(kath' hekasta)* et ultimes *(eskhata)*.

5. αἱ δὲ πράξεις ἄλλων ἕνεκα, *EN*, III, 5, 1112b33.

6. X, 7, 1177b12-18.

même, « car rien d'autre n'en découle en plus du fait de contempler, alors que des activités pratiques *(praktika)* nous retirons un avantage plus ou moins grand en plus de l'action »[1]. Si, selon la perspective du livre X, le bonheur parfait réside dans la contemplation, c'est précisément parce que sa fin lui est totalement immanente[2]. Comment l'action peut-elle être bonne en elle-même alors qu'elle peut passer pour un moyen en vue d'une fin plus haute qu'elle, à savoir le bonheur ? Comment se distingue-t-elle dans ce cas de la production ? J.L. Ackrill posait ces deux questions dans une étude qui plaçait essentiellement le débat dans le cadre de l'analyse du volontaire et de l'involontaire[3]. L'action à proprement parler, selon Ackrill, est faite par choix, ou tout au moins volontairement *(hekousiôs)*, c'est-à-dire conformément à une fin déterminée et connue de l'agent. L'action reçoit en ce sens le caractère de la fin qu'elle vise, mais cela ne suffit pas, selon Ackrill, à lever les ambiguïtés de la position aristotélicienne. La principale difficulté tient selon lui au rapport existant entre le principe du mouvement, le désir *(orexis)*, et le désirable *(orekton)* qui en constitue la fin.

La question, on l'a dit, est d'une manière générale la suivante : le véritable principe du mouvement et de l'action est-il à chercher dans l'agent, qualifié de ce point de vue d'automoteur, ou bien dans l'objet de son désir ? La réponse de D. Furley, déjà mentionnée, consistait à voir dans l'objet du désir un objet intentionnel, c'est-à-dire un objet *de* désir, et non pas un objet réellement extérieur à l'agent. Ainsi, pour reprendre notre exemple, lorsque le politique vise le bonheur de la cité, il ne viserait pas une fin véritablement étrangère à son action, dans la mesure où cette fin est désirable *pour lui*. Le principe moteur ne serait donc pas extérieur à l'agent et la série des actions conduisant à la fin – l'administration des biens publics, la stratégie, etc. – serait déjà d'une certaine manière inhérente à la fin visée. L'*Éthique à Eudème* le confirme à sa manière, en distinguant deux sens du terme *prakton*, l'objet de l'action, dont l'un renvoie à la fin ultime et l'autre aux fins qui valent comme moyens au regard de la fin ultime :

> Les choses en vue desquelles nous agissons et celles que nous faisons en vue d'elles participent à l'action. Par exemple, nous plaçons parmi les objets d'actions *(ta prakta)* la santé et la richesse et aussi ce que nous faisons en vue d'elles, les activités saines et les activités rentables. (I, 7, 1217a36-39)

Toutefois la solution *intentionnelle* n'est pas ici pleinement satisfaisante. D'une part, on l'a dit, l'intentionnalité n'est pas une catégorie

1. 1177b1-3.
2. 1177b19-26.
3. J.L. Ackrill, « Aristotle on Action », *Mind* 87, 1978, p. 595-601.

causale expressément identifiée par Aristote et elle s'applique très difficilement aux animaux les plus simples et aux plantes, qui ne se représentent rien, bien que nous puissions leur attribuer des actions. D'autre part, si nous voulons comprendre la différence posée par Aristote entre l'action et la contemplation, nous sommes forcés de prendre en compte ses propos dans leur littéralité : les actions du politique ou de tout homme engagé dans la *praxis* quotidienne visent une autre fin qu'elles-mêmes. L'autonomie mentale de l'agent (sujet principal de son propre désir et de ses actions) ne résout pas le problème de la dépendance, en quelque sorte ontologique, de l'action par rapport à son objet ultime. Enfin, supposons que le politique, malgré tous ses efforts pour rendre la cité heureuse, y échoue : la série de ses diverses démarches intermédiaires constituera un processus inachevé, analogue dès lors à un mouvement et non pas à une action au sens défini en *Mét.*, Θ, 6. De ce point de vue, la distinction entre l'action et la production, dans leur opposition commune à la contemplation, tend inéluctablement à se brouiller.

Ce qui pose en fait le plus problème, on le voit, c'est que certaines actions puissent avoir un caractère instrumental. Cette seule propriété toutefois ne renvoie pas nécessairement à l'ordre de la production au sens strict – la réalisation d'un produit extérieur à l'agent. Ainsi, au livre I de la *Politique*, dans un passage crucial sur la question de l'esclavage, Aristote distingue entre les instruments qui opèrent dans l'ordre de la production et ceux qui le font dans celui de l'action :

> De plus ce qu'on appelle instruments ce sont les instruments de production, alors que le bien acquis <appartient à l'ordre> de l'action (τὸ δὲ κτῆμα πρακτικόν). Car de la navette on tire autre chose que son propre usage, alors que de l'habit ou du lit on ne <tire> que leur propre usage. De plus puisque la production et l'action *(praxis)* diffèrent spécifiquement et que toutes deux ont besoin d'instruments, il est nécessaire qu'il y ait entre eux la même différence <spécifique>. Or la vie est action et non production, c'est pourquoi l'esclave est un exécutant parmi ceux qui sont destinés à l'action (πρὸς τὴν πρᾶξιν) [1].

Comme le fait remarquer Pierre Pellegrin dans sa note *ad loc.*, il s'agit dans la première phrase d'instruments au sens propre, ce qui semble d'abord exclure le travail servile. Toutefois Aristote a parlé plus haut des biens acquis, dont l'esclave fait partie, comme d'*organa*. De plus, à la ligne 1254a6, il précise que la production et l'action ont toutes deux besoin d'*organa* spécifiquement différents. L'esclave n'est donc pas un instru-

1. I, 4, 1254a1-8, trad. P. Pellegrin, *Aristote. Les Politiques*, trad. fr., intr. et notes, Paris, GF-Flammarion, 1990.

ment au sens le plus restrictif du terme, mais il l'est comme un bien acquis, c'est-à-dire en tant qu'il est une *partie* et qu'il appartient à quelqu'un d'autre[1]. L'esclave appartient au maître et son activité s'insère dans une action globale, celle du maître, qui est lui-même le principe de la vie de la maison. Aristote ne dit pas cependant que l'esclave est lui-même auteur d'actions, mais seulement qu'il compte parmi les exécutants « en vue de l'action » (πρὸς τὴν πρᾶξιν). À n'en pas douter, le maître délibère pour l'esclave. Il est néanmoins remarquable que l'action apparaisse ici comme une réalité complexe, composée, à l'instar de l'organisme familial qui l'accomplit, d'une pluralité d'activités intermédiaires. Or le fait que cette argumentation use d'une conceptualité biologique, conformément à l'orientation générale du livre I de la *Politique*, mérite ici toute notre attention : la mise au jour de la structure *organique*, au double sens du terme – technique et biologique –, justifie et explique le type de fonction qui caractérise l'activité de l'esclave. Aristote considère donc comme pertinente l'application d'un modèle biologique de l'action à la relation maître-esclave.

Ainsi, ce qui d'abord semblait faire obstacle à l'unification du concept de *praxis* – le fait que l'action humaine vise une fin déterminée, tandis que l'action naturelle peut être un moyen en vue d'une fin supérieure – prend maintenant la figure d'une solution aux difficultés propres à son usage éthico-politique. Ce dernier reprend en effet très exactement la structure de l'usage biologique : la hiérarchisation des activités et leur communauté fonctionnelle. Faut-il en conclure que l'action humaine elle-même a un caractère véritablement « naturel » ?

Il convient d'abord, pour se prononcer sur l'éventuel caractère naturel des activités humaines, de prendre en compte la réalité biologique et corporelle du sujet de l'action. Le rapport des facultés corporelles aux actions morales est-il de pure analogie ou bien admet-il une certaine continuité ? Notons en premier lieu que l'action supporte dans les deux domaines d'être vue comme un moyen, dans la mesure où il y a une hiérarchie des *praxeis*. Revenons en effet à l'argument de l'*ergon* en *EN*, I, 6, 1097b30-33 :

> [...] ou encore : de même qu'il y a manifestement une fonction *(ergon)* de l'œil, de la main et du pied et en général de chacune des parties, ne faut-il pas admettre aussi qu'il y a une fonction de l'homme en plus de toutes celles-là ?

Toute la difficulté tient au sens qu'il convient de donner au « en plus » (παρὰ). Tricot choisissait d'accentuer la rupture par rapport aux fonctions

1. 1254a9-13.

antérieurement évoquées en traduisant par « en dehors de toutes ces activités particulières ». Il pouvait à bon droit se fonder sur le fait que la fonction proprement humaine est l'accomplissement d'une excellence *(aretè)* dans l'ordre de la moralité et non pas dans l'ordre des facultés corporelles, ce que confirme la suite du chapitre. Toutefois Aristote ne prétend nulle part que nous puissions bien agir sans disposer des aptitudes physiques minimales nécessaires à la vie. Le bonheur est l'affaire des vivants et non des morts[1]. De même, bien que l'excellence de l'âme soit d'un autre ordre que la bonne santé du corps[2], elle suppose une certaine maîtrise des facultés irrationnelles et nullement leur abandon[3] : la vertu de la partie nutritive ou celle du corps « n'est pas une partie de la vertu totale »[4], mais elle est nécessaire à la vie et ainsi, indirectement, à l'accomplissement de la vertu proprement humaine.

L'argument peut paraître trivial : il est évident que, pour agir, il faut être physiquement en vie. Il l'est moins si l'on admet deux points : a) que l'homme a une certaine « nature », en un sens qui n'est pas métaphorique ; et b) que sa nature physique subit, à l'occasion ou en vue de l'action, un certain nombre de modifications. À propos du point (a), on notera qu'Aristote précise, dans un texte quelque peu marginal et souvent oublié, que l'homme a une « nature » complexe ou « non simple ». Son second élément, déclaré « corruptible »[5], ne peut être que le corps ou les facultés de l'âme, distinctes du *noûs*, qui ne s'exercent pas sans le corps. En ce qui concerne le point (b) on sait que la vertu éthique est une *hexis*, qui n'est ni naturelle ni contraire à la nature, et qui résulte de l'habitude. Or, bien que les habitudes morales soient artificiellement provoquées par l'éducation, l'exercice et les lois, leur réalisation obéit à un principe d'enchaînement des mouvements par répétition qui est lui-même naturel. C'est ce qui nous permet de dire, à propos de la réminiscence, que « l'habitude finit par être comme une nature »[6]. Il y a donc une « nature » de l'homme, particuliè-

1. *EN*, I, 11, 1101a19-21.

2. Voir I, 13, 1102a16-17.

3. 1102a26 *sq*.

4. *EE*, II, 1, 1219b20-22. Voir dans le même sens *EN*, VI, 13, 1144a9-11.

5. *EN*, VII, 15, 1154b21-22. Je laisse ici volontairement de côté la thèse hylémorphiste formulée dans le traité *De l'âme*, pour ne pas encourir l'objection – à vrai dire peu décisive – d'un éventuel décalage chronologique, mais il va de soi que l'hypothèse de l'unité psychosomatique ne fait que renforcer mon argument : si l'on admet que les états de l'âme, à l'exception de l'activité purement noétique, sont des affections *(pathè)* du vivant, c'est-à-dire des raisons ou des formes dans la matière (*DA*, I, 1, 403a25), la pratique humaine elle-même, en tant qu'elle découle de certaines affections de l'âme (habitudes, souhaits, opérations réflexives), suppose que le corps soit également déterminé d'une certaine manière.

6. *De Mem.*, 2, 452a27-28. A propos de l'acquisition des vertus morales, voir *EN*, II, 1, 1103a18-31. Je renvoie sur ce point aux arguments développés dans P.-M. Morel,

rement plastique et sujette à de multiples variations, qui, tout en étant spécifique, ne saurait être hypostasiée par rapport à la nature physique. L'argument de l'*ergon* n'est dès lors plus réductible à une simple analogie. La fonctionnalité proprement humaine doit être comprise de ce point de vue dans une certaine continuité – aussi ténue et aussi problématique soit-elle – avec la fonctionnalité organique.

Peut-on imaginer, demande par ailleurs Aristote, que « l'homme n'ait pas à accomplir de fonction qui soit propre à sa nature »[1] ? Bien que les vertus ne soient en nous ni par nature ni contrairement à la nature, il y a un *ergon* propre à la nature de l'homme et, de ce fait, naturel. La difficulté est dès lors la suivante : comment comprendre que l'acquisition et l'exercice de la vertu – quelles que soient les distinctions que nous devons faire entre les types de vertus – se définissent comme une fonction naturelle et que la nature soit impuissante à nous déterminer à la vertu ? La réponse à cette question se trouve à mon sens dans la polysémie déjà signalée du terme *ergon* : ce n'est pas seulement la fonction accomplie, mais aussi la présence d'une potentialité déterminée, ou entéléchie première. Précisément, l'argument de la fonctionnalité, dans le contexte du livre I de l'*Éthique à Nicomaque* – où il s'agit de dessiner un schéma (*tupos*) du bien[2] –, ne vaut que comme un cadre général. Lorsque Aristote précise qu'il serait absurde que l'homme « n'ait pas à accomplir de fonction qui soit propre à sa nature », il montre qu'il n'est pas besoin de préciser l'essence de cette activité pour en prouver le caractère naturel. L'argument vise moins à définir le bonheur qu'à montrer de quel type de potentialité il relève – à savoir l'aptitude à exercer la vertu la meilleure –, étant bien entendu que l'homme a pour nature de dépasser sa propre nature, dans ce qu'elle a d'indéterminé. Pour le dire de la manière la plus simple, tout homme est « politique », mais tout homme n'est pas un citoyen exemplaire. Il ne faut donc pas attendre de l'argument de l'*ergon* qu'il fixe un modèle naturel de la vie bonne pour lui reprocher ensuite de ne pas y parvenir, alors qu'il établit seulement le caractère naturel de nos aspirations à un bien proprement humain.

« L'habitude : une *seconde nature* ? »..., 1997. Sur l'arrière-plan naturaliste de la définition génétique de la vertu, voir également M.-H. Gauthier-Muzellec, *Aristote et la juste mesure*, Paris, PUF, 1998, p. 37-77.

1. ἀργὸν πέφυκεν – I, 6, 1097b30. La seule présence de cette expression constituerait un argument bien faible s'il s'agissait de chercher dans la nature elle-même la norme de l'action humaine. Elle ne dit rien en effet, par elle-même, sur le contenu même de la fonction, dont on apprend seulement ensuite qu'elle est l'activité conforme à la vertu la meilleure. Or la vertu n'est pas une disposition naturelle. L'expression signale tout au moins qu'il y a une fonction propre de l'homme et que l'existence d'une telle fonction est, en son principe, indépendante de toute institution humaine. En ce sens, cette fonction est bien naturelle.

2. *EN*, I, 1, 1094a25.

J'en viens enfin à la seconde caractéristique structurelle commune à l'action pratique et à l'action biologique : la communauté ou solidarité fonctionnelle. Le caractère absolu ou inconditionné de l'action pratique ne signifie nullement qu'elle est isolée. *EN*, I, 6 s'achève par la fameuse image de « l'unique hirondelle » qui ne fait pas le printemps : le bonheur ne s'acquiert pas en une seule journée ni en un bref espace de temps et il suppose de ce fait une pratique sans cesse renouvelée. D'une part, l'action vertueuse suppose l'acquisition des vertus éthiques à partir de la répétition d'actes identiques. L'habitude, en ce sens, prépare l'action, mais elle ne peut le faire qu'en faisant la synthèse d'une multiplicité d'actions préparatoires. D'autre part, une seule action vertueuse ne suffit pas à l'identification du caractère vertueux et le bonheur suppose une activité continue : « nous admettons que la fonction de l'homme est un certain type de vie, à savoir une activité *(energeia)* de l'âme et des actions *(praxeis)* accompagnées de raison [1]. » C'est évidemment le pluriel, *praxeis*, qui doit être ici souligné. Le bonheur résulte donc d'une coalescence d'actions vertueuses [2]. Celle-ci constitue l'équivalent, à l'échelle de durée d'une vie d'homme, de ce que « l'action complète » d'un organisme réalise dans l'ordre des processus physiologiques. Aussi, lorsqu'il aborde cette thématique dans l'*Éthique à Eudème*, Aristote use-t-il de l'expression « vertu totale » [3] pour désigner la vertu achevée ou parfaite (τελεία ἀρετή) [4] – qui résulte des vertus particulières –, ou la *kalokagathia* [5]. Nous pouvons donc dire en ce sens, sans qu'il y ait contradiction, que « nos actions tendent vers d'autres fins qu'elles-mêmes » [6].

On pourrait objecter que la solidarité des fonctions organiques s'applique mal aux actions qui concernent le bonheur : de même qu'une seule action vertueuse ne suffit pas à réaliser le bonheur, il ne suffit pas d'une seule mauvaise action pour le détruire. Toutefois l'organisme vivant peut survivre à la privation de certaines fonctions naturelles et rien ne dit qu'Aristote réserve en biologie le terme de *praxis* aux fonctions vitales. Il y a manifestement plusieurs niveaux de dépendance du tout par rapport aux parties, et cela pour les deux types d'actions.

1. *EN*, I, 6, 1098a12-14.

2. En ce sens, l'action est composée, non seulement de mouvements, mais aussi d'autres actions.

3. *EE*, II, 1, 1219b21.

4. *EE*, II, 1, 1219a35-39.

5. *EE*, VIII, 3, 1248b8-12.

6. *EN*, III, 5, 1112b33. Le commentaire de C. Natali, *Aristotele. Etica Nicomachea*, Traduzione, Introduzione e Note, Roma-Bari, Laterza, 1999, p. 472, va dans le même sens : le beau, comme fin des actions singulières, n'en diffère pas au sens où il leur serait extérieur, « mais au sens où il forme un tout, le bonheur, dont l'action belle et vertueuse est une partie (*ma nel senso di essere un tutto, la felicità, di cui l'azione bella e virtuosa è una parte*) ».

D'autre part, la convergence des actions ne se réalise pas seulement dans l'ordre de l'éthique individuelle, comme l'a déjà montré le rapport de l'esclave à la vie de la maison et à la *praxis* qui la caractérise. Sans doute, comme je l'ai signalé, l'esclave n'est-il pas lui-même auteur d'actions au sens le plus rigoureux, dans la mesure où il est dépourvu de la faculté de délibérer[1]. S'il est, toutefois, un instrument d'action et non de production, c'est parce qu'il n'est pas un simple appareil – comme la navette, instrument de production, mais aussi comme le lit ou l'habit, qui sont pourtant des instruments d'usage –, mais une partie organique de l'administration familiale, et en ce sens une partie du maître lui-même. Les activités que l'esclave accomplit ont elles-mêmes un rapport organique à l'ensemble des activités des autres acteurs de la vie domestique. La *praxis* intègre ses éléments constitutifs alors que la *poièsis* les maintient séparés.

Plus encore, les actions délibérées elles aussi se conjuguent, comme le montre la définition de l'autarcie collective en *EN*, I, 5, 1097b8-11 : parce que l'homme est un *zôon politikon*, il réalise l'autarcie avec ses semblables et son bonheur n'est pas celui d'un être solitaire. Nous pouvons donc supposer que les actions accomplies dans cette sphère d'autarcie se complètent en vue d'une fin commune. Les applications de ce principe sont d'ailleurs nombreuses dans le *corpus* de philosophie pratique. Le même argument peut être repris à propos de l'amitié, qui nous offre de contempler des « actions vertueuses » et qui nous sont « propres » au sens où ce sont celles de l'ami[2]. De même, la célèbre gradation des activités qui visent le bien au début de l'*Éthique à Nicomaque*[3] donne l'exemple d'une hiérarchisation des *praxeis* où chacune, par le jeu d'une sorte de *ruse de l'action*, poursuit son propre bien tout en participant d'un bien ultime et commun, celui que définit la politique. De ce point de vue, les actions particulières, tout comme les fonctions des organes, peuvent sans contradiction valoir à la fois comme fins et comme moyens. Bien que leur excellence soit conditionnée, *ex hupotheseôs*, elles n'en sont pas moins des actions. Il est à cet égard tout à fait significatif de constater que la modalité de la nécessité hypothétique s'applique explicitement à la structure de l'action politique :

> J'appelle hypothétique <l'excellence> des choses indispensables, et absolue <celle> du bien. Par exemple, dans le cas des actions justes, les vengeances et les châtiments justes sont bien le fait d'une vertu mais à titre de choses indispensables, c'est-à-dire ne possédant le bien que comme des choses qui sont indispensables au bien (...),

1. *Pol.*, I, 13, 1260a12.
2. *EN*, IX, 9, 1170a3.
3. *EN*, I, 1, 1094a9 *sq.*

> alors que les actions accomplies pour l'honneur et ce qui rend heureux absolument sont les plus belles [1].

Il serait abusif de prétendre que les actions vertueuses doivent l'intégralité de leur valeur à une sphère de reconnaissance dont la fonction serait assimilable à celle de la *Sittlichkeit* hégélienne. Cette filiation n'est pas douteuse, mais le cas des actions qui ont le bonheur pour visée immédiate nous rappelle que toutes les actions vertueuses n'ont pas le même statut : la communauté est le lieu nécessaire de l'action achevée, mais l'action achevée elle-même est, dans l'exercice individuel de la vertu, le fait d'une délibération individuelle [2]. Toutefois, il n'en va pas autrement dans le domaine de l'action biologique, puisque nous y retrouvons la même hiérarchisation : les actions vertueuses individuelles s'insèrent dans un complexe pratique, témoignant ainsi d'un phénomène général dont la solidarité fonctionnelle des parties du corps donne également l'exemple. La relation de nécessité hypothétique ou conditionnelle, que le dernier texte cité met au premier plan, est, comme on l'a vu, le mode de relation caractéristique des actions subalternes à la fin ultime, c'est-à-dire au bien propre de l'organisme.

L'examen des occurrences de πρᾶξις montre en tout cas qu'Aristote ne fait jamais de ce terme un usage gratuit et, plus encore, que l'activité biologique et la pratique humaine révèlent des structures identiques. Ce rapprochement permet même de résoudre certaines difficultés apparentes, comme l'idée selon laquelle nos actions ont d'autres fins qu'elles-mêmes ou encore la question du rapport entre la pluralité des biens visés par nos différentes activités et le bien commun que la cité doit réaliser. Ainsi, bien que l'homme individuel soit l'auteur de ses actes, il n'est pas le seul acteur de son propre bonheur. Le cas du sage contemplatif résiste assurément à ce principe, mais il ne l'exclut pas, si l'on admet qu'il y a différentes façons d'être heureux [3]. Aristote se réserve par ailleurs le droit de donner à *praxis* un sens large. Ainsi, il montre que la contemplation est elle-même une sorte de *praxis*, indépendamment de tout rapport à autrui, dans la mesure

1. *Pol.*, VII, 13, 1332a10-16, trad. Pellegrin.

2. Il va de soi que la question de la relation de l'éthique à la politique excède mon propos. On voit cependant que le problème de l'unité du concept de *praxis* concerne également ce dossier.

3. Je ne prétends pas résoudre ici le problème de l'opposition du bonheur contemplatif et du bonheur pratique, mais seulement montrer qu'il ne fait pas obstacle à la thèse que je défends. Du reste, on peut considérer que la façon proprement humaine d'être heureux n'est pas la contemplation, puisque celle-ci, sans doute trop élevée pour une vie d'homme, est l'activité de ce qu'il y a en nous de divin (*EN*, X, 7, 1177b26-1178a8). Voir en ce sens les remarques de S. Everson, art. cit., p. 93-96.

où sa fin lui est immanente[1]. La diversité des emplois de πρᾶξις se laisse donc toujours ramener à cette unique définition : une activité dont la fin est immanente.

Lorsque Aristote prend soin de distinguer la *praxis* de l'*energeia*, et d'en donner ainsi une définition plus fine, il suggère que la première accomplit sa fin dans la durée et en relation avec d'autres actions, antécédentes ou convergentes, ce qui n'est pas nécessairement le cas de la seconde. L'action peut en fait se réaliser de plusieurs façons, parce qu'il y a différentes manières d'accomplir le bien comme fin immanente : dans l'activité de contemplation, qui mérite plutôt d'être désignée comme une simple *energeia*; par la délibération, qui fonde la *praxis* au sens proprement humain; en vertu de la finalité organique, principe de l'action naturelle. Il n'y a en tout cas nulle difficulté à considérer que nos actions trouvent leur fin à la fois en elles-mêmes et hors d'elles, si l'on admet que l'action délibérée n'est pas l'unique paradigme de la *praxis* et que le modèle qui prévaut en philosophie naturelle s'applique aussi au domaine éthico-politique.

L'action humaine a donc une *structure* comparable à celle de l'action naturelle, bien qu'elle en diffère par son *objet* – le bien proprement humain –, qui fait lui-même appel à un moyen proprement humain, la délibération. Si l'on admet que les homologies structurelles ne sont réductibles, chez le Stagirite, ni à de simples coïncidences ni à de pures analogies didactiques, force est de reconnaître que l'organisation téléologique des deux types d'actions obéit à un même schème. On pourrait s'interroger sur la légitimité épistémologique d'un tel modèle qui, transgressant le principe d'incommunicabilité des genres, nous fait passer de la philosophie naturelle à la philosophie pratique. Il n'en demeure pas moins que ce modèle, aussi problématique soit-il pour la théorie des savoirs, est un fait. Il semblerait que le schème de la *praxis*, tel qu'on vient de le reconstituer, ne soit en réalité ni anthropologique ni biologique, mais avant tout ontologique. La situation de la définition canonique de la *praxis*, au livre Θ de la *Métaphysique*, indique que l'action humaine et l'action naturelle relèvent toutes deux d'un modèle commun de l'activité immanente. Elles contribuent l'une et l'autre à le dessiner, mais aucune des deux ne peut prétendre l'incarner. Nous ne pouvons donc faire de l'une la métaphore de l'autre. La question relève bien plutôt d'une théorie générale de l'activité des substances, théorie dont le livre Θ de la *Métaphysique* donne au moins l'esquisse. L'unité de la philosophie aristotélicienne de l'action ne se trouve donc ni dans l'anthropocentrisme pratique ni dans une naturalisation intégrale de l'agir humain. Elle se trouve plutôt dans l'idée

1. *Pol.*, VII, 3, 1325b16-23.

de vie, comprise comme synthèse d'activités. Ce que la psycho-physiologie des *PN* et du *MA* permet d'établir, sur le plan de l'unité organique et du mouvement local, trouve ainsi son analogue dans la vie moralement et politiquement significative, telle que la décrivent les traités éthiques et politiques.

CONCLUSION

L'enquête sur la matière et les mouvements du vivant, menée dans les traités de psycho-physiologie, *PN* et *MA*, privilégie le modèle dynamique par opposition au modèle de la composition. Ainsi, elle complète et enrichit les acquis du *DA* : le vivant n'est pas seulement un composé de matière et de forme, mais encore une synthèse de mouvements, parce qu'il est l'unité d'un moteur psychique et d'un corps mû. Dans ce contexte, la thèse emblématique du *MA*, la définition du désir comme principe intermédiaire, à la fois mouvant et mû, est donc essentielle à la philosophie aristotélicienne de l'animal.

On pourrait hâtivement reprocher au *MA* de confondre le psychique et le somatique et d'oublier que l'âme est en elle-même immobile, dans l'idée que le désir, s'il est entendu comme une faculté de l'âme, ne saurait être mû. De la sorte, l'explication physiologique du pâtir ne concernerait que les *organes* qui reçoivent le mouvement et non la *faculté* de désir. En réalité, cette objection ne vaut pas, car la description physiologique des états et mouvements de l'âme ne signifie pas que ceux-ci soient intégralement physiques. L'âme en tant que telle est sans nul doute, pour Aristote, un premier moteur immobile : la description physique des conditions et des effets du désir ne met pas en cause l'immobilité de l'âme, si l'on considère d'une part que le désir est une faculté particulière de l'âme et non pas exactement l'âme elle-même, et d'autre part que celle-ci n'est pas non plus assimilable à la partie du corps d'où part le mouvement qu'elle commande. Il n'en demeure pas moins que l'information du vivant fait, de cette âme, l'âme *d'un corps* et que ce composé subit et agit. Les facultés de l'âme sont des facultés de *l'âme incorporée* et elles sont, de ce fait, des facultés du composé. L'âme doit donc disposer d'une faculté qui permette d'agir tout en subissant, faculté qui s'actualise à la fois comme action et comme passion. Cette faculté, c'est précisément le désir, et cela quel que soit le type de représentation qui l'instruit et quel que soit le type d'assentiment que l'animal donne à cette représentation.

Il faut supposer en conséquence que le désir n'est pas un état absolument simple, mais un état complexe, capable d'associer dans un même acte synthétique le mouvement reçu et le point de départ du mouvement donné[1]. On peut regretter qu'Aristote n'ait pas été plus précis sur ce point, mais une chose au moins est certaine : la solution aux problèmes de l'autonomie animale et de l'unité du vivant se situe dans la manière particulière qu'a l'organisme de réaliser la relation « agent – patient ». Le *MA* montre du même coup que l'animal a pour propriété d'être *agent* à un double titre : non seulement un agent intentionnel, mais aussi un agent organique, dans tous les mouvements dont il est, lui, le sujet, et qu'aucun autre vivant ne peut accomplir à sa place. Dire du vivant qu'il est un « agent organique » peut s'entendre en deux sens, selon que l'on insiste sur « agent », ou sur « organique ». C'est un *agent*, en dehors même des actes intentionnels, dans la mesure où le vivant possède en lui-même le principe moteur de ses propres changements. Cet agent est *organique*, parce qu'il a besoin, pour accomplir sa fonction d'agent, d'une pluralité téléologiquement unifiée de parties, de fonctions ou actions, et de mouvements préparatoires.

Ainsi, la perspective dynamique qui prévaut dans le *MA*, bien loin de nous déporter vers les marges de la philosophie de l'âme, constitue son aboutissement nécessaire. La théorie des moteurs mus ne livre peut-être pas la *raison* de l'unité de l'âme et du corps[2], mais elle en expose les *modalités*, parce qu'elle nous donne à voir le vivant dans ses activités et dans son histoire, c'est-à-dire dans la réalité indivisible de ce qui fait sa vitalité.

Cette conception dynamique du vivant éclaire dès lors, non seulement les conditions de ses mouvements, mais également le type d'unité qu'il réalise. L'unité du vivant doit être comprise sous tous les aspects de l'unité hylémorphique : non seulement comme une réalisation matérielle, sous la forme d'une unité structurée, mais aussi comme un système d'activités – actions et mouvements – commandé et unifié par une ultime activité globale, qui est proprement la « vie » du vivant. L'unité de l'organisme ne tient pas d'abord à une *organisation morphologique* des parties, mais à une *organisation dynamique* des mouvements internes et des fonctions. Elle tient aussi à sa capacité de réguler les mouvements, qu'il s'agisse de l'accomplissement des fins naturelles – voir, entendre, respirer, digérer –, ou de mouvements sans rapport direct avec la finalité organique, comme on l'a vu dans le cas des rêves. L'organisme, ainsi entendu, ne se définit pas

1. C'est également pour cette raison que le « syllogisme pratique » ne peut apparaître comme un schéma de division réelle, qui isolerait le moment de l'intervention du désir. Le raisonnement pratique est bien plus vraisemblablement la décomposition d'un mouvement synthétique de désir délibératif ou tout au moins d'un mouvement orienté vers une fin.

2. Raison qui, une fois encore, n'a pas en principe à être donnée.

seulement par son *harmonie constitutive*, ou sa perfection téléologique, mais, plus fondamentalement, par une *harmonie intégrative*, par sa capacité à intégrer et à faire la synthèse de matériaux et de mouvements qui ne répondent pas toujours à une détermination téléologique.

Il est inutile, enfin, de vouloir prêter à la doctrine du *MA* plus de portée qu'elle n'en a. Inutile et forcé, notamment, d'y chercher les clés d'une théorie de la pratique humaine délibérée. Le *MA* ne donne pas de solution morale ni ne formule de prescriptions, que ce soit à propos de la représentation du bien, du raisonnement pratique ou des passions, sujets dont il traite pourtant. Il ne nous dit rien sur les modalités pratiques de l'action libre ou sur sa valeur. Il nous conduit donc, avec une réserve que l'on n'a pas toujours voulu reconnaître, aux portes du problème pratique, mais guère plus loin.

Cette réserve, toutefois, ne signifie pas que la philosophie aristotélicienne de l'action ne soit aucunement comptable devant l'explication physique de l'activité, ou qu'inversement la physiologie du comportement ne soit pas obligée de prendre en compte les effets de la vie pratique sur les affections du corps. Il suffit d'évoquer, par exemple, les modifications que les images, les habitudes ou les discours peuvent produire sur le cœur et sur sa manière de réagir. Les modifications du caractère, que ce soit sous l'effet d'une vie de débauche ou sous l'effet d'une éducation morale efficace, supposent des modifications proprement physiologiques et celles-ci concernent en premier lieu la région cardiaque. Comprendre que la vie animale résulte, par la médiation de la faculté désirante, de l'articulation permanente de l'agir et du pâtir, c'est aussi comprendre pourquoi la pratique humaine, elle-même orientée par un certain désir, est une synthèse d'action et de passion. Les *PN* et le *MA* révèlent ainsi les *conditions* naturelles de la pratique proprement humaine.

Par extension, et dans la continuité de l'analyse de la *praxis* naturelle, on peut se demander si la *praxis* éthique ou politique est elle-même une catégorie strictement anthropologique, totalement indépendante des déterminations naturelles. Si l'on répond négativement, on se heurte à l'objection classique du déterminisme, évoquée au début de la troisième partie : comment concilier une explication causale de l'action humaine avec l'affirmation que l'homme est l'agent volontaire de ses actions délibérées ? Il n'est pas question de trancher ici cette question particulièrement complexe et discutée. Les développements précédents permettent toutefois d'esquisser une nouvelle manière de poser le problème.

Pour aller dans le sens de l'objection, notons d'abord l'absence de déterminations naturelles positives et de prescriptions naturelles précises. Ainsi, les vertus éthiques ne sont en nous ni « par nature » ni « contre-nature », mais résultent de l'habitude que nous avons prise de les exercer. Elles sont en ce sens des dispositions stables acquises, c'est-à-dire des déterminations premières de prédispositions naturelles qui ne sont que des puissances indéterminées [1]. De même, s'il est vrai que l'homme est « par nature » un animal politique, il n'est pas pour autant un citoyen exemplaire. Le politique doit précisément se préoccuper au plus haut point de la vertu des citoyens, ce qui le conduit à instituer et à contrôler l'éducation morale, sans laquelle la cité ne saurait être vertueuse. La nature, dit Aristote, a donné à l'homme des armes qui peuvent servir tout autant à faire le mal qu'à faire le bien [2]. Il serait donc illusoire de trouver dans la nature, et plus encore dans une « nature humaine » qui n'apparaît nulle part chez le Stagirite, des normes de conduites suffisamment indicatives pour être adoptées telles quelles. Aristote ne croit donc pas à une détermination de l'agir humain par des *normes* naturelles. En un sens, ce qu'il y a de naturel en l'homme est moralement indéterminé [3].

Cependant cet état naturel d'indétermination est loin d'être sans conséquences pour le problème pratique. L'indétermination originelle est même la condition première de la pratique : si l'homme était d'emblée déterminé au bien, nous n'aurions besoin ni d'éducation morale ni de lois. La déterminabilité naturelle et la plasticité qu'elle implique sont la première dimension de cette passivité dont nous avons vu qu'elle était nécessaire à toute action [4]. Plus encore, si l'homme est véritablement responsable de ses actions singulières, il est également responsable des habitudes et des tendances qui les ont préparées. Il faut donc qu'il puisse acquérir des dispositions stables *(hexeis)* que la nature n'a pas fixées. Aristote voit du reste un enjeu crucial dans la possibilité d'étendre la responsabilité aux dispositions : si seules nos actions sont volontaires, dans l'instant où nous les accomplissons, des actions provoquées par des dispositions involontaires sont-elles encore volontaires ? Pour échapper à cette atomisation de la responsabilité et, à terme, à sa dissolution, nous devons supposer que nous sommes effectivement responsables des dispositions comme des actions [5]. Par voie de conséquence, « des représentations aussi on sera en un sens soi-même la cause » (καὶ τῆς φαντασίας

1. *EN*, II, 1, 1103a23-26.

2. *Pol.*, I, 2, 1253a29-37. Sur les limites du naturalisme politique d'Aristote, voir P.-M. Morel, *Aristote. Une philosophie de l'activité*, Paris, GF-Flammarion, 2003, p. 228-234.

3. Le cas des éventuelles vertus naturelles, évoqué en *EN*, VI, 13, est relativement marginal et Aristote s'y arrête très peu.

4. Ce point est bien mis en lumière par M. Nussbaum, *The Fragility of Goodness. Luck and Ethics in Greek Tragedy and Philosophy*, Cambridge, Cambridge University Press, 1986, p. 235 *sq.*

5. *EN*, III, 7, 1114a11-31.

ἔσται πως αὐτὸς αἴτιος)[1]. La sphère de la responsabilité s'étend donc à la représentation du bien, au-delà d'un simple assentiment à des représentations qui seraient intégralement subies. Tout au moins – si l'on prend en compte la restriction introduite par πως – sommes-nous responsables de la façon dont nous nous représentons le bien ou encore de notre aptitude à mobiliser, par le moyen de la *phantasia*, l'image la plus adéquate dans les circonstances données.

Par ailleurs, la nature dont se préoccupe l'agent moral – et, plus que tout autre sans doute, le législateur – n'est pas totalement indéterminée. Aristote ne semble pas croire que la nature soit uniforme et invariable. Ainsi, le politique doit prendre en compte, pour éduquer les citoyens, trois facteurs concurrents de détermination des caractères : la nature, l'habitude et la raison[2]. Cela suppose que la nature soit assez déterminée – même si elle n'est pas intégralement *déterminante* – pour conformer en quelque manière les caractères individuels ou nationaux[3]. Le *De fato* d'Alexandre d'Aphrodise projette à cet égard une lumière rétrospective très instructive sur la position d'Aristote. En exposant ce qui constitue selon lui la *doxa* d'Aristote sur le destin et la liberté, Alexandre expose une doctrine qui, comme telle, n'existe pas dans les écrits du Stagirite, mais qui se situe dans leur prolongement logique. Selon Alexandre, nous sommes responsables de nos dispositions morales, non pas en dépit de l'inachèvement de la nature, mais grâce à celui-ci, et en parachevant notre « nature propre »[4]. Comme Aristote, il paraît considérer que la nature, en l'homme, est initialement indéterminée dans la mesure où elle est *déterminable* et non pas comme une table rase. Plus clairement encore qu'Aristote, il montre que la nature devenue ne cesse pas d'être une « nature », fût-ce une « nature propre », sous prétexte qu'elle est conformée par l'éducation morale, l'enseignement ou les lois. D'une manière générale, le rapport de l'initiative humaine à la déterminabilité naturelle n'est pas une confrontation antithétique du *nomos* et de la *phusis*, ni une situation de concurrence entre des causes distinctes (humaines et naturelles)[5], mais plutôt un rapport

1. *EN*, III, 7, 1114b2-3.

2. *Pol.*, VII, 13, 1332a40; 15, 1334b6-7.

3. Sur ce dernier point, voir *Pol.*, VII, 7.

4. « La vertu est l'accomplissement et le sommet de la nature propre de chacun » (τελειότης μὲν γὰρ ἡ ἀρετὴ καὶ ἡ ἀκρότης τῆς οἰκείας φύσεως ἑκάστου), *De fato*, XXVII, 198.1.

5. C'est pourquoi l'antinomie de l'interprétation – le modèle herméneutique privilégié par la tradition gadamérienne – et du modèle causal n'est pas pertinente. La dimension herméneutique de la pratique concerne en effet un autre niveau de la théorie de l'action : l'espace laissé vacant par la détermination causale, espace que le contenu de la délibération a précisément pour fonction de combler.

constitutif et modal, dans lequel l'activité humaine accomplit ce que la nature, comme ensemble de potentialités, ébauche ou rend possible.

Dès lors, l'objection du déterminisme et de l'éventuelle soumission de l'activité humaine à la causalité naturelle ne tient plus. En premier lieu, le propre de l'homme est d'agir sous l'effet de la conjonction de la pensée et du désir. Or cette conjonction suppose que l'individu ne soit pas contraint de donner son assentiment à toute représentation qui se présente à lui ou à chaque désir qu'il éprouve. La délibération n'introduit pas une cause nouvelle parmi les causes expressément identifiées comme telles par Aristote, dans la mesure où elle participe de l'efficience qui caractérise l'activité humaine. Elle relève donc de la causalité motrice, de la même manière que tout animal se meut, par désir et représentation. Toutefois, elle introduit une rupture dans le rapport entre les motifs et les choix et introduit de ce fait une irréductible imprévisibilité et une variabilité, empiriquement constatable, dans le déroulement de l'activité humaine [1].

Plus fondamentalement, la déterminabilité ne s'efface pas totalement une fois que l'éducation morale est achevée et une fois que le caractère est solidement défini : l'homme de bien est continuellement vertueux, mais il ne l'est pas une fois pour toutes, parce que les conditions singulières qui définissent la situation pratique et qui le mettent à l'épreuve sont toujours susceptibles de varier. Son bonheur sera seulement aussi constant et aussi continu que peut l'être un bonheur humain [2]. De même, bien que l'homme soit responsable de ses représentations, c'est-à-dire de la manière dont il se figure le bien, il demeure toujours tributaire du *fait* même qu'il y a quelque chose à se figurer. Nous ne sommes pas maîtres de ce qui se présente à nous, du corrélat objectif de nos représentations (le spectacle navrant que nous offre l'ami déprimé, la présence de l'être aimé ou du monstre hideux qui nous menace). Les occasions que nous rencontrons de nous représenter tel ou tel objet comme un motif d'action bonne ou mauvaise, comme un bien ou comme un mal, ne dépendent pas de nous. Aristote, il est vrai, n'a pas lui-même élaboré de véritable théorie de l'occasionnalisme pratique, mais il ne croit manifestement pas à une maîtrise absolue de toutes les conditions de la décision pratique et du bonheur. L'action ne se départit jamais totalement de sa réceptivité, et en ce sens de sa dimension passive, parce qu'elle ne s'accomplit jamais dans l'indifférence aux événements et aux émotions [3].

1. Voir en ce sens C. Natali, *L'Action efficace...*, 2004, p. 175-217.

2. Voir *EN*, I, 11, 1101a14-21.

3. F. Fischbach, *L'Être et l'Acte. Enquête sur les fondements de l'ontologie moderne de l'agir*, Paris, 2002, p. 194, s'inspire de Ricœur pour esquisser une histoire de la philosophie de l'agir constituant qui intégrerait une ontologie de l'agir et du pâtir, perspective dont le mérite revient « originairement à Husserl qui atteste clairement qu'une philosophie de l'agir

Il faudrait enfin se demander ce que peut vouloir dire, pour Aristote, « être soumis à la causalité naturelle ». Si l'on entend par là l'idée d'une concaténation intégralement déterminante des causes et des effets, ou même la simple séquence « cause – effet – cause », on occulte l'aspect résiduel de la causalité matérielle. La matière n'est précisément pas *déterminante* – tout au moins ne peut-elle l'être intégralement – bien qu'elle ne cesse pas de remplir sa fonction causale une fois informée. La contingence des phénomènes sublunaires et des affaires humaines, souvent soulignée, ne condamne pas l'action moralement significative à l'imprévisibilité absolue, mais elle perdure, jusque dans l'activité intentionnelle et dans les habitudes invétérées, comme une aptitude constante à recevoir des déterminations, dont certaines sont purement accidentelles. En d'autres termes, l'autodétermination pratique réside dans l'accomplissement et l'élaboration de potentialités naturelles qui ne s'abolissent jamais totalement comme potentialités.

constituant est aussi à même de penser la passivité et le pâtir ». Il associe à cette généalogie « l'unité leibnizienne de l'*appetitus* et de la *perceptio*, en passant par la conception kantienne du transcendantal comme pure forme d'un agir de l'esprit – particulièrement l'acte de lier un divers intuitif auquel il n'y a pas d'autre accès que sur le mode de la réceptivité, et donc d'une fondamentale passivité –, et jusqu'à l'auto-activité marxienne qui n'a pas d'autre lieu de déploiement qu'un monde historique *donné* par lequel nous sommes tout d'abord nécessairement affectés ». La doctrine du *MA*, dans la mesure où elle suppose que toute activité animale a une dimension de passivité, place Aristote, d'une certaine manière, à l'origine de cette tradition.

BIBLIOGRAPHIE

Éditions et traductions des principaux textes cités

Aristote

De l'âme (De anima)

De anima, Text with Intr. and Comm. by W.D. Ross, Oxford, Oxford University Press, 1961.

De l'âme, texte établi par A. Jannone ; traduction et notes de E. Barbotin, Paris, Les Belles Lettres, 1966.

De l'âme, trad. fr., présentation et notes par R. Bodéüs, Paris, GF-Flammarion, 1993.

Du mouvement des animaux (De motu animalium) :

De Motu Animalium, De Incessu Animalium, Translated by A.S.L. Farquharson, dans *The Works of Aristotle Translated into English*, t. V, Oxford, 1912 ; repris dans *The Complete Works of Aristotle, The Revised Oxford Translation*, edited by J. Barnes, t. I, Bollingen Series, Princeton, Princeton University Press, 1984.

De Motu animalium, a cura di L. Torraca, Libreria Scientifica Editrice, Napoli, « Collana di studi Greci », XXX, 1958.

Parts of Animals, with an English Translation by A.L. Peck ; *Movement of Animals, Progression of Animals*, with an English Translation by E.S. Forster, London-Cambridge (Mass.), Harvard University Press, 1937 ; 2e éd. 1961.

Marche des animaux ; Traité du mouvement des animaux ; Index des traités biologiques, texte établi et traduit par P. Louis, Paris, Les Belles Lettres, 1973.

De Motu Animalium, Text with Translation, Commentary, and Interpretive Essays by M.C. Nussbaum, Princeton, Princeton University Press, 1978, 2e éd. 1985.

Aristotle and Michael of Ephesus. On the Movement and Progression of Animals, Translated, with Introduction and Notes by A. Preus, Hildesheim-New York, Olms, 1981.

Über die Bewegung der Lebewesen. Über die Fortbewegung der Lebewesen, übersetzt und erläutert von J. Kollesch dans E. Grumach und H. Flashar (ed.), *Aristoteles Werke in Deutscher Übersetzung*, Band 17, Teil II/III, Berlin, Akademie-Verlag, 1985.

Petits traités d'histoire naturelle (Parva naturalia) :

Parva naturalia, Text with Introduction and Commentary by W.D. Ross, Oxford, Oxford University Press, 1955.

Parva naturalia Graece et Latine, Edidit, versione auxit, notis illustravit P. Siwek, « Philosophica Lateranensis » 5, Roma, 1963.

Petits traités d'histoire naturelle (Parva naturalia), trad. fr., intr. et notes par P.-M. Morel, Paris, GF-Flammarion, 2000.

L'anima e il corpo. Parva naturalia, Introduzione, traduzione e note, a cura di A. Carbone, Milano, Bompiani, 2002.

De Sensu and De Memoria, Text and Translation with Introduction and Commentary by G.R.T. Ross, Cambridge, Cambridge University Press, 1906.

Über Traüme. Über Weissagung im Schlaf, übersetzt und erlaütert von P. Van der Eijk, dans E. Grumach und H. Flashar (ed.), *Aristoteles Werke in Deutscher Übersetzung*, Band 14, Teil III, Berlin, Akademie-Verlag, 1994.

Aristotle on Sleep and Dreams. A Text and Translation with Introduction, Notes and Glossary by D. Gallop, Peterborough (Ont.), 1991 ; 2e éd. Warminster (GB), Aris & Phillips, 1996.

Il sonno e i sogni. Il sonno e la veglia, I sogni, La divinazione durante il sonno, a cura di L. Repici, Venezia, Marsilio, 2003.

De Memoria et reminiscentia, übersetzt und erlaütert von R.A.H. King, dans E. Grumach et H. Flashar (éd.), *Aristoteles Werke in Deutscher Übersetzung*, Band 14, Teil II, Berlin, Akademie-Verlag, 2004.

Parties des animaux (De partibus animalium) :

Les Parties des animaux, texte établi et traduit par P. Louis, Paris, Les Belles Lettres, 1956.

Parts of Animals, with an English Translation by A.L. Peck; *Movement of Animals, Progression of Animals*, with an English Translation by E.S. Forster, London-Cambridge (Mass.), Harvard University Press, 1937 ; 2e éd. 1961.

De Partibus Animalium I and De Generatione Animalium I, Translated with notes by D.M. Balme, Oxford, Oxford University Press, 1972.

On the Parts of Animals I–IV, Translated with an Introduction and Commentary by J. G. Lennox, Oxford, Oxford University Press, 2001.

Physique :

Physics, Text with Intr. and Comm. by W.D. Ross, Oxford, Oxford University Press, 1936.

Physique, trad. fr., intr. et notes par P. Pellegrin, Paris, GF-Flammarion, 2000.

ÉTUDES – COMMENTAIRES

ACKRILL, J.L., « Aristotle on Action », *Mind* 87, 1978, p. 595-601.

ALTHOFF, J., « Das Konzept der generativen Wärme bei Aristoteles », *Hermes* 120, 1992, p. 181-193.

ANNAS, J., *The Morality of Happiness*, Oxford, Oxford University Press, 1993.

ANSCOMBE, G.E.M., *Intention*, Oxford, 1958 ; trad. fr., *L'Intention*, Paris, Gallimard, 2002.

– « Thought and Action in Aristotle », dans *New Essays in Plato and Aristotle*, London-New York, Humanities Press, 1965.

BALAUDÉ, J.-F., « Nature et norme dans les traités éthiques d'Aristote », dans *Aristote et la notion de nature. Enjeux épistémologiques et pratiques*, P.-M. Morel (éd.), Bordeaux, Presses Universitaires de Bordeaux, 1997, p. 95-129.

BALME, D.M., « The Place of Biology in Aristotle's Philosophy », dans *Philosophical Issues in Aristotle's Biology*, A. Gotthelf and J.G. Lennox (ed.), Cambridge-New York, Cambridge University Press, 1987, p. 9-20.

BARNES, J., Review <de Nussbaum, M.C. : Aristotle's *De Motu Animalium*>, *The Classical Review* 30, 1980, p. 222-226.

BENATOUÏL, T., « L'usage des analogies dans le *De motu animalium* », dans *Aristote et le mouvement des animaux*, A. Laks et M. Rashed (éd.), Villeneuve d'Ascq, Presses du Septentrion, 2004, p. 81-114.

BERRYMAN, S., « Aristotle on *Pneuma* and Animal Self-Motion », *Oxford Studies in Ancient Philosophy* 23, 2002, p. 85-97.

– « Ancient Automata and Mechanical Explanation », *Phronesis* 48, 2003, p. 344-369.

BERTI, E., « La suprématie du mouvement local selon Aristote : ses conséquences et ses apories », dans *Aristoteles Werk und Wirkung. Paul Moraux gewidmet*, J. Wiesner (ed.), Berlin-New York, de Gruyter, t. I, 1985, p. 123-150.

– « La philosophie pratique d'Aristote et sa "réhabilitation" récente », *Revue de Métaphysique et de Morale*, 1990/2, p 249-266.

– « Les méthodes d'argumentation et de démonstration dans la *Physique* (apories, phénomènes, principes) », dans *La* Physique *d'Aristote et les conditions d'une science de la nature*, F. De Gandt et P. Souffrin (éd.), Paris, Vrin, 1991, p. 53-72.

Besnier, B., « L'âme végétative selon Aristote », *Kairos* 9, 1997, p. 33-56.

– « Le rôle du chapitre 5 dans le sixième livre (*Éthique à Nicomaque*, VI, 5) », dans *La Vérité pratique. Aristote,* Éthique à Nicomaque, *Livre VI*, J.-Y. Château (éd.), Paris, Vrin, 1997, p. 69-85.

– « Aristote et les passions », dans *Les Passions antiques et médiévales*, B. Besnier, P.-F. Moreau, L. Renault (éd.), Paris, PUF, 2003, p. 27-94.

Block, I., « The Order of Aristotle's Psychological Writings », *American Journal of Philology* 82, 1961, p. 50-77.

Bodnár, I.M., « The Mechanical Principles of Animal Motion », dans *Aristote et le mouvement des animaux*, A. Laks et M. Rashed (éd.), Villeneuve d'Ascq, Presses du Septentrion, 2004, p. 137-147.

Bonitz, H., *Index Aristotelicus*, Berlin, Academia Regia Borussica, 1970.

Bos, A.P., *The Soul and its instrumental Body. A Reinterpretation of Aristotle's Philosophy of Living Nature*, Leiden-Boston, Brill, 2003.

Bottecchia Dehò, M.E., *Aristotele. Problemi meccanici*, Introduzione, testo greco, traduzione italiana, note, Soveria Manneli, Rubbettino, 2000.

Brague, R., *Aristote et la question du monde. Essai sur le contexte cosmologique et anthropologique de l'ontologie*, Paris, PUF, 1988.

Bubner, R., « Aristote et la philosophie pratique de nos jours », dans *Nos Grecs et leurs modernes*, B. Cassin (éd.), Paris, Seuil, 1992, p. 402-414.

Burnyeat, M., Review <de Nussbaum, M.C. : Aristotle's *De Motu Animalium*>, *Archiv für Geschichte der Philosophie* 63, 1981, p. 184-189.

– « *De anima* II 5 », *Phronesis* 47, 2002, p. 28-90.

Byl, S., « Note sur la place du cœur et la valorisation de la *ΜΕΣΟΤΗΣ* dans la biologie d'Aristote », *L'Antiquité Classique* 37, 1968, p. 467-476.

Cambiano, G., « Une interprétation "matérialiste" des rêves : *Du Régime IV* », dans *Hippocratica*. Actes du Colloque hippocratique de Paris (4-9 septembre 1978), M.D. Grmek (éd.), Paris, Éditions du CNRS, 1980, p. 87-96.

Cambiano, G. e Repici L., « Aristotele e i sogni », dans *Il sogno in Grecia*, G. Guidorizzi (a cura di), Bari, Laterza, 1988, p. 121-135.

Canto-Sperber, M., « Mouvement des animaux et motivation humaine dans le livre III du *De anima* d'Aristote », *Les Études Philosophiques*, 1997/1, p. 59-96.

Carbone, A., « La sensazione come tratto distintivo dell'animale nella zoologia aristotelica », *Rivista di Estetica*, 2, 1998, p. 95-112.

– *La Représentation spatiale du corps chez Aristote*, Thèse, Université de Paris I, soutenue le 16 déc. 2005.

Carteron, H., *La Notion de force dans le système d'Aristote*, Paris, Vrin, 1923.

Charles, D., *Aristotle's Philosophy of Action*, Ithaca-London, Cornell University Press, 1984.

COOPER, J., « Aristotle on natural Telelogy », dans *Language and Logos*, M.C. Nussbaum and M. Schofield (ed.), Cambridge, Cambridge University Press, 1982, p. 197-222.

– « Hypothetical Necessity and natural Teleology », dans *Philosophical Issues in Aristotle's Biology...*, 1987, p. 243-274.

CRUBELLIER, M., « Le "syllogisme pratique" ou comment la pensée meut le corps », dans *Aristote et le mouvement des animaux*, A. Laks et M. Rashed (éd.), Villeneuve d'Ascq, Presses du Septentrion, 2004, p. 9-26.

DE GANDT, F. et SOUFFRIN, P. (éd.), *La* Physique *d'Aristote et les conditions d'une science de la nature*, Paris, Vrin, 1991.

DE LEEMANS, P., « Medieval latin commentaries on Aristotle's *De Motu animalium*. A contribution to the *corpus commentariorum medii aevi in Aristotelem latinorum* », *Recherches de Théologie et de Philosophie Médiévales* 67-2, 2000, p. 272-360.

– « The Discovery and Use of Aristotle's *De Motu Animalium* by Albert the Great », dans *Geistesleben im 13. Jahrhundert* (Miscellanea Mediaevalia Band 27), J.A. Aertsen und A. Speer (ed.), Berlin-New York, 2000, p. 170-188.

– « Peter of Auvergne on Aristotle's *De motu animalium* and the ms. Oxford, Merton College, 275 », *Archives d'Histoire Doctrinale et Littéraire du Moyen Age* 71, 2004, p. 129-202.

DESTRÉE, P., « Comment démontrer le propre de l'homme ? Pour une lecture "dialectique" de *EN*, I, 6 », dans *L'Excellence de la vie. Sur l'*Éthique à Nicomaque *et l'*Éthique à Eudème *d'Aristote*, G. Romeyer Dherbey (dir.) et G. Aubry (éd.), Paris, Vrin, 2002, p. 39-61.

DEVEREUX, D. et PELLEGRIN, P. (éd.), *Biologie, logique et métaphysique chez Aristote*, Actes du Séminaire C.N.R.S.-N.S.F., Oléron, 28 juin-3 juillet 1987, Paris, Éditions du CNRS, 1990.

DI MARTINO, C., « Parva naturalia. Tradition arabe », *Dictionnaire des Philosophes Antiques*, sous la direction de R. Goulet, Paris, Éditions du CNRS, Supplément, 2003, p. 375-378.

DÜRING, I., *Aristoteles. Darstellung und Interpretation seines Denkens*, Heidelberg, Winter, 1966.

EVERSON, S., *Aristotle on Perception*, Oxford, Oxford University Press, 1997.

– « Aristotle on Nature and Value », dans *Companions to Ancient Thought 4, Ethics*, S. Everson (ed.), Cambridge, Cambridge University Press, 1998, p. 77-106.

FALCON, A., *Corpi e movimenti. Il* De caelo *di Aristotele e la sua fortuna nel mondo antico*, Napoli, Bibliopolis, 2001.

– *Aristotle and the Science of Nature. Unity without Uniformity*, Cambridge, Cambridge University Press, 2005.

FAZZO, S., « Sur la composition du traité dit *de motu animalium* : contribution à l'analyse de la théorie aristotélicienne du premier moteur », dans *Aristote et le mouvement des animaux*, A. Laks et R. Rashed (éd.), Villeneuve d'Ascq, Presses du Septentrion, 2004, p. 203-229.

FEDERICI VESCOVINI, G., « La tradizione dei *Parva naturalia* nell'insegnamento universitario medievale (secoli XIII e XIV) », dans *Parva naturalia. Saperi medievali, natura e vita*, C. Crisciani, R. Lambertini e R. Martorelli Vico (a cura di), Pisa-Roma, Istituti Editoriali e Poligrafici Internazionali, 2004, p. 125-141.

FISCHBACH, F., *L'Être et l'Acte. Enquête sur les fondements de l'ontologie moderne de l'agir*, Paris, Vrin, 2002.

FREDE, M., « The Definition of Sensible Substances in *Met.* Z », dans *Biologie, logique et métaphysique chez Aristote...*, D. Devereux et P. Pellegrin (éd.), Paris, Éditions du CNRS, 1990, p. 113-129.

FREELAND, C., « Aristotle on Perception, Appetition, and Self-Motion », dans *Self-Motion from Aristotle to Newton*, M.L. Gill and J.G. Lennox (ed.), Princeton, Princeton University Press, 1994, p. 35-63.

FREUDENTHAL, G., *Aristotle's Theory of Material Substance. Heat and Pneuma, Form and Soul*, Oxford, Oxford University Press, 1995.

FURLEY, D., « Self-movers », dans *Aristotle on Mind and the Senses*. Proceedings of the Seventh Symposium Aristotelicum, G.E.R. Lloyd and G.E.L. Owen (ed.), Cambridge, Cambridge University Press, 1978, p. 165-179.

– « The Mechanics of *Meteorologica* IV. A Prolegomenon to Biology », dans *Zweifelhaftes im Corpus Aristotelicum...*, P. Moraux und J. Wiesner (ed.), Berlin-New York, de Gruyter, 1983, p. 73-93.

GAUTHIER-MUZELLEC, M.-H., *Aristote et la juste mesure*, Paris, PUF, 1998.

GILL, M.L., *Aristotle on Substance. The Paradox of Unity*, Princeton, Princeton University Press, 1989.

– « Aristotle on Self-Motion » dans M.L. Gill and J.G. Lennox (ed.), *Self-Motion from Aristotle to Newton*, Princeton, Princeton University Press, 1994, p. 15-34.

– « Material Necessity and *Meteorology* IV 12 », dans *Aristotelische Biologie...*, W. Kullmann und S. Föllinger (ed.), « Philosophie der Antike », Band 6, Stuttgart, 1997, p. 145-161.

GILL, M.L. and LENNOX, J.G. (ed.), *Self-Motion from Aristotle to Newton*, Princeton, Princeton University Press, 1994.

GOCHET, P., « Le syllogisme pratique d'Aristote », dans *Aristotelica secunda. Mélanges offerts à Christian Rutten*, A. Motte et J. Denooz (éd.), Liège, CIPL, 1996, p. 117-129.

GOTTHELF, A. and LENNOX, J.G. (ed.), *Philosophical Issues in Aristotle's Biology*, Cambridge, Cambridge University Press, 1987.

GOURINAT, J.-B., « Syllogisme pratique et logique déontique », dans *Aristote et le mouvement des animaux*, A. Laks, et M. Rashed, (éd.), Villeneuve d'Ascq, Presses du Septentrion, 2004, p. 27-66.

GRANGER, H., « Aristotle on the Analogy between Action and Nature », *Classical Quarterly* 43, 1993, p. 168-176.

HARRIS, C.R.S., *The Heart and the Vascular System in Ancient Greek Medicine from Alcmeon to Galen*, Oxford, Oxford University Press, 1973.

HEINAMAN, R., « Activity and *Praxis* in Aristotle », *Proceedings of the Boston Area Colloquium in Ancient Philosophy*, John J. Cleary and William Wians (ed.), Volume XII, 1996, p. 71-111.

JAEGER, W., « Das Pneuma im Lykeion », *Hermes* 48, 1913, p. 29-74.

JAULIN, A., *Eidos et Ousia. De l'unité théorique de la* Métaphysique *d'Aristote*, Paris, Klincksieck, 1999.

– « L'âme et la vie selon Aristote », *Kairos* 9, 1997, p. 121-140.

– « Le rôle de la matière dans la théorie aristotélicienne du devenir », *Revue de Métaphysique et de Morale*, 2003/1, p. 23-32.

JUDSON, L. (ed.), *Aristotle's Physics : A Collection of Essays*, Oxford, Oxford University Press, 1991.

KAHN, Ch., « Sensation and Consciousness in Aristotle's Psychology », *Archiv für Geschichte der Philosophie* 48, 1966, p. 43-81.

KANY-TURPIN, J. et PELLEGRIN, P., « Cicero and the aristotelian Theory of Divination by Dreams », dans *Ciceros Knowledge of the Peripatos*, W.W. Fortenbaugh and P. Steinmetz (ed.), *Rutgers University Studies in Classical Humanities*, t. IV, New Brunswick-London, 1989 p. 220-245.

KENNY, A., « A Stylometric Comparison between five disputed works and the remainder of the Aristotelian corpus », dans *Zweifelhaftes im Corpus Aristotelicum*, P. Moraux und J. Wiesner (ed.), Berlin-New York, de Gruyter, 1983, p. 345-366.

KING, R.A.H., *Aristotle on Life and Death*, London, Duckworth, 2001.

KONTOS, P., *L'action morale chez Aristote. Une lecture phénoménologique et ses adversaires actuels*, Paris, PUF, 2002.

KULLMANN, W. und FÖLLINGER, S. (ed.), *Aristotelische Biologie*. Intentionen, Methoden, Ergebnisse, Akten des Symposions über Aristoteles' Biologie vom 24.-28. Juli 1995, « Philosophie der Antike », Band 6, Stuttgart, 1997.

KUNG, J., « Aristotle's *De Motu Animalium* and the Separability of Science », *Journal of the History of Philosophy* 20, 1982, p. 65-76.

LABARRIÈRE, J.-L., « Imagination humaine et imagination animale chez Aristote », *Phronesis* 39, 1984, p. 17-49.

– « Aristote et l'éthologie », *Revue Philosophique de la France et de l'Étranger*, 1993/2, p. 281-300.

– « Désir, *phantasia* et intellect dans le *De anima*, III, 9-11. Une réplique à Monique Canto-Sperber », *Les Études Philosophiques*, 1997/1, p. 97-125.

– *L'intelligence et la vie des animaux selon Aristote*, Thèse de doctorat, EHESS, Paris, 1998.

– *Langage, vie politique et mouvement des animaux*, Paris, Vrin, 2004.

LAKS, A. et RASHED, M. (éd.), *Aristote et le mouvement des animaux. Dix études sur le* De motu animalium, Villeneuve d'Ascq, Presses du Septentrion, 2004.

LEFEBVRE, D., « La critique du mythe d'Atlas. *DMA*, 3, 699a27-b11 », dans *Aristote et le mouvement des animaux*, A. Laks et M. Rashed (éd.), Villeneuve d'Ascq, Presses du Septentrion, 2004, p. 115-136.

LEFEBVRE, R., “ Aristote, l'imagination et le phénomène : l'interprétation de Martha Craven Nussbaum », *Phronesis* 37, 1992, p. 22-45.

– « La *phantasia* chez Aristote : subliminarité, indistinction et pathologie de la perception », *Les Études Philosophiques*, 1997/1, p. 41-58.

LEFÈVRE, Ch., *Sur l'évolution d'Aristote en psychologie*, Louvain, Institut Supérieur de Philosophie, 1972.

LENNOX, J.G., *Aristotle's Philosophy of Biology. Studies in the Origins of Life Science*, Cambridge, Cambridge University Press, 2001.

LEWIS, F.A. and BOLTON, R. (ed.), *Form, Matter, and Mixture in Aristotle*, Oxford, Blackwell, 1996.

LLOYD, G.E.R., « L'idée de nature dans la *Politique* d'Aristote », dans *Aristote politique*, P. Aubenque et A. Tordesillas (éd.), Paris, PUF, 1993, p. 135-159.

– *Aristotelian Explorations*, Cambridge, Cambridge University Press, 1996.

LLOYD, G.E.R. and OWEN, G.E.L. (ed.), *Aristotle on Mind and the Senses*. Proceedings of the Seventh Symposium Aristotelicum, Cambridge, Cambridge University Press, 1978.

LORENZ, H., « Zur Bewegung der Lebewesen bei Aristoteles », dans *Beiträge zur Aristotelischen Handlungstheorie,* Klaus Corcilius und Christof Rapp (ed.), sous presse, 2007.

MANULI, P. e VEGETTI, M., *Cuore, sangue e cervello. Biologia e antropologia nel pensiero antico*, Milano, Episteme, 1977.

MANUWALD, B., « Die Wurftheorien im *Corpus Aristotelicum* », dans *Aristoteles Werk und Wirkung. Paul Moraux gewidmet*, J. Wiesner (ed.), Berlin-New York, de Gruyter, t. I, 1985, p. 151-167.

MENN, S., « Aristotle's Definition of the Soul and the Programme of the *De Anima* », *Oxford Studies in Ancient Philosophy* 22, 2002, p. 83-139.

MODRAK, D., *Aristotle. The Power of Perception*, Chicago-London, University of Chicago Press, 1987.

MORAUX, P., *Les Listes anciennes des ouvrages d'Aristote*, Louvain, Éditions Universitaires, 1951.

MORAUX, P. und WIESNER, J. (ed.), *Zweifelhaftes im Corpus Aristotelicum. Studien zu einigen dubia*. Akten des 9. Symposium aristotelicum (Berlin, 7.-16. September 1981), Berlin-New York, de Gruyter, 1983.

MOREL, P.-M., « L'habitude : une *seconde nature* ? » dans *Aristote et la notion de nature*, P.-M. Morel (éd.), Bordeaux, Presses Universitaires de Bordeaux, 1997, p. 131-148.

– (éd.) *Aristote et la notion de nature. Enjeux épistémologiques et pratiques*, Bordeaux, Presses Universitaires de Bordeaux, 1997.

– « Action humaine et action naturelle chez Aristote », *Philosophie* 73, 2002, p. 36-57.

– « Les *Parva naturalia* d'Aristote et le mouvement animal », *Revue de Philosophie ancienne* 20, 2002, p. 61-88.

– « Démocrite dans les *Parva naturalia* d'Aristote », dans *Qu'est-ce que la philosophie présocratique ?,* A. Laks et C. Louguet (éd.), Villeneuve d'Ascq, Presses du Septentrion, 2002, p. 449-464.

– *Aristote. Une philosophie de l'activité*, Paris, GF-Flammarion, 2003.

– « Aristote. *Parva naturalia*. Tradition grecque », *Dictionnaire des Philosophes Antiques*, sous la direction de R. Goulet, Paris, Éditions du CNRS, Supplément, 2003, p. 366-374.

– « Pouvoir, crise du pouvoir et juste milieu dans la *Politique* d'Aristote » dans *Fondements et crises du pouvoir*, S. Franchet d'Espérey, V. Fromentin, S. Gotteland et J.-M. Roddaz (éd.), Bordeaux, Ausonius, 2003, p. 13-22.

– « Volontaire, involontaire et non volontaire dans le chapitre 11 du *De motu animalium* d'Aristote », dans *Aristote et le mouvement des animaux*, A. Laks et M. Rashed (éd.), Villeneuve d'Ascq, Presses du Septentrion, 2004, p. 167-183.

– « La définition de l'animal par la sensation chez Aristote », dans *Mente, anima e corpo nel mondo antico*, U. La Palombara e G. Lucchetta (a cura di), La Biblioteca di Scheria, Pescara, 2006, p. 91-103.

MORISON, B., « Self-motion in *Physics* VIII », dans *Aristote et le mouvement des animaux*, A. Laks et M. Rashed (éd.), Villeneuve d'Ascq, Presses du Septentrion, 2004, p. 67-79.

NATALI, C., *La saggezza di Aristotele*, Napoli, Bibliopolis, 1989.

– *Aristotele. Etica Nicomachea*, Traduzione, Introduzione e Note, Roma-Bari, Laterza, 1999.

– *L'Action efficace. Études sur la philosophie de l'action d'Aristote*, Louvain-la-Neuve, Peeters, 2004.

NUSSBAUM, M., « The Text of Aristotle's *De Motu Animalium* », *Harvard Studies in Classical Philology* 80, 1976, p. 111-159.

– « The "Common Explanation" of Animal Motion », dans *Zweifelhaftes im Corpus Aristotelicum*, P. Moraux und J. Wiesner (ed.), Berlin-New York, de Gruyter, 1983, p. 116-156.

– *The Fragility of Goodness. Luck and Ethics in Greek Tragedy and Philosophy*, Cambridge, Cambridge University Press, 1986.

NUSSBAUM, M.C. and RORTY, A.O. (ed.), *Essays on Aristotle's De Anima*, Oxford, Oxford University Press, 1992.

NUSSBAUM, M.C. and PUTNAM, H., « Changing Aristotle's Mind », dans *Essays on Aristotle's De Anima*, M.C. Nussbaum and A.O. Rorty (ed.), Oxford, Oxford University Press, 1992, p. 27-56.

NUYENS, Fr., *L'Évolution de la psychologie d'Aristote*, trad. fr., Louvain, Institut Supérieur de Philosophie, 1973.

OSER-GROTE, C., *Aristoteles und das Corpus Hippocraticum*, Stuttgart, Steiner, 2004.

PAVLOPOULOS, M., « Aristotle's Natural Teleology and Metaphysics of Life », *Oxford Studies in Ancient Philosophy* 24, 2003, p. 133-181.

PELLEGRIN, P., *La Classification des animaux chez Aristote. Statut de la biologie et unité de l'aristotélisme*, Paris, Les Belles Lettres, 1982.

– « Aristote – *Corpus* biologique – *De incessu animalium, De motu animalium* », *Dictionnaire des Philosophes antiques*, sous la direction de R. Goulet, vol. 1, Paris, Éditions du CNRS, 1989, p. 480-481.

– « De l'explication causale dans la biologie d'Aristote », *Revue de Métaphysique et de Morale*, 1990/2, p. 197-219.

– « Les ruses de la nature et l'éternité du mouvement », dans *Le Style de la pensée. Recueil de textes en hommage à Jacques Brunschwig*, M. Canto-Sperber et P. Pellegrin (éd.), Paris, Les Belles Lettres, 2002, p. 296-323.

PETIT, A., « "L'art imite la nature" : les fins de l'art et les fins de la nature », dans *Aristote et la notion de nature*, P.-M. Morel (éd.), Bordeaux, Presses Universitaires de Bordeaux, 1997, p. 35-43.

– « L'*eupraxia*, fin inconditionnelle », *Philosophie* 73, 2002, p. 58-72.

PREUS, A., *Science and Philosophy in Aristotle's Biological Works*, Hildesheim-New York, Olms, 1975.

RASHED, M., « La préservation (σωτηρία), objet des *Parva naturalia* et ruse de la nature », *Revue de Philosophie ancienne* 20, 2002, p. 35-59.

– « Agrégat de parties ou *vinculum substantiale* ? Sur une hésitation conceptuelle et textuelle du *corpus* aristotélicien » dans *Aristote et le mouvement des animaux*, A. Laks et M. Rashed (éd.), Villeneuve d'Ascq, Presses du Septentrion, 2004, p. 185-202.

– *Aristote. De la génération et de la corruption*, texte établi et traduit, Paris, Les Belles Lettres, 2005.

REPICI, L., « Aristotele, gli stoici e il libro dei sogni nel *De divinatione* di Cicerone », *Metis* 6, 1991, p. 167-203.

– *Uomini capovolti. Le piante nel pensiero dei Greci*, Roma-Bari, Laterza, 2000.

ROMEYER DHERBEY, G. (dir.) et VIANO, C. (éd.), *Corps et âme. Sur le* De Anima *d'Aristote*, Paris, Vrin, 1996.

ROMEYER DHERBEY, G. (dir.) et AUBRY, G. (éd.), *L'Excellence de la vie. Sur l'*Éthique à Nicomaque *et l'*Éthique à Eudème *d'Aristote*, Paris, Vrin, 2002.

SALEM, J, « Le cœur dans le *corpus hippocratique* », *Organon* 33, 2004, p. 29-46.

SAUVÉ-MEYER, S., « Self-Movement and External Causation », dans *Self-Motion from Aristotle to Newton*, M.L. Gill and J.G. Lennox (ed.) Princeton, Princeton University Press, 1994, p. 65-80.

SCALTSAS, T., CHARLES, D. and GILL, M.L. (ed.), *Unity, Identity and Explanation in Aristotle's* Metaphysics, Oxford, Oxford University Press, 1994.

SCHOFIELD, M., « Aristotle on the Imagination » dans *Aristotle on Mind and the Senses* (...), G.E.R. Lloyd, and G.E.L. Owen (ed.), Cambridge, Cambridge University Press, 1978, p. 99-139.

SEDLEY, D., « Is Aristotle's Teleology anthropocentric ? », *Phronesis* 36, 1991, p. 179-196.

SOLMSEN, F., « The Vital Heat, the Inborn Pneuma and the Aether », *Journal of Hellenic Studies* 72, 1957, p. 119-123.

SORABJI, R., « Body and Soul in Aristotle », *Philosophy* 49, 1974, p. 63-89.

– *Animal Minds and Human Morals. The Origins of the Western Debate*, London, Duckworth, 1993.

TORRACA, L., « Sull' autenticità del *de Motu Animalium* di Aristotele », *Maia* 10, 1958, p. 220-233.

TRACY, T., *Physiological Theory and the Doctrine of the Mean in Plato and Aristotle*, Chicago, Loyola University Press, 1969.

– « Heart and Soul in Aristotle », dans *Essays in Ancient Greek Philosophy*, J.P. Anton and A. Preus (ed.), t. II, Albany, State University of New York Press, 1983, p. 321-339.

VAN DER EIJK, P., « The Matter of Mind : Aristotle on the Biology of 'Psychic' Processes and the Bodily Aspect of Thinking », dans *Aristotelische Biologie* (...), W. Kullmann und S. Föllinger (ed.), « Philosophie der Antike », Band 6, Stuttgart, Steiner, 1997, p. 231-258.

– *Medicine and Philosophy in Classical Antiquity. Doctors and Philosophers on Nature, Soul, Health and Disease*, Cambridge, Cambridge University Press, 2005.

VEGETTI, M., « Normal, naturel, normatif dans l'éthique d'Aristote », dans *L'excellence de la vie. Sur l'*Éthique à Nicomaque *et l'*Éthique à Eudème *d'Aristote*, G. Romeyer Dherbey (dir.) et G. Aubry (éd.), Paris, Vrin, 2002, p. 63-74.

VERBEKE, G., « Doctrine du *pneuma* et entéléchisme chez Aristote » dans *Aristotle on Mind and the Senses* (...), G.E.R. Lloyd, and G.E.L. Owen (ed.), Cambridge, Cambridge University Press, 1978, p. 191-214.

WATERLOW, S., *Nature, Change, and Agency in Aristotle's* Physics, Oxford, Oxford University Press, 1982.

WEDIN, M.V., *Mind and Imagination in Aristotle*, New Haven, Yale University Press, 1988.

WHITING, J.E., « Locomotive Soul : The Parts of Soul in Aristotle's Scientific Works », *Oxford Studies in Ancient Philosophy* 22, 2002, p. 141-200.

WIELAND, W., *Die aristotelische Physik. Untersuchungen über die Grundlegung der Naturwissenschaft und die spachlichen Bedingungen der Prinzipienforschung bei Aristoteles*, Göttingen, Vandenhoeck & Ruprecht, 1962, 2ᵉ éd. 1970.

WIESNER, J. (ed.), *Aristoteles Werk und Wirkung. Paul Moraux gewidmet*, Berlin-New York, de Gruyter, t. I 1985 ; t. II 1987.

WIGGINS, D., « Deliberation and Practical Reason », dans *Essays on Aristotle's Ethics*, A.O. Rorty (ed.), Berkeley, Los Angeles-London, University of California Press, 1980, p. 221-240.

WITT, C., « Dialectic, Motion, and Perception : *De Anima*, Book I », dans *Essays on Aristotle's De Anima*, M.C. Nussbaum and A.O. Rorty (ed.), Oxford, Oxford University Press, 1992, p. 169-183.

INDEX DES PASSAGES CITÉS

INDEX DES NOMS PROPRES

Auteurs anciens et médiévaux

Auteurs modernes et contemporains

TABLE DES MATIÈRES

Imprimerie de la Manutention à Mayenne (France) – Juin 2007 – N° 182-07
Dépôt légal : 2e trimestre 2007